廿载芳华 弦歌不辍
——北航研究生支教团二十年

◎庄岩 丁瑞云 主编

北京航空航天大学出版社
BEIHANG UNIVERSITY PRESS

图书在版编目（CIP）数据

廿载芳华　弦歌不辍：北航研究生支教团二十年 / 庄岩，丁瑞云主编. -- 北京 : 北京航空航天大学出版社，2022.12

ISBN 978-7-5124-3973-3

Ⅰ．①廿… Ⅱ．①庄… ②丁… Ⅲ．①不发达地区－教育工作－概况－中国 Ⅳ．①G527

中国版本图书馆CIP数据核字（2022）第251409号

廿载芳华　弦歌不辍——北航研究生支教团二十年

责任编辑： 李　帆
责任印制： 秦　赟
出版发行： 北京航空航天大学出版社
地　　址： 北京市海淀区学院路37号（100191）
电　　话： 010-82317023（编辑部）　　　010-82317024（发行部）
　　　　　　010-82316936（邮购部）
网　　址： http://www.buaapress.com.cn
读者信箱： bhxszx@163.com
印　　刷： 北京雅图新世纪印刷科技有限公司
开　　本： 710mm×1000mm　1/16
印　　张： 20.25
字　　数： 292千字
版　　次： 2022年12月第1版
印　　次： 2022年12月第1次印刷
定　　价： 98.00元

编委会

主　编：庄　岩　丁瑞云

副主编：张晓磊　于宛禾　吕子良

编　委：阿茹娜·叶尔肯　彭泰曆

　　　　韩浩铖　袁浩宇　舒婧焱

　　　　马文清　靳树梁

人民日报
RENMIN RIBAO

人民网网址：http://www.people.com.cn

2015年1月
7
星期三
甲午年十一月十七
人民日报社出版

国内统一连续出版物号
CN 11-0065
代号1-1
第24287期
今日24版

"没有理想支撑，他们不会来"
—— 探访新疆阿勒泰地区吉木乃县支教志愿者

本报记者 时圣宇

严寒笼罩着大地，漫天飞舞着雪花，寒风像一根根钢针刺过，人们小心翼翼地走在街上，一不小心就会被厚厚的冰雪滑倒在地……

这便是中国西北边陲小城——新疆维吾尔自治区阿勒泰地区吉木乃县。

2014年12月19日9：10，天刚蒙蒙亮，林泽田和石佳已经起床收拾完毕，准备赶到吉木乃县初级中学给学生们上第一节课。

将我所学所会尽可能教给他们，无论读书还是生活

一开门，寒风就像刀子一样割在脸上。

"这么冷，你们每天这样走着上班受得了吗？"

"每天开门的一刹那最需要的就是勇气！"石佳略带调侃，"尤其是踏面结冰的时候，基本上是用生命在走路，但这也是值得的。在这条上班的路上，最多的一次他曾摔过7个跟头。"

林泽田和石佳来自北京航空航天大学，他们于去年8月份参加共青团中央研究生支教团项目来到吉木乃县初级中学进行志愿支教。第一次到吉木乃县报到的时候，一路上34个小时的火车转12个小时的汽车，路过大片的戈壁、荒漠还有起伏的山脉。这个荒凉又遥远的地方让他们太多的未知，同时也有更多的期待和挑战。

"一开始我不敢告诉家里人要去哪里支教，怕引来他们无谓的担心。家里也反对，毕竟当时的新疆接连出现了一些暴恐事件。后来，听我爸说，妈妈因为我来这边支教哭了两天……"林泽田声音开始有些哽咽。

"支教对我，我曾去过一所宁夏的小学，看到那里教育的落后，受到了很大的触动，希望自己有机会也能为那些孩子们做点事情。"石佳回忆起当时的选择，眼神满是坚定。

10：00，林泽田的第一节课开始，

第二题大家错的比较多，这个我重点讲一下"，"学生们用那慢里渴的眼神注视着他。"每一次看到学生们的这种眼神，我都想对我所学所会尽可能教给他们，无论读书，还是生活。"

一天忙忙碌碌的上课，时间到了19：30，学校已经没人了，可这时林泽田的办公室还亮着灯，他在等着放学后来补课的学生们。为了帮助他们尽快提高成绩，他组建了自己课外辅导室。

经过半年的努力，林泽田教的八年级（1）班的数学平均分提高了30分，并且现在已经是年级中数一数二的尖子生。石佳也将他带的三个年的地理课平均分从40分提高到了60分，学生们对地理科学知识日益断断。

[下转第十五版]

行进中国・精彩故事

[上接第一版]

跨越4000公里，从边陲小城到首都北京

4000公里，对于支教老师而言，可能只是40多个小时的旅途，而对这里的当地人而言，可能就是一定难以完成的路途。随着对学生了解的不断深入，志愿者们深深感受到了由于信息闭塞、不够开阔的视野导致的成长内在动力不足极大地阻碍了学生的发展。变了现状，将过且过的风气慢慢在学生中报起那颗心，让他们十分担心。北航3名志愿者起提起成立了支教团的部愿援教倡议会，通过一个月的努力，协会筹集到了下自国内外的善款30余万元。2013年12月，志愿者借着6名品学兼优的学生第一次离开新疆，第一次坐火车，来到了首都北京。孩子们惊讶了以前只在语文课文里出现过的天安门广场、人民英雄纪念碑，孩子走进了清华中学中参加中学的课堂，与同龄中学生交流；离开北京之前，一年一度的哈尔滨景景哈那阿哥陪着留言板上情情写下了这样一句话："这是我第一次到北京，一定会回到这里，我要来北京上大学！"

如今，支教团西部课堂教育促进会论记在全国范围为6所学校近百名学生参加到"西部愿望"游学团项目上，在10所学校建立了"西部愿望"奖学助学金，通过网络、微信平台为近千名学生实现了一对一帮扶，帮助他们去帮更多。

"帮说人在去术乃就是作贡献，没有理想支撑，他们不会来这里，环境生活条件太苦了。"吉木乃县教书记记林帕说。林泽田和石佳只是全国万千支教志愿者中的一位。他们的初衷融各自中的差异，大家心连心，都一样。郭部、山区，在那里，留下了孩子们的梦，圆了自己的梦。

留在吉木乃 就是作贡献

吉木乃县位于新疆北部阿勒泰地区，地处边远，资源匮乏，自然环境非常恶劣。很多孩子"以梦为马"，想把吉木乃当作通往外面的世界。但吉木乃需要他们！

而林帕带在吉木乃县更代了这样的吉木乃，带领学生们的话录了这样的责任……原来……本职的每一份力量，就是为您的价值。

怀揣梦想，勇攀上岸，追学的志就是情情扶植，林泽田、石佳他们正是抒写着"吉木乃"这篇报告书，它们也是民众人生价值的闪光地。

V 记者手记

前　言

　　"用一年不长的时间，做一件终生难忘的事。"

　　北京航空航天大学自2002年加入共青团中央和教育部共同组织实施的"中国青年志愿者扶贫接力计划研究生支教团"项目，已连续派遣20批共260名志愿者，赴山西、宁夏、新疆、西藏等4个省（自治区）5个贫困县城，累计服务近20所中小学，扎实有序开展教育教学、第二课堂及公益扶贫工作，将特色鲜明的支教品牌打造成为北航学生参与社会实践和思政教育的生动课堂。

　　回首岁月，属于北航研究生支教团的青春奉献故事已经接力讲述了20年。这20年，有初心不改、育人无悔的三尺讲台，有担当拓展、桥梁帮扶的实践创新，有拥抱乡土、托举梦想的感动心声，有拼搏奉献、接力启航的青春誓言。代代支教志愿者扎根坚守、辛勤付出，共同在祖国的西部边疆绘就了绚烂的青春画卷。

　　本书以历史资料和人物访谈为讲述载体，回忆点面结合，群像典型完整，全景展现北京航空航天大学研究生支教团的20年发展历程。从2002年至今的时间轴线上，近40组采访对象共同回忆曾经的点滴与成长。他们之中，有各时间段不同服务地的支教团成员代表，有服务县及服务学校等各方的见证者，有从西部支教教室走进北航校园的学生代表……在他们的分享和讲述中，能够看到北航研究生支教团始终如一的初心，能够总结支教工作特色育人提升的成效，能够感受奉献西部一生难忘的青春收获。

　　"人生万事须自为，跬步江山即寥廓。"时值中国共产主义青年团成立100周年、北京航空航天大学建校70周年、北航研究生支教团组建20周年，谨以此书致敬每一位奔赴西部、拼搏奉献的研究生支教团志愿者，感谢每一位有缘相遇、关心支持支教工作的伙伴和朋友，勉励每一位心怀热爱、接力书写奋斗篇章的新时代青年。

期待并相信，本书能带领读者感受北航青年奉献西部、服务家国的无悔担当，引领更多青年学子积极怀抱梦想又脚踏实地，敢想敢为又善作善成，立志做有理想、敢担当、能吃苦、肯奋斗的新时代好青年，让青春在全面建设社会主义现代化国家的火热实践中绽放绚丽之花！

编者

于北京航空航天大学

2022年10月

C目 录
CONTENTS

廿载芳华

弦歌不辍

——北航研究生支教团二十年

二十年，一同见证

附 录

扎根西部　仰望星空

——探索有温度有意义的支教品牌

五地、六校、二十人……一年的故事，一生来感悟。

北京航空航天大学自2002年加入共青团中央和教育部共同组织实施的"中国青年志愿者扶贫接力计划研究生支教团"项目，已连续派遣20批共260名志愿者，赴西部贫困地区中小学，扎实有序开展教育教学、第二课堂及公益扶贫工作，将特色鲜明的支教品牌打造成为北航学生参与社会实践和思政教育的生动课堂。特别是近年来，事迹曾在《人民日报》头版报道，大批项目及个人获全国、省部级等各类荣誉，引领作用突出，社会效应显著。

北京航空航天大学研究生支教团服务派遣情况

服务地	服务时间（年）	累计派遣人数（名）
宁夏回族自治区固原市泾源县	2003—2022	131
新疆维吾尔自治区昌吉回族自治州吉木萨尔县	2013—2022	49
新疆维吾尔自治区阿勒泰地区吉木乃县	2013—2022	38
西藏自治区山南市乃东区	2014—2022	21
山西省吕梁市中阳县	2016—2022	21

务实主责，在扎根奉献中担当教育扶贫使命

边远贫困农村和少数民族地区要发展，教育是关键。地区偏远、交通不便、师资匮乏、家庭教育观念落后、几千名学生对知识迫切需

求……这是支教志愿者亲历目睹的教育发展不均衡现状，东西部教育发展不平衡仍是当前存在的突出问题。

一年时间，初心矢志不渝。北航研究生支教团坚持把教育作为"阻断贫困传递"的重要抓手，担当教育教学主责，践行教育扶贫使命。近年来，20名志愿者整体任教山西中阳县职业中学校、西藏山南市职业技术学校、宁夏泾源县新民中心小学、新疆吉木萨尔县第三小学、新疆吉木乃县初级中学、新疆吉木乃县高级中学等6所学校30余个班级（至今累计18所中小学），年度授课超1万课时，充分满足不同地区特色、学校学情和年龄年级教学需求，并依据学校实际和教育课程标准"全科"动态调整，承担班主任、德育处、教务处等岗位工作，以实际行动为中西部地区教育均衡发展提供师资保障。

一年时间，育人成效显著。从"新手教师"到"课堂达人"，从出发前的多维度覆盖、参与式培养，到初上讲台的悉心求教、努力提升，支教团全力填补师资缺口，汲取优质教学经验，探索优质教育理念，形成"学业、思政、心理"相结合的三维"教学+"模式，始终保证授课班级学业成绩稳步上升态势。近年来，以新疆吉木萨尔、新疆

▲ 参与当地一线教育教学情况

吉木乃、宁夏泾源等帮扶中小学为典型，连续取得全县第一、学区前五、年级第二、平均分提升20分等优异成绩，保证教授科目及格率、优秀率、进步率等指标持平甚至超越当地一线教师，支教团近1/3成员均获评县级、校级优秀教师等称号。同时针对不同校情学情，近年来在中阳、山南、吉木乃等地组织专业规划、学习备考、励志成才等系列专题讲座近10场，年度覆盖学生近1500人。

全面育人，在第二课堂中厚植"空天报国"情怀

以学科优势为依托，是支教团开展第二课堂工作的重要主线。让更多的青少年心怀科学梦想、树立创新志向，是支教团始终努力践行担当的目标追求。

一年时间，打造科学文化。近年来，支教团入选青少年STEM教育计划科教支教团项目（全国25所），指导学生科技社团，成立机器人等科学类兴趣小组，形成"科教1+1"模式。不论是主题丰富的专业知识，还是协同开展"教授进中学"主题讲座；不论是月地三球仪、太阳能汽车等动手制作，还是依托"冯如杯""挑战杯"等优质双创资

▲ 开展系列航空航天主题科普活动

源，学生航模队、宇航协会等社团组织，一系列科普活动深受当地师生喜爱，受到《吕梁日报》、中国青年网等多方报道，成为支教品牌的新课堂、新名片。

　　一年时间，空天精神相传。亲手做航模、亲手"发火箭"，2020年邀请嫦娥五号副总设计师彭兢等优秀校友举办讲座，打造航空航天文化展示区，国家重点实验室云参观VRLab体验、"北航四号"探空火箭案例讲述、航空航天科普讲团远程授课……十余场航空航天特色拓展活动圆满开展，带动西部与北航形成科普基地育人通道。在孩子们心中，"长征""神舟""天宫""嫦娥""北斗"等词语已经不是遥不可及的话题，"空天报国"的北航精神正随着支教团的足迹被播撒得更广更远。

桥梁帮扶，在创新实践中开拓资源连通渠道

　　北航研究生支教团联络企业、组织等建立资源平台与西部地区的连接，以枢纽作用凝聚多元社会力量，助力西部事业发展。

　　一年时间，温暖始终相伴。近年来，"情系六盘山区"等多类公益活动累计数十万元，支持当地育人扶贫工作。发起"你的心愿我来圆"活动，达成西部乡村小学贫困学子新年心愿礼物超1000份；开展"航予新愿"图书募集，调动1000余本书籍捐赠；依托团队奖助学金、拉动企业支持等数万元，无偿捐赠新疆吉木萨尔县第三小学全学科科学课程器材；联络社会公益组织，资助乡村小学全校所有班级图书角建设；收到校内外文具用品、模型实物、文化服装等大批物资；组织"纸短情长·心系西藏"书信活动等，牵引教育资源、物质支持和人文关怀，培根铸魂，启智润心。

　　一年时间，关怀辅导接力。近年来，支教团开展"青春志愿行，共筑中国梦"——关爱留守儿童等系列活动。通过调研、家访等深入了解学生的家庭情况、学习情况、心理状况等，促进城乡教育均衡发展，丰富农村未成年人的精神文化生活，逐步完善完备高质量、均衡性素质教育体系。同时开通北航亲情热线，针对性制定关爱留守儿童

的主题课程，涵盖安全教育、心理教育、亲子关系等内容，并形成数十本访问实录和调研报告，指导帮扶工作。

一年时间，平台不断开拓。充分总结经验做法，支教团入选青年志愿者"助力乡村学校少年宫建设"，组织民法典、航空航天宣讲团等系列关怀辅导，共建"北航—泾源"大学生社会实践基地，按计划开展多场北京游学活动、科普创新实践活动，逐步组织多批次学生团队奔赴各服务地。2021年，两支分队获评第七届中国国际"互联网+"大学生创新创业大赛"青年红色筑梦之旅"北京赛区三等奖，进一步实现校地资源的有机结合和优化配置，辐射支教团在教育扶贫和乡村振

▲ 发起公益帮扶项目

兴上的功能作用。

融入时代，在接力传承中续写青春奋斗华章

大有可为，也应大有作为。在平凡但无悔的事业中努力作出应有的贡献，需要一代代青年接续奋斗。

一年时间，时代机遇伟大。支教团作为传承红色基因的资源桥

梁，每年度依托党员模范性和团组织动员力，以"团队自身"和"服务地区"为双线抓手，开展理论知识学习、参观党史文化展馆、考察革命老区、下乡走访脱贫成效，年度参与七彩假期、环境保护、关怀辅导等20余项实践工作，始终以思想精神引领贯穿服务工作，学习热议情况受《新闻联播》关注。在服务学校组建学生国旗护卫队、开展思政文化月，牵头组织上党课、做实践、讲故事、唱红歌等系列活动，被CETV-1、海外网、中国网、中国青年网等多方关注报道，厚植家国情怀，欢庆百年华诞。

一年时间，收获青春回忆。与学生的一年的朝夕相伴中，一声声稚嫩纯真的"老师好"、一句句"我要考北航""我要去北京"的坚定话语、一份份用心满满的离别礼物……成为服务西部的志愿者才能感受到的专属印记。一年的满载收获，也将成为学校强化思政教育、提升工作能力、储备青年人才的有效渠道，返校后的志愿者继续发挥重大志愿活动骨干作用，超六成担任半脱产辅导员等学生干部，大批毕业成员选择在高等教育单位、国有企业等耕耘奉献，是在培养知国情、讲奉献、高素质的复合型青年人才方面做出的有益探索。支教一年，自教一生，永葆初心，不负成长。

新时代呼唤新思考，新征程当有新作为。自2002年以来，属于北航的支教故事已经传承书写了20年，260名志愿者立足西部，传道授业，积极开展志愿支教和扶贫工作，留下一大批特色传统和感人故事，激励着更多青年学子在祖国西部广阔的舞台上丰富阅历、磨炼意志、增长才干。

一届届研究生支教团接力启航，青春奋斗的故事，仍在继续书写……

二十年，我们走过

本篇选取自2002年起，北京航空航天大学研究生支教团30余位历届成员代表的访谈实录，结合资料图片、新闻报道等进行梳理整合。

"我们更多的是唤起他们的希望，帮助学生建立应有的自信和敢于'睁眼看世界'的勇气"

——第5届研究生支教团衣萌

其实我们时常在一起讨论，我们到底能为孩子们做些什么，一年到底能够给学生带来什么。这些学生非常能吃苦并且不怕吃苦，只是他们有些人看不到希望，不免迷茫，而我们更多的是唤起他们的希望，帮助学生建立应有的自信和敢于"睁眼看世界"的勇气。

采访对象：衣萌，北京航空航天大学第5届研究生支教团成员。2003年至2004年在宁夏回族自治区固原市泾源县参与支教工作。现任北京航空航天大学经济管理学院研究生工作办公室主任。

采访组：阿茹娜·叶尔肯，彭泰膺

▲北京航空航天大学第5届研究生支教团成员衣萌

采访组：您是2003年第5届也是北航第一批研究生支教团成员，当时去支教前有了解过当地的情况吗？去宁夏的交通方式是什么呢？

衣萌：当时西部计划是叫作"中国青年志愿者扶贫接力计划"，这个计划是团中央、教育部、中国青年志愿者协会于1998年开始组建，研究生支教团属于中国青年志愿者扶贫接力计划的一部分，由国内部分高校通过志愿报名、公开选拔、统一审批的方式选拔出志愿者的。在2003年已经从全国64所高校中招募派遣了965位志愿者，奔赴中西部19个省份的53个国家扶贫工作重点地区开展扶贫支教工作。

当时由于是北航第一批研究生支教团成员的招募，我在校团委担任学生工作期间了解到北航有这个扶贫接力计划，于是便第一时间报名并通过选拔。和我一起去支教的有自动化学院的葛云海和数学学院的任卉。

我们当时是第一届，没有任何前辈可以咨询和请教，所以只知道支教地在宁夏泾源县，对泾源县的地理位置及风土人情做了简单的了解。泾源县是宁夏的"南大门"，是全国回族人口最多的县城，海拔相对较高并且紫外线强度较高，初到泾源或许会很不适应这里的气

▲ 三位成员在泾源县第一中学

候。泾源县也是国家级贫困县，地理位置多土石山地，导致工业和农业都不太发达，交通运输也没有铁路通过泾源县，只有两条公路分别通往固原市和甘肃平凉市。泾源县属于固原地区，甚至被联合国评为"不适宜人类居住的地方"。

我们三个支教团的小伙伴是从北京出发，先坐火车到西安再从西安坐汽车到甘肃平凉市，再从平凉坐大巴到泾源县，全程大概耗费两天多时间。在车上好客的司机和我们热情攀谈着，听说我们要去泾源便说："哎呀，泾源那个地方很穷的！"我们心里十分疑惑，泾源真的这么贫穷落后吗？车子缓缓走过蜿蜒的山路，以为会是一望无际的黄土高原，但实际上泾源县是山清水秀的宁夏绿岛，而泾源也在用自己的"绿色"大力发展着旅游业。在卧龙山上俯瞰泾源，可以看到一片贫苦

落后的低矮农房，也可以看到发展的希望。

采访组：当时团队的各位伙伴们，为了去支教都提前做了哪些准备？

衣萌："我是一名老师"，这是时常在我们脑海中响起的一句话，老师就意味着"教书育人，为人师表"，我们必须告别学生时代，并且以一名老师的姿态来教育学生，快速完成由大学生到中学教师的身份转换。我们清楚地了解到一年的时间其实并不能使学生的知识面有很大的提高，但是必须带来发达地区的富有朝气的思想，这是我们责无旁贷的任务。

于是出发前我们各自从家里带了一些书籍，我带了很多英文歌曲的歌词书，和一些初中的教辅材料。到了泾源县了解到我们需要担任的课程后，我们几个小伙伴也相约去固原市里的书店挑选好的教辅材料，在课堂上传授给学生们一些学习方法和学习习惯。同时经常和老教师们探讨，听经验丰富教师的课程也是迅速学会把握课堂节奏的好方法。

▲ 三位成员进行家访

非常有趣的是，任卉为了记录我们的支教生活，还斥"巨资"买了个数码相机，但是却没想到她是不爱拍照片，相机都用来记录我了。

采访组：正式走进学校后，泾源一中的情况如何？有没有让您印象深刻的学生？

衣萌：我们当时在团县委和文教局的安排下，被分配到泾源一中，一中属于泾源县最好的中学。有一百多名教职工，初中高中加起来有26个班级，初到这里的时候我们很困惑，这么好的高中需要支教老师吗？但是参加完第一次教职工大会后，我们了解到2003年的高考，一中只有两名学生的分数达到本科线，而其中一位因为报考的原因没能上本科。并且随着年级的升高，学生流失也十分严重。教育水平低，教学思想落后，学生基础较弱等一系列原因造成这样的局面。

在这里必须要克服的困难是语言，由于当地人都说陕西话，说普通话的我们在这里是有些格格不入，身边的人说话快点都听不太懂。当地的朋友都称呼我为"衣梦"。我记得曾经有个害羞的小女孩儿给我写了一封信，里面有这段话至今都让我印象深刻。

"亲爱的衣老师虽然我们彼此陌生，但我对您已有所了解，从同学们的谈论中我得知您是一个很好的老师，您的歌唱得很好，我非常喜欢听您说普通话，但我不会说，几次话到嘴边，没敢说出来，我怕您笑话，我想和您用普通话交流，但想来想去还是写信吧。"

孩子们是渴望学习普通话的，而我们也在熟悉宁夏方言的同时用普通话与学生们交流，尽量让普通话融入他们的日常生活。

泾源是贫困地区，学生们的家庭经济状况并不太好。许多学生一年四季都穿着自家做的布鞋，有些孩子的鞋面甚至是补了又补，让人心疼。我还记得有个叫杨小乐的学生，每天走40多分钟的路上下学，去家访的时候她和两个弟弟妹妹挤在一个刚坍塌又修起来的小土房里，一个土炕就是他们的床和学习桌，这间房又是家里的厨房，一家人的饮食都是孩子们完成的。

学校里学生们的早饭要么是啃一个干馍要么是干脆饿着肚子，许多学生的一日三餐都是馍馍加咸菜。学校每天会为学生们提供两餐，基本上都是毫无油水的面片加馍馍，学生们就是在这样的饮食下坚持长时间学习。即使是这样孩子们在回民开斋节的时候还给我们送来了过节才能吃上的馓子和油饼。有时候打开宿舍的门，就会发现门口放着学生们送来的野花、野果子，或者一块好看的石头，其实是什么东西都并不重要，重要的是这些都体现着孩子们对你的喜爱，是最美好的情谊，学生纯粹又朴实的情意让我一直埋藏在心里，牢记到如今。

采访组：虽然做了一定的准备，但真正站上讲台后有什么不一样的感触？

衣萌：虽然在正式上课之前我们都做过许多心理准备和课堂设计，但是当真正面对一双双求知若渴的眼睛时，我还记得当时的那份紧张，一种肩负责任的紧张，同时也会记得上完课后的充实与幸福。

我负责担任两个班的英语课，当地孩子的英语基础十分差，并且学习英语的积极性也不高，不敢张口说英语。于是我从最基础的音标开始讲起，带着孩子们去后山面对大自然大声朗读课文，发挥我唱歌的特长带领孩子们一起学唱英文歌曲，寓教于乐，从而调动大家的学习热情。讲述我的大学生活，让孩子们有成才的冲动和愿望，将对老师的尊敬转化为对知识的渴望。我还记得每一次我带着整个班的学生拎着小板凳和英语书走到后山的时候学生们的兴奋劲儿。葛云海负责教授的计算机课程对于大山里的孩子们来说，也是新奇的课程。他不完全照搬教学大纲，会更重视一些基本的操作方法，让孩子们真正地上手去操作电脑，对计算机这个新奇的玩意儿不再陌生。

其实我们时常在一起讨论，我们到底能为孩子们做些什么，一年到底能够给学生带来什么。这些学生非常能吃苦并且不怕吃苦，只是他们有些人看不到希望，不免迷茫，而我们更多的是唤起他们的希望，帮助学生建立应有的自信和敢于"睁眼看世界"的勇气。

采访组：泾源一中是最好的高中，那是否有去对当地其他学校的教育水平进行调研？

衣萌：我们当时是在泾源县城里，并不是最艰苦的地方。但为了更好地了解西部基层的情况，我们经常利用课余时间去深入农村，体验生活。有一回我们去距离县城不远但是条件最差的小学——上桥村小学去参观。斑驳的墙壁、漏雨的教室、破旧的桌椅、冬天即使生了火炉也瑟瑟发抖的学生，真的不是电视剧里的场景，当时我和任卉看着村里的小学现状一直默默地哭。虽然已经开学一周多了，但是好多学生并没有来上学，花名册备注栏上写着20多元、30多元……校长解释说因为每学期60多元的学费很多学生家里交不起，于是先交一部分，有多少交多少才能让学生基本全部报道。你们想想当时的60多元也就是在北京几个同学撮一顿饭的钱，在这儿却成了一个孩子上学的机会。

贫穷使好多孩子失去了上学的机会，在这里只有教育可以改变贫穷落后的局面，生活在一线城市的我们和你们，真的很幸运，我们应该少些抱怨，多些实干精神。2020年咱们打赢了脱贫攻坚战，再也不会出现这样的情况了，国家的脱贫攻坚任务真的是很不容易。

采访组：除了教学，还为当地做了哪些力所能及的事？

▲ 三位成员 2003 年的合影

衣萌：我们都有一定的学生工作经验，所以除了教学也在学校担任了不少行政工作，帮助学校组织类似于植树节、篮球赛、板报评比等工作。又由于我曾在北航校团委承担过学生工作，于是也帮助学校组织了新团员入团仪式等泾源一中校团委的工作。我是北航艺术团团长，比较能歌善舞，泾源县和固原市上的各类文艺晚会中经常拉我去表演节目。有一次在全县大合唱比赛中，泾源一中教职工合唱团还拿了合唱全县第一的好成绩！后来我作为泾源县共青团团代表委员之

▲ 三位成员编辑的北航首届研究生支教团工作总结

一，参加了共青团固原市第一次代表大会，真的是非常荣幸！

采访组：您还记得在生活上发生过哪些有趣的事？

衣萌：一开始大家特新鲜，都去县城的餐馆品尝泾源美食，从一开始天天尝试新奇的宁夏特色面食，到最后对米饭的无比想念，吃顿麻辣烫赛似（过）活神仙。但是顿顿下馆子，很快便捉襟见肘，入不敷出。于是我们便开始分工协作，自己动手下厨做饭。我是家里的老二，会做饭，于是就成了当仁不让的颠勺大厨，他们几个就给我打下手负责买菜、洗菜、择菜、洗碗，大家齐心协力一起组成我们自己的小食堂，每顿饭都吃得不亦乐乎。

在泾源紫外线非常强烈，我们皮肤晒得越来越黑，高原红越来越明显，当地老师经常开玩笑说"我看你们越来越像我们西北人了"。我记得支教结束我回到学校时，同学们都认不出来我们了，脸蛋晒得跟猴屁股般红。

还记得最后回西安大巴车的路上，公路前方发生了事故，导致那条路堵得水泄不通，我们被困在大巴上无法前进。车上热情的司机和我们说一般遇到堵车，堵四五个小时都是常态，我和葛云海生怕赶不

▲三位成员在宁夏泾源县第一中学与老师同学合影

上从西安去北京的火车，于是我们把大件行李放在车上让家住西安的任卉帮我们带回家，我俩立即下车随机应变想办法。我看到有卖西瓜的三轮车可以在公路边上的小土路上前进，就拦了一辆小三轮，我俩坐在西瓜堆里绕过了堵车的路段，又沿路拦了几辆车总算是有惊无险地赶上了去北京的火车。

采访组：如果让您寄语现在新一批研究生支教团的大学生们，您会说些什么？

衣萌：支教的日子是艰苦的，同样也是快乐的，选择了这条路便要踏踏实实、全力以赴地做好这件事。

"自己真的沉下心来做点实事正是从去西部支教开始的"

——第6届研究生支教团李俊良

支教的意义不仅仅局限于支教本身，而是和扶贫攻坚，和中华民族伟大复兴道路联系在一起，这样一联系，支教工作的意义和历史感就强起来，我们做好这项工作的动力和价值感就立起来了。

采访对象：李俊良，北京航空航天大学第6届研究生支教团成员。2004—2005学年在宁夏回族自治区固原市泾源县第二中学参与支教工作。现任北京航空航天大学北航学院冯如书院执行院长。

采访组：张晓磊

▲ 北京航空航天大学第 6 届研究生支教团成员李俊良

采访组：当时您为什么会选择前往西部（宁夏）支教？和在校期间的经历有什么联系吗？

李俊良：我是1999年从山东考入北航的。上半年发生了"5·8"美军轰炸我们南联盟大使馆的事件，因为正紧张地准备高考，只是从时事新闻中了解了一点事件的经过。9月进入北航才更加深刻体会到当年青年学生爱国奋进的浓烈情感。后来又发生2001年的"4·1"中美撞机事件，学校里组织了祭奠英雄王伟的活动，还有社团在教学区北门贴海报，组织演出揭露帝国主义丑恶嘴脸的话剧等，为我们刻下深厚的家国情怀印记。

其实，那也是北航以及整个国防行业飞速发展的几年。经过改革开放，我们国家的经济迅猛发展，在新形势下党和国家也逐步开始推动经济反哺国防和科技事业。当时，大批有志之士心系国家和民族的发展命运，北航作为国防特色明显的重点高校，这方面的氛围也很浓厚，我觉得这就是北航红色基因的具体体现之一。

大学生志愿服务西部计划包括研究生支教团是当时一项关键举措。一方面加强中西部贫困地区的教育力量；另一方面更重要的是让青年学生深入中西部贫困地区，切实感受中国农村尤其是中西部贫困地区的国情，借此增强问题意识和忧患意识，锻炼才干，磨炼意志。

我那时是热血青年，对国家和民族的命运也很忧虑，一心想为国家为社会做点事，但是除了认真读书学习，也没有多少机会来实践。因此当我知道有去宁夏支教的机会，便毫不犹豫报了名，有幸能够入选，我也特别高兴。

现在回顾当时的选择，确实有几方面的原因，除了谈到的时代背景和学校的红色基因氛围。从个人讲，其实也比较简单，我高中时候就对社会主义比较认同，来到北京上大学，视野一下子扩展了不少。

▲ 2005 年一起支教的伙伴

经常去人大、北大听一些理论和社会问题讲座，同时又读了一些书，关注一些思政类的网站和论坛，时常思考国家和民族的前途命运，真是满腔为党、为国、为民的热血，很少考虑个人的得失。现在回顾那段时间的自己，虽然不免冲动、幼稚和片面，但那一腔热血还是很真诚的；虽然有些眼高手低、好高骛远，但是那种对民族国家命运的关注还是很令人激动的。

可以说，自己真的沉下心来做点实事正是从去西部支教开始的。

采访组：当时西海固山区（泾源县）的环境如何？和去之前的心理预期相符吗？为一年支教做了哪些准备？请介绍一下相关情况。

李俊良：我们团6个人，去的是泾源县，虽然也属于固原市，但其实相对于传统意义上的"西海固"（西吉、海原、固原），条件和环境还是比较好的，主要是水源充足，泾源属于六盘山东麓，是泾河的发源地，并不缺水。我们支教的学校泾源二中就坐落在泾河边上，我们经常去河边玩水，吃水用水还是很方便的，镇上就有大澡堂。不像我们当时一批培训的厦门大学的几个同学，他们去的是西吉，一个月才能洗一次澡。对比一下厦门这个福建海滨城市的自然环境，挑战不是一般的大。对于我们最大的挑战还是人文环境的不适应，80%以上的人口是回族，餐餐吃辣椒，顿顿吃面，没有猪肉；最大的障碍是语言，村里老乡的方言根本听不懂，需要学校的老师或者学生做翻译，有些

▲宿舍床铺

▲宿舍里两个人共享的临时办公桌

学生普通话不好，交流起来也困难。

其实相对而言，为支教工作所做的准备并不算多，我们在华中师范大学一起参加了为期几天的培训。我带了些教育学的书，但面对学校的教学管理工作，会发现准备还是差很多，主要还是边教边学，跟学校当地的老师学习，自己也得多思考和摸索。

采访组： 请介绍一下当年支教团伙伴和教学工作的基本情况。

李俊良：我们支教团6个人，外语学院的田畅是团长，我和赵晓纪是二系（电子学院）的。有一个女生汪洋，是三系（自动化学院）的。还有七系（机械学院）的周锋和九系（数学学院）的郝志鹏。因为是第二批支教学生，县团委和教育局就尝试把我们派到基层，毕竟基层更缺师资。我和郝志鹏派遣到二中，田畅、汪洋和赵晓纪去了兴盛中学，周锋和两位宁夏大学的女生去了新民中学。

基层中学最缺数学老师，所以我和郝志鹏都教数学，我兼带计算机，志鹏还做了班主任。教学内容本身比较简单，但最大的挑战有两点：一是学生的基础差，差到什么程度呢？我们带的都是初中一年级，

▲ 参加学校集体活动

但是改作业的时候，经常碰到基本算术都算错的情况，只能边赶教学进度边给基础差的学生补课。课堂气氛还不错，学生都挺活跃的，不过经常活跃过头，也就是第二点挑战。他们的课堂纪律意识很弱，常常正上着课，下面两个学生就打起来了。

当然学生还是很喜欢支教老师的。在学生眼中，我们有许多新奇的气质，讲许多新奇的故事，一般也不会打骂他们，像我还会教他们"神奇"的计算机课。

采访组：据我们所知，当年支教的生活条件还是相对艰苦的，您和支教伙伴有遇到哪些困难和问题吗？

李俊良：生活上最大的困难是饮食。我跟志鹏住在学校新盖的教学楼顶层一间办公室改成的宿舍，不方便开火，所以我们俩就跟着学校的小食堂吃。早上没饭，我们吃点饼干，中午和晚上基本顿顿都是面，要么面条、要么面片，佐料就是辣椒油，蔬菜就是土豆，一周能有一次米饭加肉菜，都是牛肉炒土豆或者炒蒜薹。周末好一点，我们去镇上的小饭馆改善一下伙食，一般也是拉条子，我们会专门交代

▲ 泾源县二中教学楼

老板炒牛肉不放辣椒。更好的改善是去兴盛中学，我们可以聚一次餐。我吃了一年辣椒，脸上左右各吃出一片痤疮，疤痕留到现在。

除此之外，用水也不太方便，我们需要自己去河边的水管打水。每天傍晚，我跟志鹏两个人头顶明月，一根扁担从河边抬一桶水到四楼宿舍。这个画面其实还挺诗意的，一直留在我的脑海中。

采访组：当时西部的教学条件、教学观念如何？支教团对自己的角色定位是怎样的，又是如何去实践这个目标定位的呢？

李俊良：教学条件在持续改善中，比如我们二中新盖了教学楼，硬件条件逐步提高。

教学观念算不上，学校的主要任务还处在普及九年义务教育的最基础阶段。每学期开学的第一要务是"普九"，每个老师包几个村，挨个去学生家里跟父母做工作，劝说家长和学生按时入学。但总有劝不动的，男孩经常跟着父母做买卖去了，而女孩经常是"许了人"了，也就是订婚了，就不再让读书了。可能是观念落后，或者区域文化影响，当地人对教育普遍不重视。另外加上当地总体教育水平落后，很少有通过读书改变命运的例子，没有示范效应，又没有文化传统，"读书无用论"泛滥也不足为奇。

我们几个支教团的很快明确定位，就是给学校里的孩子展示外面不一样的文化和不一样的生活，让他们认识到家乡落后的现实，激发他们对外部世界的好奇，激发他们通过读书走出大山的想法，激发他们通过知识改变家乡落后面貌的志愿和理想。

采访组：您还记得在支教工作中，和当地老师、学生等发生过的一些印象深刻的事情吗？

李俊良：印象比较深的有两件事。一件是当地老师带着我们在开斋节的时候去村里参加宴会，一般是整个村子一起，在一个广场上架几口直径得有1.5米~2米的大锅，宰一两头牛，然后青萝卜牛肉煮一锅，白萝卜牛肉煮一锅，胡萝卜牛肉煮一锅。一家一桌拿脸盆去盛三盆牛肉，吃的时候还有阿訇讲经，不过用的是方言，听不懂讲的是什么。这样一个村子一起聚餐的仪式还是很有意思的。

▲ 登记学生名册

还有一件是临走的时候，所有学生都给我们支教的老师送了一张贺卡作为告别礼物。虽然有的仅是一张简陋的硬纸壳制作的，字也写得歪歪扭扭，但其中的真情感动了我，这些卡片我一直收藏着。

采访组：这两年有一部热播剧《山海情》，讲述的就是西海固山区吊庄移民、脱贫攻坚的故事，您有关注这部剧吗？当时看的时候有哪些体会？

李俊良：这部剧我第一时间就看了，非常好看。我平时很少看剧，但《山海情》给我留下了非常深刻的印象。《山海情》一开场，张树成向杨副县长汇报一批移民从玉泉营逃回涌泉村的事这一段就深深吸引了我。那一口的方言非常地亲切，几个人物塑造得很成功，很真实很成功地展示了我们扶贫攻坚工作的艰辛和奋斗历程。正如剧中所展示的，扶贫攻坚工作是个长期的细致的工作，不但要扶贫更要扶智兼扶志，要真正深入群众，教育动员群众自立自强，仅靠外部资源输入不能一劳永逸解决问题。教育是个根本问题，因此从这个意义上，支教的意义不仅仅局限于支教本身，而是和扶贫攻坚，和中华民族伟大复兴道路联系在一起，这样一联系，支教工作的意义和历史感就强起来，我们做好这项工作的动力和价值感就立起来了。

采访组：研究生毕业后，您如何选择自己的职业规划和未来发展？一年的支教工作经历对后续的个人发展起到哪些帮助和作用？

李俊良：研究生我读的是高等教育，毕业后留校做了辅导员，其实是沿着支教之路持续在做教育工作。我确实在支教过程中感受到了自己的力量，那种微小但坚定的力量，那种改造世界（包括自己的主观世界和客观世界）的力量。我一直相信人的主动性，认为生产力发展、社会进步都离不开人的主动性。这个世界物质第一性，精神第二性，但是这个第一性是个规定性的、限制性，而不是主导性。简单说，就是我们必须在物质规律内行事，不能违反物质规律，但是在物质规律限制的范围内，能够做到什么程度，做到哪一步，这是精神决定的，是人的主动性决定的。在这个意义上，教育的意义尤其巨大。

因此，我更加坚定自己的步伐选择，对中华民族伟大复兴、对共产主义事业的信心很足。当然，我们要做的工作还有很多，我们的担子还很重，还需要我们接续不断地拼搏奋斗！

采访组：您现在继续从事高校思想政治教育工作，您支持广大大学生选择前往西部等地区开展支教等社会实践活动吗？对于新时代青年在基层知国情、练本领，您有哪些体会和建议？

李俊良：我当然支持大学生去西部，不论是社会实践还是支教，以及深入基层做更多基础工作。我也经常拿自己支教的事例与学生们交流。如前面我说的，我们现在还有许多问题和不足，我们还面临着许多挑战和困难，但是我们的社会主义方向是对的，社会主义道路是对的，我们党的路线、方针、政策是对的，我们党的领导是英明的，我们广大人民群众是勤劳、勇敢的，我们的青年是积极的、向上的、朝气蓬勃的，所以我们的事业是伟大的，前景是光明的。我相信，在我们一代又一代人接续不断的努力下，我们中华民族的伟大复兴指日可待，我们的共产主义事业一定能够实现。这些话，正是我内心最为真实的想法。

我建议有志于这项伟大事业的青年，不妨从支教等实实在在的小事做起，在此我与大家共勉！

"这一年支教工作的经历，让我更懂得感恩的价值，更愿意选择奉献和付出"

——第7届研究生支教团林欧雅

正因为有了这一年支教工作的经历，让我更懂得感恩的价值，更愿意选择奉献和付出，这也是我们一起支教回来的每位伙伴共同的体会。我现在也经常带着孩子积极参加"小小志愿者"这类的公益活动，包括最近几年新一届研究生支教团与校内联动组织的"你的心愿我来圆"活动等，我都有关注和参与，希望能将这种闪光的精神品质代代传承下去。

▲北京航空航天大学第7届研究生支教团成员林欧雅

采访对象：林欧雅，北京航空航天大学第7届研究生支教团成员。2005—2006年在宁夏回族自治区固原市泾源县兴盛九年制学校参与支教工作。现任北京航空航天大学医学科学与工程学院党政办公室主任。

采访组：张晓磊，彭泰膺

采访组：您是2005年前往宁夏泾源县开展支教工作的，当时为什么会做出这个选择？是通过什么渠道接触和了解研究生支教团项目的？

林欧雅：我本科是三系（自动化学院）的，在校期间在校团委担任学生干部，也正是通过团委接触到研究生支教团这个项目，特别是在与衣萌老师等前两届支教团成员的了解中，让我觉得这件事情特别有意义，所以抱着想出去锻炼的心态报名了支教团。

采访组：您作为南方人，当时是第一次去到西北地区吗？当时去到西海固山区，您和支教小伙伴的第一印象如何？大家做了哪些准备工作？

林欧雅：在出发之前，我对自己将要去到的地方还没有比较清晰的概念。直到出发前组织的全国动员会上，一位复旦大学的女生作为代表发言，她讲到我们要去的地方就是西海固地区，为我们展示了当地母亲水窖的景象，我才逐步了解到西部的贫瘠和艰苦，有了一定的思想准备。

▲ 2005 年一起支教的伙伴

直到出发到达宁夏后，根据县教育局对支教老师工作岗位的分配，我、宫琳、刘京韬三个人被分配到兴盛乡，唐科、庞健平等人被分配到另外的乡。从县城包车到乡镇学校报到的路上，崎岖的山路、贫瘠的土地、两侧的羊群等景象映入眼帘，那时我对于西海固的印象有了更加直观的认识。

　　初次来到支教学校，安顿的过程我还印象深刻。当时我们住在一间别人腾出来的房子里，房间里有一个火炕和一张床，床下面都是堆积很久受潮的煤炭。屋内有一个半报废的煤炉子，别的设备也都没有。我们自己动手，一簸箕一簸箕往外搬煤、一趟一趟往外搬东西，然后想办法到外面把煤炉子修好。有些高年级的学生看到还会一起过来帮忙，经过了这番折腾房间才算可以住人。平时我们会自己用粗布布置房间墙面，冬天要烧火炕或者在屋里生煤炉子，包括后来我们会自己准备电热毯等。

▲ 在支教地的衣食住行条件

　　住宿的问题解决了，另一个需要适应的就是做饭。旁边有一间空屋子，学校允许我们在里边自己做饭吃。我还记得当时房间里有一个支教老师留下的液化气灶，于是我们就坐车跑到县城灌好液化气再回来，才满足了日常做饭的需求。平时我们的柴米油盐肉菜主要通过赶集去买，约上几个村民凑一起乘车到县城，买些土豆、牛肉，置办一些生活用品，顺便可以在县城洗个澡，因为学校里是没有条件洗澡的。除此之外要经常在水缸囤一些水，当地用水相对还是处于比较紧缺的状态。这些基本是我们当时支教的常态生活。

　　采访组：作为支教老师，从懵懂迷茫到真正走上讲台、逐渐适应，这过程中经历了哪些？

　　林欧雅：我们刚刚去的时候，正赶上学校动员孩子们复课。当时的教育状况并不好，很多孩子都处于失学的状态，并不看好上学读书的前途。我们很重要的一项工作，就是在开学前对学生一户一户走访，询问和动员孩子们来学校上课。后来随着国家政策的不断优化，出台对接受教育学生的补贴和优惠。比如孩子来上课一天就给家里补贴一块钱，包括后续对伙食费等的补贴等，虽然可能就是一个白饼白馍，但有效地改变了这种情况。随之而来的是一个班级内的学生年龄段参差不齐，知识水平也各有不同，给教学工作带来不小的挑战。

我们的教学岗位始终是根据学校师资的缺口和需要来安排的，比如我负责初中的数学、生物和小学的英语，其中也经历了很多颇有感触的故事。比如向本地教师学习写教案、和教学组一起研讨教学进度和授课方法。刚开始教课时，班里的孩子很多不会看题和完整回答，作业也很少能交齐；一些学生基础很差，甚至初中生都听不懂，产生厌学情绪；学生的学习条件普遍不好，习惯随便拿两张纸作为作业本等。

▲ 林欧雅参与课堂授课

针对这些问题，我们也做了不少工作，会对后进学生放低要求，开导他们尽可能多地接受教育，而且逐渐摸索出分层教学、因材施教的路数。此外，我们也尝试着自掏腰包给孩子们买一些正式的作业本，希望能激发他们的学习兴趣等。

采访组：当时大家的教学环境和教学条件如何？孩子们在学校里的生活如何？

林欧雅：当时的条件还是相对艰苦的，教室虽然是个修整过的平房，但是冬天的时候是没有暖气的，教室里有一个简单的炉子，学校会买一些带着土的煤炭渣，带着学生一起动手做成煤饼、晒干烧用，取暖效果并不理想。我们戏称教室里就像"仙境"，因为炉子的通风管并不好用，导致整个屋里都是烟，开窗又会很冷，很难解决。冬天屋子里气温很低，学生手上长冻疮的比比皆是，而且也没有热水喝。学生的住宿环境不好，大家挤在上下层的大通铺上，确实比较遭罪。后来学校开了一个小食堂，可以给孩子做碗面汤喝。再到后来有营养早餐午餐、有鸡蛋牛奶等，确实有了很大的改善。

另外一个问题就是留守儿童现象。我还记得当时去家访几个学习刻苦、勤奋踏实的留守孩子，真的就是"家徒四壁"：房子完全是个土房，屋里有一个土炕和墙角的四袋粮食，其他什么都没有了。像这样的家庭有不少，有的可以通过养羊、养兔子维持生活，有的甚至很难有生活来源，再加上诸多因素导致不少孩子生病残疾，这些给我的触动非常大。于是我们当时会自发准备一些孩子穿的衣服送给贫困的学生，也非常感谢他们开明的家长选择支持学生到学校读书。国家资助力度的不断加大，也为这些有出息的孩子提供了改变命运的机会。

采访组：当时您作为支教老师，在教学过程中有尝试通过哪些方式为孩子们打开外面世界的大门？

林欧雅：当时很多人家的思想都比较封闭，甚至拒绝让孩子走出去闯荡发展，我们始终在努力改变学生的思想。当时研究生导师非常支持我，为我办了一张一年的上网卡。我带了一个笔记本电脑，和外界取得联络的同时，会准备一些视频短片、生物图片、英语对话等配合教学使用，希望能打开学生的思路、展示外面的世界。

大家都在尽可能地影响班里的学生，比如有位老师教初中地理，因为学生学业基础很差，对地理更是毫无概念，全校只有校长的办公室里有两张大的地图，他就跑去找校长，把两幅世界地图和中国地图扯下来带到教室给学生讲；刘京韬老师充分利用学校搁置的科学教具，自己修理补齐给学生们开设物理实验课；我们给孩子们买篮球、足球，在操场带着学生运动；一起参与组织校园小歌手比赛、跳绳比赛、画板报等，尽量丰富大家的校园文化活动。

▲ 镜头下班级的学生

采访组：之后您还有关注西海固地区的发展吗？还发生过哪些记忆犹新的事情？

林欧雅：我的一个很大的体会是西海固的精神面貌、山区人民的生活水平始终在发生非常大的变化。

还记得2007年的时候，我有幸作为奥运宣讲团成员参与西部巡讲，又一次去到宁夏。在电视剧《山海情》所讲述的闽宁镇，我看到很多西海固吊庄移民过去的老乡，他们充满着活力和干劲。一方面国家支持力度很大，新盖的校舍非常精美，配备的师资也比较充足；另一方面大家走出了山沟，对未来生活充满希望。

采访组：您认为当时一年支教工作的经历对后续的职业选择和个人发展起到哪些帮助和作用？

林欧雅：一年的支教经历对我的未来发展起到了非常重要的作用。

一方面是热心于志愿服务活动。正因为有了这一年支教工作的经历，让我更懂得感恩的价值，更愿意选择奉献和付出，这也是我们一起支教回来的每位伙伴共同的体会。我现在也经常带着孩子积极参加"小小志愿者"这类的公益活动，包括最近几年新一届研究生支教团与校内联动组织的"你的心愿我来圆"活动等，我都有关注和参与，希望能将这种闪光的精神品质代代传承下去。

另一方面，支教一年进一步坚定了我的职业选择。我比较喜欢和学生在一起，教育可以影响和改变很多人，这是支教之后比较明显的感受，于是选择留在学校继续工作。不管是"无小事"的学生事务管理，还是参与学院各项工作，我始终希望推广这种奉献服务、正向激励的风尚。现在学院很多老师都很乐意加强公共建设和管理，会自发响应各类志愿公益活动，我想这也是支教服务带来收获的播撒与传扬吧。

"进入西海固核心区，感受的更是一份苍凉，每一片土地都写着贫瘠，每一座村落都印刻着贫穷"

——第8届研究生支教团于博然

行走在西海固，如果要我用一种颜色来形容的话，那一定是黄色；如果要我用一种心情来表达的话，那一定是伤痛。沟壑纵横的黄土高原，面朝黄土背朝天的日子，自然条件的恶劣，不去深入体会是不能了解的。进入西海固核心区，感受的更是一份苍凉，每一片土地都写着贫瘠，每一座村落都印刻着贫穷。干涸的河道依稀可辨，挥动着翅膀的乌鸦和星星点点的苜蓿也不会带来一丝生机，任何生存下来的生物本身就是一个奇迹。

采访对象：于博然，北京航空航天大学第8届研究生支教团成员。2006—2007年在宁夏回族自治区固原市泾源县民族职业中学参与支教工作。现在国家发展改革委工作。

采访组：张晓磊

▲ 北京航空航天大学第 8 届研究生支教团成员于博然

采访组：您是2006年至2007年前往宁夏泾源支教的。在那之前是怎么听说研究生支教团的呢？能介绍一下当时做出这个选择的情况吗？

于博然：我觉得和北航的学校氛围和教育方式有分不开的关系，大家经常开玩笑说北航是一所"红色"的高校，这可能和背后的军工精神有关，在校时我感觉同学中爱国报国、忧国忧民的氛围特别浓厚，专业方面的老师也给我们传递这种思想。虽然说北航是一所理工科院校，但大家对党、对国家、对人民的情感特别朴素、格外真挚。

同时，学校也给我们创造了很多成为志愿者的机会，上学时我参加了很多并且有很好的体验感，加上那时很崇拜丛飞、徐本禹，所以后来就一直关注各种志愿者类的活动。当时看到有研究生支教团我就报名了。我其实没有想太多，也没有多高尚的境界，我当时就是觉得一年时间很合适又是想做的事情，时间太短难免走马观花，工作以后恐怕机会寥寥，既能见见世面、增长阅历，又能做点事情、实现价值，这挺符合我的精神需要。

采访组：当时您是第一次去到这么远的地方吗？去之前都做了哪些准备？家里支持这一年参与支教工作吗？

于博然：是的，从小没离开过家、没离开过父母，想出去"闯一闯"。我看当时的日记里写着："离开北京的时候非常压抑，我不得不承认我对大城市生活的眷恋，这种感觉一直蔓延到火车开动的那一刻，看着窗外的西客站慢慢离我远去，我在不停想念北京的一切，那种思念被拉长的感觉特别强烈。"再读起来特别不洒脱，一点儿没有出去"闯一闯"的豪迈，但毕竟那时就是个学生嘛，想来也自然。

说实话，去之前其实主要做了生活方面的准备，提升自理能力，父母轮番上阵紧急传授厨艺，主观上对困难估计不足，看惯了首都的繁华而去想象真正的贫困是有难度的，再加上有那么一点儿大学生的优越感作祟，认为教书是轻松的，知识积累是充足的，所以也没在这方面做什么准备。家里是非常支持的，父母都是从贫困的时期、贫困的地方过来的，他们认同我的想法，也认为我有必要"出去历练历练"，以便对国家的现状和未来有个更真实、全面、深刻的理解。

采访组：您当年在泾源县民族职业中学支教工作了一年，可否介绍一下当时的情况。

于博然：我记得当时我们团是5个人，组织安排2个人在县城，3个人在乡镇。我在民族职业中学，教高一两个班的计算机和全高二的人文地理。

客观看，民族职业中学是县上生源稍差一些的学校。刚开始接触的时候，我感到很多学生对学习兴趣不是很浓，知识底子也比较薄，缺乏学习的主动性，令我有一些失望和挫败感。出于对了解山外世界的渴望，学生们对我这个"外来人"充满好感和信任，我很快

▲ 于博然在泾源县授课

就和学生"打成一片"，我讲的东西他们很容易接受。换位思考，我也逐渐理解了学生们的困难、诉求以及所思所想。我教的计算机和人文地理虽然不是主课，但设身处地着想，这两门课程会对他们今后的就业和人格养成有十分积极的作用，我丝毫不敢马虎。

计算机在大城市早已成为学习工作中的一种工具，但对这里的学生还是新鲜东西。教他们掌握一些如录入、文档操作一类的基本技能，能让他们在就业时多一些技能和选择。人文地理这门课基本上囊括了所有的副科，课上首先我会做一个话题讨论，选择一个社会热点话题，大家畅所欲言，我听到他们的想法，他们也可以了解我是怎样思考的；然后是历史和地理的串讲，用人物、地点、事件串联大历史，着重培养学习为人处事世智慧；最后是诗词鉴赏，学习古人情怀，激励学生立下志向。既学知识，又学思考方式、增长见识。

采访组：当时泾源县的条件相对还是比较艰苦的，您觉得真正去到那里以后的印象，和自己的心理预期相符吗，最大的体会是什么？

于博然：那个时候，19个小时的火车加6个小时的长途汽车，就是从北京到泾源县的距离。去之前只知道宁夏有塞上江南之称，但真正踏上这片土地，贫瘠的黄土让我有种陌生的感觉，山角挺立着威武的头羊，人们头上戴着回族的白色帽子，衣服也没有那么多颜色。泾源县是宁夏倒数第二的贫困县，全国回族最集中的地方，经济不发达，教育落后。起初感觉挺难融入的，环境陌生、方言听不懂、民族宗教文化不同、饮食也不习惯，但当你真正把自己融进去，真正接受认可自己的角色，这些困难慢慢都会变得不再是困难。闲暇时间，我还读了伊斯兰教的经典——《古兰经》《圣训》，做了很多家访，走了很多地方，学着做当地的特色"蒸鸡"，增强对当地文化习俗的认同感，生活上也越来越适应。

泾源属于西海固地区，我利用课余在泾源的周边走走看看，写了一篇随笔。行走在西海固，如果要我用一种颜色来形容的话，那一定是黄色；如果要我用一种心情来表达的话，那一定是伤痛。沟壑纵横的黄土高原，面朝黄土背朝天的日子，自然条件的恶劣，不去深入体会是不能了解的。进入西海固核心区，感受的更是一份苍凉，每一片土地都写着贫瘠，每一座村落都印刻着贫穷。干涸的河道依稀可辨，挥动着翅膀的乌鸦和星星点点的苜蓿也不会带来一丝生机，任何生存下来的生物本身就是一个奇迹。

但就在我坐在长途车上眉头紧锁之际，视野中偶然闪过几个在土地上辛勤耕作的身影，我心里竟有说不出的感动。人是斗不过天的，但人确实是不屈不挠的。就拿盐池地区来说，已经连续5年没下过一滴雨了，最后

▲ 于博然家访与学生交流

一次有收成竟是在1978年。

有位老汉惆怅地对我讲，"今年种下去的又没长出来……""那还种它做什么？"我追问。"要是今年下雨了怎么办？"我无以回答，只是缄默。农民只有土地，他们把全部希望播撒在这片土地上，然后带着一丝希望，带着毅然与决然，带着震撼的力量辛勤耕耘。当我告诉一位老乡这里被称为最不适宜人类居住的地区时，我得到了最令我信服的答案，老乡笑着说："那你说我们这不居住着呢吗？"一句简短的玩笑话语，但没有半点儿的自我解嘲，他们在用他们的生存状态最好地诠释着人的坚韧与不屈。

采访组：当时学校学生的知识基础和教学观念怎么样？还记得教学过程中，有哪些和当地老师、学生等发生过的一些印象深刻的事情吗？

于博然：讲个"叫学生"的事吧。一到学期开学，老师们就张罗着"叫学生"去。起初我还不明白什么是"叫学生"，询问下才知道每学期都有决定辍学不再来学校的学生，"叫学生"的任务就是去做家长和学生的工作，劝说他们回到学校。

没去支教之前，我以为学生辍学的原因可能大多是因为贫困，可实际上不是，国家"两免一补"的政策落实得很好，一个学生每学期只要交几十元的保险费就可以享受九年的义务教育，而实际情况是，绝大部分学生辍学是由家庭不重视教育和学生厌学引起的。一方面，很多家庭男人外出打工，家中缺少劳力，小孩子上完小学和上完初中并没有太大区别，还是一样从事体力劳动。从家长的角度考虑，确实没有什么必要让孩子完成学业，有的在家帮忙，有的干脆也送到银川或者西安打工；另一方面，绝大部分辍学学生在学校都处于听不懂的状态，不想学也学不进去，没有学习的动力，从历年升学率又看不到考大学的希望。

家长说出他们的想法，对于教育不发达地区的普通农民家庭，学生考上重点高中的概率几乎为零，孩子读完小学和读完初中又有多大区别？学生们问过我为什么要学英语，我竟回答不上来。对于这些可能一辈子不会接触到英语的孩子来说，学英语的目的是什么？再者，农民的孩子上了大学，家里欠下巨额外债不说，大学生找不到工作的新闻也不鲜见。作为一名教师，我不敢向他们保证，回到课堂就一定有更好的出路，无力感特别强，分不清是真实的残酷还是残酷的真实，这在当时十分困扰我，特别是就我那个年龄的经历和认知而言。

采访组：据我们所知，您曾在支教过程中获评"固原市十大杰出志愿者"称号。您觉得整体来讲，当时在教育教学、公益实践等方面，您和团队主要做出了哪些突出的工作成绩？

于博然：我当时做了很多家访，了解到有的学生家里特别贫困，家庭年收入仅1000余元，午饭常常就是吃馒头喝凉水，随时有辍学的可能。所以我就联系了北京的亲朋好友，希望能募集善款资助这些学生。很多人提出希望和学生建立联系并且了解资助款的详细用途，所以我就充当了这一桥梁纽带的角色。现在想来有点类似后来的"水滴筹"，大家基于对我的信任，因此信任他们资助对象信息的真实性，后来我又做了大量的背景调查，有图片、有成绩、有家庭情况，等等。算上我资助的学生，就这样前前后后总共资助了20个学生，帮助他们解决了现实困难。

▲ 支教团组织爱心助学启动仪式

采访组：基于在少数民族地区和民族中学支教工作的经历，您对铸牢中华民族共同体意识、加强民族团结进步等有哪些体会？

于博然：我认为中国既可以说是一个多民族的国家，又可以说是一个"单一民族"的国家。从大的方面看，中国不存在民族问题。说多民族，是因为我国地域辽阔，分布着56个民族，民族文化间有差异性和多样性；说单一民族，是因为经过千年的融合，各个民族对中华民族的统一身份是高度认同的。

采访组：您毕业以后，对职业选择和个人发展是怎样考虑的？您觉得支教经历对后续的个人发展起到哪些帮助和作用？可以重点展开谈几点。

于博然：支教这段经历对我的职业选择有决定性影响。

就是因为在支教时看到国家还有这么多发展不平衡的地区，经历了这么多对贫困的无能为力，我才选择成为一名公务员。记得当时和县团委书记交流，我说出了我的困扰，作为一名支教老师能改变的事情太有限了。书记说，中国的社会是金字塔结构的，你越往上走，你的影响力越大，一名老师可以影响一个班，但如果是县长呢？市长呢？省长呢？所以后来我就报考了公务员，贡献无论大小，总能做点事情。

采访组：您现在从事什么工作？您在后续的工作岗位上是否还有在关注西部发展？从您现在的工作角度来看，对宁夏、对山区、对西部脱贫攻坚事业等有哪些不一样的体会？

于博然：从学校毕业后我考了公务员，现在在国家发展和改革委员会工作。我的工作一直涉及西部地区，并且是工作重点之一。我们部门是实施脱贫攻坚的主要牵头部门，虽然不在一线，但通过部门里的大环境、身边的同事能够感到这项工作的伟大与艰巨。9899万农村贫困人口全部脱贫，832个贫困县全部摘帽，12.8万个贫困村全部出列，这份成绩单是足以震撼世界、载入史册的。

我的突出感受，一是既治标也治本，不同于只是粗放式的给钱、吃了上顿没下顿的"扶贫"，我们是尊重自然、尊重规律、扶贫不扶懒、易地扶贫搬迁、产业扶持、金融支持、复垦复绿综合施策，统筹了当前和长远目标；二是充分体现了我国集中力量办大事的制度优势、以人民为中心和实现共同富裕的发展理念，放眼全世界，我们有意愿、有能力办得成。

采访组：您支持更多青年大学生前往参与西部支教工作吗？对成长在新时代的他们，您有哪些建议和寄语？

于博然：是的，大学生支教可以说是双赢，大学生从中受益更大，支教可能对你的帮助和影响要远超过你所能提供的。星星之火可以燎原，理想主义者总是一事无成，伟大的空谈并不比教一个孩子识字更值得尊敬，生命的价值往往在那些微小而真实的行动之中才尽显无遗，去做就是了，多一段经历你不会后悔。

已不是青年人了，其实我也不知道现在青年的所思所想。"不是我不明白，这世界变化快"，更多人习惯了看短视频，没法耐心读完一本书；更多人急着表达自己的意见，选择性不去倾听其他声音；更多人热衷批评、对立，缺少底层逻辑培养和建设性方案。在这里，我想和大家重温一下南开大学老校长张伯苓的"三问"：你是中国人吗？你爱中国吗？你愿意中国好吗？我想新时代的大学生一定比当年的我更出色更成熟，我能给出的全部建议和寄语就都在"三问"中，你们会找到人生的答案。

"这届支教团开创了与公益组织联合助学的先河，这是北航支教团的一个里程碑"

——第9届研究生支教团王越

"这届支教团开创了北航研究生支教团与公益组织联合助学的先河，这在支教团历史上是一个里程碑。"这是时任北航校团委书记张广（现北航副校长）当时对我们的评价。如果说毕业后"读万卷书，行万里路"是我的人生目标，而泾源兴盛支教的经历则是我毕业后出发的第一站。

采访对象：王越，北京航空航天大学第9届研究生支教团成员（团长）。2007—2008年在宁夏回族自治区固原市泾源县兴盛九年制学校参与支教工作，曾获评固原十大青年志愿者、北京市优秀青年志愿者称号等。现任中国长城工业集团有限公司系统工程事业部项目总监。

采访组：张晓磊

采访组：您是2007年前往宁夏泾源县开展支教工作的，是基于什么考虑做出的这个选择？

王越：我是北京人，从小在城市里

▲北京航空航天大学第9届研究生支教团成员王越

长大的我很早就向往老师这个光辉神圣的职业，但因为种种原因，一直未能如愿。直到我大学毕业，取得了保送研究生资格时，偶然获悉共青团中央正在全国各高校招募中国青年志愿者扶贫接力计划研究生支教团成员时，多年的夙愿又在我脑海里浮现，在家长和好友的鼓励下，我毅然决定报名参加。"用一年的时间，做一件终生难忘的事。"在经过层层选拔后，我和另外五名志愿者组建了北京航空航天大学第9届研究生支教团，一起如愿去到了宁夏泾源。

▲ 第 9 届研究生支教团成员

采访组：从首都去到西部山区的一个小县城小乡镇，都经历了哪些不一样的体验？

王越：当时在泾源的工作生活环境还是比较艰苦和充满挑战的，我们所在的学校是位于泾源县兴盛乡的一所九年制学校。从繁华喧闹的北京高等学府一下子来到中国初等教育都没有完全普及的西部农村基层学校，生活感官及思想上的反差之大，在一段时间确实考验并锻炼了我们的适应能力。不过，我们支教团的各位伙伴都能很好地完成适应和转换。就在上岗前赴南京培训的时候，我们全体支教团队员就在各高校同行中，喊出了决心在泾源的一年时间里，发扬"特别能吃苦，特别能战斗，特别能攻关，特别能奉献"载人航天精神，展现我们北航学子——来自中国航空航天最高学府学生精神风貌的口号，而且事实证明这一年我们也确实是这么做的。

　　还记得在泾源的生活成就了我们很多有生以来的第一次。比如第一次晚上被屋顶的漏雨淋醒，第一次生煤炉，第一次用井水洗衣做饭泡茶，第一次改善生活自己做炖牛肉却被野猫偷吃了半碗，第一次用旱厕的尴尬，第一次发现洗澡的感觉竟然如此之好，第一次知道原本核载七人的面包车硬是能塞进15个人，等等。还好我们来的时候做了充分的思想准备，对物质的要求并不很高，再加上团县委、学校对我们的照顾，我们很快便适应了这里的生活。尽管由于专业不同，各位志愿者来泾源之前尚显陌生，甚至从未谋面，但共同的理想和信念使我们走到一起，我们在工作中互相鼓励、生活上互相安慰，用乐观的信念感染着对方。

▲ 镜头下的泾源县面貌

记得中秋佳节之夜，我和同伴们爬上了村子后面的山头，我望着安详的夜空，恬静的村庄，心中百感交集，遂赋打油诗一首。

中秋明月亮如旧，
思念故乡宾朋客。
六盘山下小茅屋，
扶贫支教苦为乐。

之后看来，这应该很好地反映了我们当时的心境。

▲ 支教团的日常生活

采访组：请您介绍一下自己及团队伙伴的支教工作内容，这期间发生过哪些印象深刻的故事吗？

王越：我负责初二年级地理，另代初一数学、语文课。施陈波负责初中生物，另代课初二数学。由于虽然同在泾源县，但是我们服务的几所学校条件也有所差别，经商量我和施陈波要求到最基层最艰苦的位于兴盛村的九年制学校，把几位女队员分配在县城以及镇上的泾源一中和二中。初来乍到当时和学校表示愿意承担更多的课程，但是由于支教老师教学经验相对并不充分，支教时间也只有一年，所以学校分配我们的教学任务更多的是副科，以及充当其他主科老师的"Plan B"，当他们有时调课或者是外出学习时，我们担任代课老师。也正是考虑到这样一个实际情况，后来我们将工作重心一定程度侧重在公益助学以及志愿服务上面。

我和上一届的支教队员联系过，他们表示最大的遗憾就是没有在那边发动成规模的公益助学。应该说我在那里的一年很好地利用了我们研究生支教团的品牌以及青年志愿者的身份。那时没有微信、微博、短视频，还是各种BBS论坛的天下。百度贴吧也刚刚兴起，我就不断地发帖，获取了很多公益组织的兴趣，并且和他们的负责人取得联系。最后促成的活动以及公益助学有两种，一种是由对方负责进行筹集善款和物资，寄到我们这边，我们负责发放；另一种是对于那些比较有学习天赋成绩较好，但是家庭又确实贫困的好苗子，我们为其寻找"一对一"的资助人。到现在为止，我当时联系资助的学生里走出了两个211高校和一个985高校的毕业生。

▲参与学校教学等各项工作

采访组：您当时曾获固原十大青年志愿者以及北京团市委颁发的2008年度优秀青年志愿者称号，这也是对研究生支教团的一份充分肯定。就像您提到的公益助学活动，可否详细介绍一下？

王越：当时研究生支教团到泾源之后，除了认真完成教学工作以外，为切实帮助当地孩子学习和经济上的困难，我们利用课余时间共调查走访了泾源当地130余名贫困学生家庭，基本涵盖了所在学校六至九年级品学兼优的家庭贫苦的学生。同时，我还积极与母校北航以及"日行一善""安和小雨滴""北京捐书助学网""小说网"等慈善公益机构联系资助意向，最终为60余名学生发放资助金总计达2万余元。

在家访过程中，我们发现农村孩子家里几乎没有台灯，所有的孩子都是在极其昏暗的灯光下看书，这直接影响了当地孩子的视力健

▲ 组织开展各类助学活动

康以及正常发育。我们利用多种渠道先后筹集了两批价值1200元的护眼台灯，作为奖品奖励给那些品学兼优却买不起台灯的孩子。之后我们还和北航校内的公益团体合作以"台灯照耀未来"为创意题目参加Google益暖中华公益创意大赛等，为西部孩子们积极争取各种资源。

除此之外，为了丰富当地孩子的课余文化生活，开阔他们的眼界，我们在兴盛九年制学校建立了爱心图书室。这在所有的研究生支

▲ 时任共青团宁夏回族自治区委副书记马金元（右三，现任宁夏回族自治区人民政府秘书长）专程赴兴盛九年制学校看望支教团成员

教团中尚属首次，经过多方努力，为兴盛九年制学校图书室联系到共计3000多册崭新的图书，价值超过2万元。当时每天我和志愿者伙伴们利用课余时间把图书室向全体学生开放，并完善图书室制度化和规范化建设，在当地教师和学生中间产生了良好反响。当时泾源县教育局局长和团县委书记都出席了学校举行的爱心图书室挂牌仪式。

另外经过支教团多方联系，还陆续为当地孩子募捐到各种学习用具、图书资料以及棉衣等价值上万元的生活必需品等。这些事迹多次受到当地政府、学校领导的好评，受到中青报、共青团中央网站、中国志愿者网等多家媒体的关注报道，我本人也很荣幸作为研究生支教团代表参加了共青团宁夏回族自治区第十次代表大会。

采访组：您目前从事什么工作？当年的支教经历对您日后的职业选择、发展方向起到哪些作用？请谈谈您的体会。

王越：我目前从事的是航天国际化相关工作，将中国航天的产品和服务提供到世界各地是我们公司的使命和我自己职业奋斗的目标。如果说毕业后"读万卷书，行万里路"是我的人生目标，而泾源兴盛支教的经历则是我毕业后出发的第一站。

"新时代的年轻人，更应该不负韶华，以梦为马，用青春书写属于自己的华章，大爱无声，青春无悔"
——第10届研究生支教团张驰、赵圆

　　我们当时最大的感触就是那边学生和我们这边的学生差距太大了，2008年北京奥运会给孩子们看北京、看鸟巢和水立方，他们除了感到新鲜之外没能产生别的触动。孩子们差距悬殊，甚至产生不了对这样生活的向往，他们感觉这些事物距离他们太遥远了，很多时候学生们是想也不敢想。

▲北京航空航天大学第10届研究生支教团成员张驰、赵圆

采访对象：张驰、赵圆，北京航空航天大学第10届研究生支教团成员。2008年至2009年在宁夏回族自治区固原市泾源县大湾中学参与支教工作。现分别为北京航空航天大学人文社会科学学院党委副书记，北京航空航天大学校团委副书记、飞行学院团委书记。

采访组：彭泰膺，冯琨

采访组：您还记得第一次去到宁夏支教的场景吗？现在回想路上有什么体会？

赵圆：我们当时是先从北京坐火车去银川，再从银川转大巴花费七八个小时才能到大湾乡。交通不便利，山路蜿蜒，公路侧旁就是悬崖，通行特别困难。

张驰：我们应该是第一批到大湾乡支教的志愿者，大家可能想象不到当时我们倒了多少班车才能到学校里，各种交通工具都得上阵，前前后后大概用了两三天才到。后来遇到比如国庆、中秋这种小假期都不敢回家，现在回想一下交通确实太制约经济发展了。

▲ 2008 年的大湾中学

采访组：您当年为什么选择加入研究生支教团？在此之前对研究生支教团有什么了解吗？

赵圆：2008年时我在北京电台做主持，刚好那时候举办北京奥运会。我在电台有一档节目通过采访志愿者向广大群众宣扬志愿精神，在采访过程中发现大多数志愿者都有过支教的经历，深受触动。

通过往届的支教团师兄师姐了解到北航的支教服务地在宁夏泾源。当年因为计划有变，在赶到泾源后被通知有几个同伴得去大湾乡服务。我认为既然来都来了，想去看看环境最艰苦的地方是什么样子，于是和张驰、杨帆一同前往大湾乡开展了支教服务。

采访组：14年前的泾源县是什么样子的？有没有哪些细节或者故事可以分享？

▲ 支教团的住宿环境

赵圆：到了之后，我们还是被当地的贫困环境所震惊。9月的时候山上气温已经转凉，因为海拔的原因，十一前后山上就已经开始下雪了。全乡只有两个水龙头，一个安装在政府大楼，另一个安装在学生活动的操场边上。十一之前每天还能接些水，十一之后就停水了。为了解决洗浴问题，需要每周周末坐车到甘肃平凉去洗澡，乡里为了解决用水问题，经常钻井取水。有一次听说山上钻到水源，我拎着两个桶就上山了，上山半个小时下山半个小时最终得到的也是浑浊的生活用水，水资源非常匮乏。日常的供暖只能通过烧煤炉取暖，睡觉前把煤炉烧热了，大家就抓紧入睡，不然等后半夜煤烧完房间就冷下来了。周六一整天时间都用来采购。

▲ 支教期间的生活用水情况

采访组：可以介绍一下您当时工作的支教学校的相关情况吗？

赵圆：全乡只有这么一所学校，当时乡里有两栋楼：一栋是政府大楼；另一栋就是学校的教学楼。教学设施也还可以，有电脑和网络。中午跟学生一起吃食堂，得益于当时的西部大开发，学生的午餐都有补助。因为当地缺水，经常一锅炒菜又用来炒肉，当地是回族地区，很多菜都带有羊膻味。当地老师很照顾我们，辅导我们教学，帮助我们生煤取暖。正是因为生活条件困苦，学校经常留不住老师。

张驰：当时工作的学校基础设施还是比较简陋的，学生们的普通话普及程度很低，大部分都在说方言，给教学增添了不少难度。生活条件确实很艰苦，需要自己到学校后山挑水，晚上自己生火点炉子取暖，盖两床被子也不暖和，住的平房四处漏风。

采访组：当时教学工作情况是怎样的，授课上会有教学压力吗？当地教学观念是怎么样的？

张驰：当时我教初中一年级学生生物和体育，比较容易，学生听课状态很好。因为自身有篮球特长，体育课基本为篮球基本功教学，孩子们也很有兴趣。

▲ 支教成员进行篮球运动

赵圆：学校是一所初中，很缺老师，我们去了之后先后带过语文、历史、生物、体育等课。给学生教语文相对压力也大一些，每天早晚得去带学生自习。因为普遍缺老师，经常会出现上个学期这个老师带语文，下个学期转去教历史课。

我们当时最大的感触就是当地学生和我们北京的学生差距太大了，2008年北京奥运会给孩子们看北京、看鸟巢和水立方，他们除了感到新鲜之外没能产生别的想法。孩子们差距悬殊，甚至产生不了对这样生活的向往，他们感觉这些事物距离他们太遥远了，很多时候学生们是想也不敢想。很多学生进入高年级后，有了干农活的体力，就辍学回家干活了。

改变教育观念是一件需要持续的大事。西部大开发这么多年，也给当地学校提供了教学设施的资源，无奈很多家庭仍旧让孩子到达一定的年龄时就参与到家庭的农忙耕地活动中。学校教育确实挺难的。

采访组：我们了解到当时支教团给学校联系了一些统一捐赠活动，当时是怎么做的？有印象深刻的学生吗？

张驰：是的，我们当时积极联系了石嘴山教育局，给大湾乡中学捐赠了一台电脑、一批教具，算是比较贴合实际的活动。还记得当时我们在活动现场的一张合影，现在在北航研究生支教团的一些视频和展示中还经常能看到，回忆满满。

赵圆：我记得我的一个学生后来考上了固原师范学院，现在在银川中石化工作。通过跟他的沟通，他告诉我有一半的学生都回去干农活了，还有一部分上了中专。是因为支教团老师的到来，给他带来了对美好生活的憧憬，鼓舞他继续学习考上大学，整个阶段坚持下来对他也挺不容易的。支教期间，我们也联系了很多北航的同学给孩子"一对一"帮扶，通过书信往来给孩子们提供经济和精神上的鼓励与支持。

▲ 支教团组织捐赠活动

采访组：您觉得支教经历对您的个人成长和未来发展有哪些影响？

张驰：支教经历是我一生的宝贵财富，教会了我勇敢面对困难，让我们这些大城市长大的学生，认识了祖国不发达地区教育的落后、生活水平的艰苦，也锤炼了我们吃苦耐劳的品格。比如，在那样的居住环境中，生活工作一年的时间，使我们感觉就像当年父母那一辈人上山下乡的经历，先吃苦，再努力奋斗。刚去的时候父母怕我们不会生炉子，晚上容易煤气中毒。结果第二天与家人通话，他们放心了。因为房子漏风，一天24小时是通风状态，不会中毒。

采访组：您现在继续从事高校学生思想政治教育等相关的工作，您会鼓励学生参与支教团这类的实践活动吗？

张驰：我积极鼓励学生参与支教团活动，虽然现在环境在逐年改善，他们前往的地方没有我们那时候艰苦，但是确实是很难得的经历，当年我们的口号是："到西部去，到基层去，到祖国最需要的地方去"。新时代的年轻人，更应该不负韶华，以梦为马，用青春书写属于自己的华章，大爱无声，青春无悔。

"如果孩子们会想有机会走向更广阔的天地，我觉得自己给他们带来了一种可能，以及不断前进的动力"

——第11届研究生支教团陈伟东

我觉得自己给他们带来最多的就是一种希望、一种渴望，一种对广阔天地的憧憬，以及不断前进、不断努力的动力。我想让他们知道，在自己的一方天地之外，他们的未来还有无限种可能。如果孩子们会想有机会走向更广阔的天地，我觉得自己就给他们带来了一种可能，并让他们看到了这种可能。

采访对象：陈伟东，北京航空航天大学第11届研究生支教团成员。2009年至2010年在宁夏回族自治区固原市泾源县什字中学参与支教工作。现任北京航空航天大学外国语学院党委副书记。

采访组：舒婧焱

▲北京航空航天大学第 11 届研究生支教团成员陈伟东

采访组：您是2009年至2010年前往宁夏泾源支教的，当时为什么选择报名研究生支教团？之前在校期间有听说过这个项目相关的情况吗？

陈伟东：成为教师是我一直以来的

职业梦想之一，在北航学习生活期间，我特别喜欢学校里静怡充实的氛围。所以当看到支教团招募通知的时候，我就想拿出一年的时间来尝试一下。

当时的想法是比较单纯的，其实也是对未来职业生涯的一个探索。如果我适合这个方向，可能我会选择这条道路；如果不适合，用一年的时间去经受锻炼，对自己的成长也是有帮助的。所以我就报名了支教团，很幸运最终能够入选，也认识了一些朋友。在宁夏一年的工作、生活和学习，也对我后来的职业选择产生了很大的影响。

采访组：您是哪里人？去到当时的宁夏感觉和心理预期相符吗？去之前都做了哪些准备？家里支持这一年参与支教工作吗？

陈伟东：我是黑龙江人。之前去过银川，但并没有去过固原市。宁夏一共有五个地级市，固原在最南端，是比较艰苦的一个地区，当然这也是支教的目的。

出发之前，我做了很多准备。作为一个20岁出头的男生，我更担心的是自己心理上是否做好了准备，是否达到一个做老师的要求，这些在我当时的心里还是比较忐忑的。另一方面，虽然感觉可以接受艰苦的条件，但真正去到当地还是经过一番调整的，比如吃饭的问题需要自己解决，对从没进过厨房的我确实是一个挑战。但是我们几个人很快就适应了，并且很快开始享受西部的生活。无论是从当时还是现在的角度来看，我都觉得一年的时间很短暂，这就说明我们自己在心理上的收获是要大于付出的，或者说欢愉是大过痛苦的。

家里人比较支持我。因为我的父母非常支持我在未来职业规划上有自己的探索。"你如果要做决定，就一定要想清楚"，这是从小到大我父母一直给我灌输的一个理念。所以我当时的这个决定也得到了家里的认可，他们表示同意也很支持。

采访组：请您介绍一下当时您和支教伙伴的工作情况。

陈伟东：当时我们一届去到泾源县参加支教工作的是5位同学，两女三男。两个女生安排在县里的职业中学，她们都是文科专业；我们三个男生都是工科专业。

我是材料专业的，其他两个男生一个是软件专业，一个是计算机专业。刚开始的时候我教英语，另外两个男生教计算机和体育，之后根据当地教师的流动性和缺口情况进行调整安排。

采访组：当时泾源县的条件相对还是比较艰苦的，生活中、工作中遇到哪些困难和挑战吗？是如何克服的？

陈伟东：可以说，条件肯定比之前自己的生活环境要艰苦。当时安排给我们住的地方在教学楼的四层，也是一个大教室，里面只有三张上下铺的床和三张桌子。让我印象深刻的主要有三点。

一是比较冷。固原9月是雨季，基本上会下一个月的雨，而且下雨的时候非常寒冷。我们那个屋子及所有的教室里都是没有暖气的，我们三个人住在一个50多平方米的房间里，空旷而且冷。我到那儿的第一件事情就是坐车去县城买了两条被子、一条棉被和一条毛毯。那样冷的条件，像我这样一个自带抗寒属性的东北人也是不太好接受的。

二是一日三餐需要自己解决。后来发现路边有运输大车的司机吃的饭店，有时就会去那儿吃，有时候自己煮点泡面。我印象特别深的是门口有一个面馆，我们偶尔会去吃一吃店里辣的酸汤面条；还有一对四川老夫妇开的一个川菜馆，没有牌子也没有门帘，只有两张桌子，一张在外面，一张在里面。我们也会走一段距离到那里去吃点儿饭菜。

三是当地缺水严重，会给生活带来一些不便。

当地的民风非常淳朴，老师、学生都很易于沟通，唯一的困难可能来自语言。因为当地大部分说的是西北话，语言上的沟通可能会有一些不便，不过经过一段时间的适应都是可以克服的。

这些所谓的"困难"我觉得并不能叫困难，而是一种体验，也都是可以克服的。我觉得这些事对我们的成长也是有很大帮助的，个人毅力、意志品质一定是通过真正艰苦的环境才能够锻炼出来的。没有身受，永远没有感同。我觉得这对同学们的成长都很有帮助，起码以我接触过的所有支教团的同学来讲，这份经历对于大家的成长，包括家庭、事业等都有很大的帮助。

采访组：当时学校学生的知识基础和教学观念怎么样？您觉得当年支教主要为孩子们带去了什么？

陈伟东：整体教育较东部地区还是有差距的。大家都非常朴实善良，但业务优秀的教师比较缺乏，优秀师资的流动性也是比较大的。

另外就是学生的变动性比较大，有学生上两周就不再来了。比如家里这段时间要收麦子，学生就回去帮忙了，或者家里父母出去打工，没人照顾奶奶和弟弟妹妹，学生也就没法来上学了。这样一来，他们的基础势必要薄弱一些。作为一名教师，我们也要根据他们的实际水平来进行课程设计。

我觉得自己给他们带来最多的就是一种希望、一种渴望、一种对广阔天地的憧憬，以及不断前进、不断努力的动力。我想让他们知道，在自己的一方天地之外，他们的未来还有无限种可能。如果孩子们会想有机会走向更广阔的天地，我就觉得自己给他们带来了一种可能，并让他们看到了这种可能。

采访组：还记得教学过程中，和当地老师、学生等发生过哪些印象深刻的事情吗？可以分享几件事例。

陈伟东：我讲一个印象比较深刻的事情。当时我们班上有两个同学，可能上了一周的课就不再来了，我也不知道什么原因，问其他老师也没有得到很确切的答案。

有一天下午打球的时候，我问班里的其他同学，有个孩子就说他们俩"走银川"了。这里解释一下，在西北话里"走银川"相当于东北的"闯关东"。在西北，山西、陕西、宁夏、甘肃叫"走银川"也就是去银川闯荡。这两个孩子都还挺有潜力的，选择辍学很可惜。这么早就走上工作道路大概率是因为家里确实经济困难，需要他们站出来扛起责任。当时我觉得，如果他们能把学业坚持下来，可能在未来会给家里带来更大支持和帮助，也就是短期目标和长期目标的关系。后来通过沟通我发现他们家里确实很困难，初二的孩子十几岁就要出去打工，的确没有办法。

当然还有很多欢乐的事情。在那里认识了很多人，也体验了很多事。这些是"小学—中学—大学—工作"常规路线所不会想象到的，对我而言，支教相当于做了一次变轨，进行了一番尝试，探索了另一种可能性，你看到了另一个天地里的另一群人，看到和体验过他们的艰辛和不易，经过一年的时间又变轨回来，这是对两种人生的体验和成长。

采访组：泾源县是一个回族人口聚居地，这一年对于回族人民的生活习俗是不是也有很多感受？还记得有哪些难忘的印象吗？您对铸牢中华民族共同体意识、加强民族团结进步等有哪些体会？

陈伟东：虽然生活习俗不同，但我们都能够适应。我觉得当地的牛羊肉特别好吃。我们在去之前也做了一些功课，提前去了解特色民俗，尊重他们的生活习惯，他们也会尽量给予我们更多的帮助，相处非常融洽，所以我觉得当地民族团结工作做得还是很好的。

民族团结是大前提，因为我们都有共同的目标，就是把家园建设得更加美好。这也是我们中国民族工作的一个显著优势。

采访组：这一年工作也是很不容易的，支教回到学校以后，您在心态上、生活上、工作上发生了哪些变化吗？

陈伟东：这一年，对我的人生有很重要的意义。

首先是身心的成长。这一年，我们离开了相对舒适温馨的环境，在西部独立地生活，不仅克服了各种困难，也基本达成了预期的目

二十年，我们走过

059

标，圆满地完成了工作任务。尤其是这一年的经历让我感受到，站上讲台迎接孩子们几十双眼睛，理解他们渴望获取知识的愿望，然后我们通过合适的方式真正做到给予他们帮助和成长，这份满足感是其他经历无法带来的，这些给我带来了喜悦和成长。

这一年的支教经历，也让我学会了如何合理分配自己的时间和精力，如何更好统筹协调和规划，如何克服各种困难。我们常说，人过去的经历塑造了现在的你，然后让现在的你去应对未来的一些事情。

采访组：您毕业以后，对职业选择和个人发展是怎样考虑的？您觉得支教经历对现在的个人发展起到哪些帮助和意义作用吗？

陈伟东：虽然毕业时的职业有很多选择，但是经历宁夏一年的生活后，内心深处始终有一个声音，就是让自己未来的职业可以给更多人带来改变和帮助。

经历越丰富，应对新事情也会更加得心应手。支教这一年让我学会了很多东西，让我觉得做教师原来是这么幸福的一件事情。教师工作的满足感是很多其他职业无法带给我的。

可以说，支教让我明确了自己的方向。对我而言，本科阶段是不断进行尝试探索和寻找方向的过程，是从发散到收敛的过程，而支教这一年实际上帮我快速地实现了方向的聚焦，清晰了我的职业选择和职业价值观。

采访组：据了解，您之前也曾参与共青团社会实践管理工作，现在有不少实践队会在寒暑假开展一些支教类活动，您对此如何看待？您对实践队开展活动有什么建议？

陈伟东：我认为支教活动以及社会实践的形式都是很好的。同学们利用假期时间和课余时间走出校园，走进社会，为偏远地区的孩子传递信息，进行深入交流和切身体验，这是双方受益、共同成长的过程。

谈到建议，希望同学们能准确把握角色定位，多做深入思考研究。

教育学是非常深刻的一门学科，教学活动是影响人的心智成长的过程，当下支教实践很多时候并不能说是教学，实际上是一种交流。

作为老师，课程是需要很严谨的课程体系的。比如支教中的课程如何设计，理论与实践课时的合理配置，同学们反馈如何，怎么做好各项评估，评估后如何指导改进优化，针对不同需求形成不断迭代的课程体系……期待大家在实践中不仅是进行泛泛的"教育教学"活动，而是将其作为一个专业探索研究，把这个工作做得更加科学合理。

另外，大学生在参与支教工作时，要意识到自己的知识并不完备，自己的人生观、世界观、价值观也是在逐渐成熟的过程中。这个时候尝试去影响其他人，可能是有一些风险的。大家所在的青年阶段，对事物的看法可能并不够成熟和客观，对有些问题的认知可能会存在片面和偏激，这就需要提前做好科学的体系规划，真正做好传递理念、思想交流，真正实现自我和受众的双向激励，真正上好这堂"大思政课"。

采访组：您现在仍然从事高校学生思政教育工作，从您的角度看，您支持更多青年大学生前往西部参与支教工作吗？对正成长在新时代的他们，您有哪些建议和寄语？

陈伟东：我非常支持大学生去西部参与支教工作，更支持大学生广泛地走进和了解社会。

对于北航这样一所传承红色基因的大学，我希望同学们毕业后可以去祖国的西部、广大的农村地区等走一走、看一看，往往更多地体验生活才能更多地促进成长，更多地从他人的角度去考虑问题。社会实践就是一个非常好的形式，走入不同环境去真正地体验，才能够感同身受。

现在大学生很多都是"00后"，是很幸福的一代人，他们出生在中国经济高速发展的年代，享受到社会发展进步的丰硕成果。更应该要有一颗感恩的心，明白这些成果是中华人民共和国成立以来，祖辈父辈用艰苦不懈的奋斗得来的；更要珍惜当前的优越条件，并向着更高的目标努力，相信在党的领导下，在全国各族人民的团结下，我们的国家和民族一定会越来越好。

习近平总书记多次提到，青年一代有理想、有担当，国家就有前途，民族就有希望。我期待同学们在步入社会后，努力地拼搏奋斗，把这个国家建设得更加美好。

"'奉献'两个字把'空天报国'精神、志愿精神和航天精神三者统一到一起"

——第12届研究生支教团赵明

北航"空天报国"精神中第一位是"爱国奉献"，我所理解的志愿精神的核心是"无私奉献"；我从北航毕业之后，进入了航天领域，航天精神里有一句话叫"特别能奉献"。"奉献"两个字把三者统一到了一起。

采访对象：赵明，北京航空航天大学第12届研究生支教团成员。2010—2011年在宁夏回族自治区固原市泾源县泾源高级中学参与支教工作，曾获评中国青年志愿者优秀个人。现任中国航天科工集团磁悬浮与电磁推进技术总体部总体技术中心主任。

采访组：张晓磊

▲ 北京航空航天大学第12届研究生支教团成员赵明

采访组：请您简单介绍一下当年参与研究生支教团的基本情况。

赵明：我是航空学院2006级人机与环境工程专业的学生，本科时曾经担任过校学生会常务副主席，也是通过校团委和学生会的渠道了解到研究生支教团这个项目。

当时我们第12届研究生支教团，由田野、姜椿阳、苏烜、李晓涵、孙赫、张航和我一共7名同学组成，是2010年至2011年前往宁夏固原市泾源县参与支教工作的，分别在泾源高级中学和新民乡九年制学校完成了为期一年的教学工作。

采访组：当时您和伙伴们对自己支教工作的定位是怎样的？大家是怎么实践这个目标的？

▲ 2011年在泾源县参与支教工作

赵明：当时我们所在的支教学校地处宁南山区，经济落后、交通不便、自然环境恶劣，生活环境较为艰苦。在一年的支教服务中，支教团成员完成了从学生到教师的转变，从学习知识到传授知识的转变。注重"精神扶贫，启迪心智"的作用，简单来说，当时的定位和目标就是发挥自身特点和优势，从方法、观念、心理等多方面入手，引导学生转变落后观念，以新的面貌迎接今后的理想和人生。

比如寓教于乐，在开展教学工作时，支教团努力让学生明确学科学习目的，同时精心设计教学方式，通过多种形式鼓励学生积极探索知识；比如耐心疏导，养成学生的健康心理，做到尊重学生的个性差异，以朋友的姿态、平等的眼光与学生深入交流，了解他们学习生活中的各种困难，并加以引导，等等。

在拓展教学手段上，支教团会不定期为学生进行多媒体授课，组织学生观看具有教育意义的电影。组织各种类型的社会实践活动，通过历史、地理等课程的课

▲ 赵明在进行课堂授课

外活动，教育学生了解生活、关注生活。

除此之外，支教团成员定期为学生做家庭访问。家访过程中及时了解学生学习生活以及思想动态情况，耐心倾听家长对教学工作的反馈和建议，并与家长一起帮助学生解决生活学习上的困难，等等。

采访组： 当年北航校内举办了首次针对支教团的主题活动，请介绍一下相关的情况。

赵明：在2011年"五四"期间，支教团在北航校园内举办了"携手西行，用爱浇灌高原的希望"北航支教团支教历程图片展活动。图片展选自北航支教团2003年起在泾源支教的过程，80张有代表性的反映泾源困难学生先进事迹、泾源地区办学条件、泾源教育发展历程和北航学生一直以来赴泾源开展志愿服务的优良传统等方面的图片。分为"一路走来，我们感悟爱的成长""回首十年，我们播种爱的土壤""担当使命，我们传递爱的希望""昂首向前，我们放飞爱的梦想"四个部分，制作成了21张展板进行展览。

▲"携手西行，用爱浇灌高原的希望"北航支教团图片展

当时，图片展是北航校内举办的首次针对支教团的主题活动，获

▲ 图片展受各媒体关注报道

得各个学生组织的通力支持，由校学生会负责学院路校区和沙河校区外场活动，研究生会负责大运村外场活动等。这次展览在同学中引起了强烈的反响，对于在北航校园内宣传志愿服务先进事迹，弘扬志愿服务精神，动员北航学生加入服务西部、奉献基层的队伍中去起到了一定的宣传作用。图片展也得到了各大媒体的大力支持，《中国青年报》《北京青年报》记者来到北航做现场报道，并于5月6日刊登了本次活动的图片新闻，受到首都各高校学生的广泛关注，在社会上产生了一定的影响力。

采访组：据我们所知，这一年您和支教伙伴一起开展了很多特色工作，搭建起泾源和北航两地的沟通桥梁，能否介绍一下相关的情况。

赵明：当时支教团积极发挥自身的优势，以提高当地教学水平、加大困难学生资助力度、在北航学生中倡导志愿服务精神为目的，开展了一系列加深北航和泾源两地沟通的活动。

比如，当年支教团贯彻落实团中央关于"共青团关爱农民工子女志愿服务行动"的工作要求，一起拟定了"北航校团委与泾源县团委'结对子'行动计划"。方案致力于促成两地更深入的结对互助，构建充满活力、富有效率、可持续发展的志愿服务机制体制，促进两地学生、两地学校及困难学生和社会间互动平台的形成。

2011年5月21日，时任北航校团委副书记顾广耀等一行来到泾源县，向支教团同学表示亲切慰问。这次顾广耀副书记等在与泾源县团

▲ 自治区宣传部团委慰问北航支教团

委负责同志的交流过程中，对当地教育情况有了更深一步了解，推动支教团后续"结对子计划"的实施迈出了重要的一步。

得益于这些交流平台，支教团在北航组织举行了募捐活动。我们联合北航校学生会、研究生会和社团联合会，向北航全校师生发起倡议，向泾源困难学生捐款捐物。这次募捐活动得到了来自北航学子及社会各界

▲ 校内组织举行募捐活动

的大力支持，有学生、有白发苍苍的老教师、食堂的师傅、宿舍的楼管、带着孩子的家属等，大家共同为泾源困难儿童募集到了5000元善款，用于奖励支教学校品学兼优的困难学生。

采访组：2011年是中国共产党成立90周年，支教团当年有开展哪些特别的活动吗？

赵明：是的，2011年恰逢中国共产党成立90周年，而且就在当年5月10日，胡锦涛同志给北京大学第十二届研究生支教团成员回信，鼓励学子"向实践学习"，也给我们带来莫大的鼓舞和激励。

支教团以建党90周年为契机，积极配合学校组织了校园文化艺术节等各类文体活动，不仅丰富校园文化生活，更弘扬时代主旋律，拓展学生综合素质，更好地引领学生做先进文化的倡导者和实践者。同时，支教团以学校橱窗板报为载体，通过学生喜闻乐见的表现形式，介绍党的光荣历史、宣传党的光辉业绩，加强对学生的理想信念、责任教育和爱党爱国教育等。

采访组：您在毕业走上工作岗位后，仍然热心关注支教团相关工作，在单位协助组织开展了爱心助学公益活动等，并获评"中国青年志愿者优秀个人"称号，请介绍一下相关的内容。

赵明：毕业后我进入中国航天科工三院三部工作，工作后一直也有在关注泾源县的发展情况。在我的牵线和努力下，2015年航天科工三院三部在我当年支教的学校泾源县高级中学建立了"爱心助学和科普支教基地"，并创建了"航天梦"飞航奖学金。

当时，我和我的同事一路从北京去到泾源，大家一起走访了泾源县兴盛乡部分贫困学生家庭，与留守老人和儿童沟通交流，了解他们

▲ 2015 年回到泾源走访贫困学生家庭

的生活境况，并给他们送去米面油盐爱心物资，鼓励孩子们更加刻苦努力学习。

我们还在泾源县高级中学举行了"航天梦"飞航奖学金启动仪式。"飞航奖学金"启动资金20000元，面向对象为泾源县高级中学初二、初三年级品学兼优的学生，每次奖励额度为5000元。

▲ "航天梦"飞航奖学金启动仪式

仪式后，我和我的同事以"航天梦"为背景，结合航天领域的基础知识与实物模型展示，深入浅出地为初二年级学生上了一堂航天科普讲座，反响强烈。此外，我们还举行了"航天梦"飞航心愿认领活动，将同学们的短期目标和小心愿收集起来带回北京，通过组织远在千里之外的三部职工进行认领，帮助达到短期小目标的同学们实现心愿。

▲奖学金发放仪式（左），心愿认领情况（右）

采访组：结合您的支教经历和在航天院所的工作经历，您觉得志愿

奉献精神和北航的"空天报国"精神，有哪些契合点和对应之处吗？

北航"空天报国"精神中第一位是"爱国奉献"，我所理解的志愿精神的核心是"无私奉献"；我从北航毕业之后，进入航天领域，航天精神里有一句话叫"特别能奉献"。"奉献"两个字把三者统一到了一起。

我觉得奉献的内涵是真实的。奉献不只是单纯的付出，而是将自身的追求和国家的需要、他人的需要统一到一起，向着共同的目标奋进。我们自小怀揣着空天梦走进北航，再从北航毕业走进航天，每一步既是实现自己的理想，也是在践行"为国铸剑"的使命责任，过程中哪怕万千艰难，自己也会主动披荆斩棘，奋勇向前。因此，从学生时代树立正确的价值观和人生观，锤炼自己不怕困难、敢为人先的品质，是从校园走向社会，在社会立足的取胜之匙。

我觉得奉献的过程是美好的。奉献是追求个人价值和实现国家、他人需要的过程，在这个过程中除了自我价值的实现外，还会有很多不经意的收获。我们在宁夏支教过程中，收获了教书育人的成就感；在航天攻坚克难的过程中，收获了自身能力提升和试验成功的喜悦，尤其是在国庆阅兵的电视屏幕前，我们能收获的不仅是满满的自豪感，更是国家日益强大的安全感。这些都来自国家和他人的需要，都来自奉献的过程。学会享受奉献的过程，才能把奉献当作习惯。

"有信念、有梦想、有奋斗、有奉献的人生，才是有意义的人生"

——第13届研究生支教团于海鹏

对新时代大学生来说，有信念、有梦想、有奋斗、有奉献的人生，才是有意义的人生。作为一名北航学子应不负时代重托、不负青春韶华，积极投入祖国欠发展地区的教育帮扶工作中去，将北航人"爱国奉献，敢为人先，团结拼搏，担当实干"的精神种子传递祖国的各个角落生根发芽。

采访对象：于海鹏，北京航空航天大学第13届研究生支教团成员。2011—2012年在宁夏回族自治区固原市泾源县新民乡九年制学校参与支教工作。现任北京航空航天大学实验室与设备管理处危化品管理科科长。

采访组：张晓磊

▲北京航空航天大学第13届研究生支教团成员于海鹏

采访组：您当时为什么报名参加研究生支教团？去之前大家的预期如何？

于海鹏：当时的我曾在互联网和新闻媒体报道中看到很多优秀的青年朋友奔赴国家条件艰苦且教育资源匮乏地区贡献自己力量的文章备受感动，同时也在心里种下了一颗贡献力量的种子，希望有一天能成为他们中的一员。当我得知学校在招募支教团时，我立即报名参加了。

▲参与自治区西部计划志愿者培训班

出发前我们支教团成员都很期待，但看得出来，大家或多或少有些紧张。期待是我们对新环境有比较清晰的认识，希望赶紧投入工作中发挥各自特长贡献力量。紧张是我们要从学生转变为教师的身份，担心能否称职。

采访组：真正去到宁夏泾源投入工作，您和支教团小伙伴心里有哪些感受？

于海鹏：当到达我们派遣的支教学校——新民中学后，感受最深的是我国对偏远地区教育基础条件建设和政策倾斜的力度，如学校宽敞明亮的教室，学生的书本、住宿、饮食费用的全免，使当地学生和家长对未来生活充满了希望。我们支教团在校长和当地教师的帮助指导下很快融入学校工作，并适应了当地的生活。

我们服务的学校是九年义务教育学校，年级跨度涵盖从小学一年级到初中三年级，全校学生有1000名左右。但我记得当时的本地教师只有9名，教学师资力量明显不够，所以我们这届支教团的作用就非常明显，主要负责辅助当地教师完成教学任务，包括教授语文、物理、生物、地理、计算机、体育等课程，每人每日4至5节课，有时还需要带学生上晚自习。

刚开始我们对备课和课堂管理的经验不足，还好当时得到了校长的鼓励，以及当地教师们的耐心指导，调整了我们的工作方式和方法。比如在课程中制造提问环节吸引学生的注意力，制造互动环节提高学生讨论兴趣等，才让我们逐渐站稳讲台、顺利完成教学工作。

采访组：当时大家的生活条件如何？支教工作中和当地老师、学生等发生过哪些印象深刻的事情？

于海鹏：我们支教的这个地区是当地的贫困区，当地人民基本靠第一产业维持生活，交通运输、邮电通信、物流传递等能力不足，经常会停电、停水，基本生活物资比较匮乏，虽然学校食堂免费给师生解决了吃饭问题，但是学校储备的食物是极其有限的，所以我们支教团选择自己做饭，并和当地师生一同分享，尽可能为学校减轻生活负担。

我们支教团的首要任务就是要上好学校交给我们的每一堂课程，尽心执教，耐心辅导，让学生们能通过科学知识、方法来认识世界，解放思想。同时我们支教团经常与学生课下谈心交流，组织文化、郊游活动，帮助他

▲ 与支教学校学生在一起

们树立理想和志向。讲个事例吧，支教工作结束前，我们给当地学生留下我们的联系方式，有些学生后来会时常反馈他们的学习和生活状态，在我们的不断鼓励和帮助下有些学生考入了省里和北京比较不错的大学，这些学生坚强的意志力和坚定的决心也深深感动了我们。

采访组：您现在从事什么工作？您觉得后续的职业选择和个人发展以及当年的支教是否存在一定关系，请谈一谈体会。

于海鹏：支教结束后我一直在做教育工作，现在在北航实验室处工作，为校内教学科研及师生提供保障和服务。支教是我人生一笔宝贵财富，它使我丰富了阅历，磨炼了意志，有了收获，也成就了自己，其中的酸甜苦辣只有经历过的人才能感同身受。支教一年，受益一生。

采访组：您觉得对新时代大学生而言，参与类似的支教实践活动对更深刻体悟北航"空天报国"精神有哪些作用意义？

于海鹏：对新时代大学生来说，有信念、有梦想、有奋斗、有奉献的人生，才是有意义的人生。作为一名北航学子应不负时代重托、不负青春韶华，积极投入祖国欠发展地区的教育帮扶工作中去，将北航人"爱国奉献，敢为人先，团结拼搏，担当实干"的精神种子传递祖国各地生根发芽。

"若干年后，当你再次打开这本书，你可能会忘记第一次拿到书时的欣喜和自豪"

——第14届研究生支教团穆洋

2013年，当拿到第一本《支教日记》，我在扉页上写下了"若干年后，当你再次打开这本书，你可能会忘记第一次拿到书时的欣喜和自豪"。此后我真的没有再认真打开过《支教日记》，直到2019年重返新民前，我再次翻看自己的书，看到六年前写在扉页的话，百感交集。诚然，书的出版、影展的举办都是我人生中最值得铭记的瞬间，但我不会停在过往的辉煌上，而是怀揣这份信心，继续前行，不忘初心。

采访对象：穆洋，北京航空航天大学第14届研究生支教团成员。2012年至2013年在宁夏回族自治区固原市泾源县新民九年制学校参与支教工作。现在应急管理部救援协调局工作。

采访组：张晓磊

▲ 北京航空航天大学第14届研究生支教团成员穆洋

采访组：您是2013年加入研究生支教团的，当初为什么选择去支教，为什么选择宁夏作为服务地，能介绍一下当年的情况吗？

穆洋：加入研究生支教团之前，我在校团委负责志愿服务和西部计划相关工作。因为工作原因，我很熟悉支教工作，也与参加支教的学长们成了朋友。他们的描述让我对支教生活非常向往，所以我第一时间报名参与了研究生支教团计划，并顺利入选。我们这一届支教团是最后一届仅以宁夏泾源县作为服务地的支教团，在我们之后陆续开辟了西藏、新疆等地的支教对口学校，支教团的人数也大幅扩大，这都是国家、学校对于研究生支教计划的肯定和支持，希望研究生支教事业发展越来越好！

采访组：对泾源和新民的第一印象如何？和心里预期相符吗？当年那里的教育状况怎么样？

穆洋：在去支教之前，我对支教地的情况已经有了一定的了解，但切身感受还是有些颠覆我的认知。临行前我对支教地的认知更类似于从影视作品中看到的早期的大凉山——交通不便、不通网电、房屋简陋、衣不蔽体、食不果腹，但事实上这种情况已不存在。我们支教的地方基本是宁夏最贫穷的泾源县的新民九年制学校，这里校舍建设得通透敞亮、光纤入户，学生面貌虽然不及城市的同龄人，但早已不是那种极度的贫困。

采访组：为了做好支教工作，您去之前有做过哪些准备吗？有什么设想？

穆洋：最主要的准备还是做好了影像记录支教全过程的准备。在出征前的仪式上，我提出"拍摄这一年的支教生活，在结束后办一场个人摄影展"的想法，得到了时任校团委书记雷晓锋的肯定和支持。

采访组：在支教期间，您和同行的伙伴们主要参与了哪些工作？现在回想有没有难忘的小故事和大家分享？

穆洋：可以回忆的故事非常多，我和当年一起支教的小伙伴如今也一直乐于回忆当年的轶事。最深刻的当属举办"你的梦·我来圆"活动，举办这场活动的初衷是为了给孩子们过一个难忘的六一节，也为我们的支教工作留下印记。活动从3月开始组织准备，前期拍摄孩子们的愿望，中期在微博发布并接受社会捐助，后期将礼物发放给孩子们，在微博发布孩子们收到礼物的照片并@捐助人，活动取得了空前的成功。听闻这项活动也被后来的支教团继承下来，我也非常自豪。

采访组：您提到印象非常深刻的一项经历是举办"你的梦·我来圆"活动，这个传统的确成了北航研究生支教团的一项品牌活动，一直延续至今。您当年是首批发起这个活动的组织者之一吗？能不能具体分享一下当年的故事？

穆洋："你的梦·我来圆"活动是我提出具体构想的，当时由我、谷云超、高峰、潘娜共同实施的。2013年3月起，我先利用个人微博每日发送#支教日记#话题的微博做铺垫，同时组织拍摄新民乡内所有小学生（约370人）六一节愿望。自2013年4月19日起每天上线12位孩子的愿望，并完成认领工作。同时，认领愿望的捐助者可以通过EMS直邮或者将物品送与校团委社会工作部两种方式捐助（只接受物品捐助，不接受钱财捐助）。我们接收到礼物后将物品发给相对应的孩子并拍照。2013年6月1日起我们在线上发布孩子收到礼物的照片并@捐助人，最后所有孩子们的愿望都得到了满足。

▲ 学生们在纸上写下自己的六一愿望

穆洋：如前面我所说的，在出征前，我的梦想是将照片汇编后举办一场个人影展，当然也曾想过结集成册，但这个梦想实在是太过遥远。随着作品数量的累积，以及2013年6月25日《中国青年报》整版发表我所拍摄的题为《支教日记》影像纪实报道，这给了我莫大的信心和鼓励。学校不仅支持了我举办个展的想法，还鼓励我更进一步，时任校长怀进鹏院士更是为《支教日记》作序。在学校、亲人和社会的鼓励下，我最终完成了这项在出发前似乎"不可能"的任务。如今，这本书不仅可以在京东等网络平台获取，同时也被北航等多所高校的图书馆收录，是我人生的一笔宝贵财富。

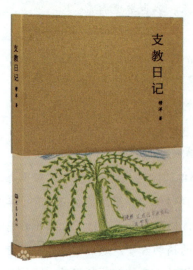

▲《支教日记》穆洋著

采访组：这本书出版后广受好评，您最喜欢的是哪一幅或哪几幅作品？可以和大家分享一下吗？

穆洋：《支教日记》中的所有作品都是我喜欢的照片，甚至还有很多我喜欢的照片因为篇幅所限无法汇编入册，颇有遗憾。

我可以为大家介绍一张风景画，这张风景画是从新民乡西贤村山坡古树下拍摄的，这是我在支教地最爱的地点之一。2019年我重回新民乡再次到这里取景拍摄。

影展时，我将冬夏两幅风景照做大尺寸输出，并列悬挂展示，参展人坐在我设置好的长椅上，就如在山头一样望向那片大地。

支教日记

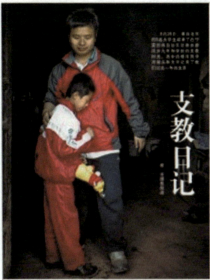

去支教

我的学生

日子

那将消失的村庄

一个都不能少

愿望与礼物

▲《中国青年报》(2013 年 6 月 26 日 08 版)

▲《支教日记》中的风景画

▲个人摄影展中的风景画

采访组：这本《支教日记》对您自己、对支教团产生了什么影响吗？有没有可以分享的经历？

穆洋：2013年，当拿到第一本《支教日记》，我在扉页上写下了"若干年后，当你再次打开这本书，你可能会忘记第一次拿到书时的欣喜和自豪"，此后我真的没有再打开过《支教日记》。直到2019年重返新民前，我再次翻看自己的书，看到六年前写在扉页的话，百感交集。诚然，书的出版、影展的举办都是我人生中最值得铭记的瞬间，但我不会停在过往的辉煌上，而是怀揣这份信心，继续前行，不忘初心。

采访组：您提到，2019年您曾重回新民乡，可以分享一下这段经历吗？

穆洋：我和谷云超老师在支教时建立起了很深的感情。随着研究生毕业，我们也相继踏入工作岗位，回新民看看一直是我俩的共同愿望。2019年初我俩终于找到机会回新民看看。

▲2019 年，重新回到新民乡

在新民时间不长，我们见到了部分老熟人，但更多都是新面孔，与支教团成员一起探访我们当年走过的地方（令我们惊讶的是学弟学妹们竟然从未踏足附近的村庄）。新民乡变化不大，这里有改善的地方，竟也有不如原来的地方（乡里的路铲掉后一直没有铺好，坑坑洼洼的）。《支教日记》中的几位主角亡故了，我和谷老师都平静地接受了这个事实。村庄在继续消失，我们冒

▲2019 年拍下的新民乡九年制学校

着大雪走到了花崖沟村，看我们当年家访过的村庄已经变为断壁残垣，有些感慨。我在当年拍过照片的地方以同样的角度拍摄了一组照片，我还计划着2022年在工作之余再次回新民看看。

采访组：您现在从事什么工作？支教经历对未来选择有起到促进作用吗？对今后的发展包括走上现在的岗位道路有哪些帮助作用吗？

穆洋：我现在就职于应急管理部，负责国家重大自然灾害的救援协调工作。在工作中我时常要关注国家的西部地区，那里是自然灾害的频发、救援难度高的地区。支教生活的西部一年生活经历也让我对那里的风土人情、地貌特征相对熟悉，更容易开展工作，西部支教的经历让我和祖国的西部连接更加紧密。

采访组：对新一届的支教团成员，以及未来有意愿继续参与支教团的学弟学妹们，有哪些期许吗？

穆洋：我认为能参与到研究生支教团项目的成员都是学校各个领域的佼佼者，首先我要祝贺新一届支教团成员们通过重重选拔获得这个宝贵的机会，也希望更多的有志毕业生选择西部支教。

支教一年，是一段很长的时间。通过一年的时间了解社会、了解西部、了解农村，多到基层看一看。不拘泥于做好课堂授课，珍惜这堂跨入研究生学习前的人生课。同时一年时间也很短，从人生的跨度来讲，一年时间如白驹过隙，和当地学生相处，一年时间大家刚刚成为朋友就要面临告别。所以一定要做好支教规划、尽快熟悉环境、不虚度每一秒的光阴。

"'西部愿望'游学团给孩子埋下了梦想种子，这份梦想一定会帮他们走得更远"

——第15届研究生支教团初征

　　高一年级的哈萨克族男孩哈那玛提是6名游学团成员之一，离开北京之前，他在留言板上悄悄写下了这样一段话："这是我第一次到北京，我一定会回到这里，因为我要来北京上大学。"回到吉木乃，我们发现不仅是哈那玛提，其他孩子也开始变得不一样了。我想，这是"西部愿望"游学团给这些西部地区孩子埋下梦想种子的一个缩影，这份梦想一定会帮他们走得更远。

　　采访对象：初征，北京航空航天大学第15届研究生支教团成员。2013—2014年在新疆维吾尔自治区阿勒泰地区吉木乃县初级中学参与支教工作，曾获评"北京市五四奖章""第十届中国青年志愿者优秀个人"等荣誉称号。现就职于美团到家事业群，任事业群总裁助理。

　　采访组：张晓磊

▲ 北京航空航天大学第 15 届研究生支教团成员初征

　　采访组：请您简要介绍2013年在新疆支教工作时的基本情况。

　　初征：我2009年考入北京航空航天大学电子工程专业，2013年本科毕业时参加研究生支教团项目，并担任北航第15届研究生支教团吉木乃分团团长。第15届研究生支教团吉木乃分团共有成员3人，还有来自法学院的宁启智老师和来自机械工程及自动化学院的许浩燕老师，我们是服务吉木乃县的首批研究生支教团成员。

▲ 与学生合影

采访组：作为支教志愿者，您初次踏上边疆的那片土地，内心有哪些感触？

初征：对当时的我而言，新疆是一片遥远又陌生的土地，吉木乃只是祖国版图西北角上一个普通的地名。犹记得第一次到服务地报到的时候，一路34个小时的火车转12个小时的汽车，窗外是一望无际的戈壁、荒漠还有远方起伏的山梁。这个荒凉又遥远的地方给了我太多的未知，同时也有更多的期待和挑战。

服务于吉木乃县初级中学，我负责两个年级的体育和两个班级的数学教学，并辅助德育处老师开展工作。这样的一个角色虽然工作比较繁重，但也让我有更多的机会和那些可爱的学生沟通、交流。在与学生相处的日子里，我时常被孩子们的天真和质朴打动。

对于吉木乃那样一片陌生而纯净的土地，需要我们更多地去观察、去感受，真正地理解这里的需要，才能更好地尽一份力。为此，我们支教团的成员们一同走遍了吉木乃全县的五乡两镇，去当地乡村学校做调研，和英雄护边员马合沙提一起用双脚丈量边境线。还记得当时我曾讲过的一段话："虽然离家4000公里，但我在这里渐渐地找到了亲切的归属感，乡亲们对我们这些'研究生'的期盼、孩子们纯真渴望的眼神还有身为一名志愿者肩负的责任赋予我强烈的使命感，让我在这里开始了一段终生难忘的奋斗时光。支教结束后回想起到新疆一年的这条路，我可以自信地说，这个选择对了。"

▲ 国旗下讲话活动

采访组：您当时曾参与组织成立支教团西部愿望教育促进会，并募集资金开展"西部愿望"游学团活动，请介绍一下相关情况。

初征：4000公里，对于支教老师而言，可能只是40多个小时的旅途，而对当地人而言，可能就是一段难以跨越的路途。

随着对学生了解的不断深入，支教团伙伴渐渐感受到了当地孩子们由于信息闭塞视野十分受限，我们看到安于现状、得过且过的风气悄悄在学生中相互感染，这让我们感到十分痛心。在与北京大学、中国人民大学、北京师范大学的几位支教老师沟通交流之后，我们发现在当时的西部地区，这是一个共性的问题。于是大家凝聚在一起，注册成立了一个新的NGO组织——支教团西部愿望教育促进会。通过一个月的努力，协会募集到了来自海内外的善款30余万元，当年12月，协会全额出资的第一个项目——"西部愿望"游学团正式启动。

我非常有幸成为第一支"西部愿望"游学团的带队老师，带领着6名品学兼优的学生第一次离开新疆、第一次坐火车，来到了首都北京。在整整11天里，孩子们直观感受到了绚烂多彩的现代文化，孩子们走进了老师、父母经常鼓励他们以后要上的清华、北大；孩子们参观了以前只在语文课文里出现过的天安门广场、人民英雄纪念碑；孩子们走进了清华附中等重点中学的课堂，与同龄中学生交流；孩子们还走进了百度等知名企业，了解知识如何转化为生产力。

▲ 带领学生参观天安门

　　高一年级的哈萨克族男孩哈那玛提是6名游学团成员之一，父母都是牧民，上学之后便一直寄宿在学校里。离开北京之前，他在留言板上悄悄写下了这样一段话："这是我第一次到北京，我一定会回到这里，因为我要来北京上大学。"回到吉木乃，我们发现不仅是哈那玛提，其他孩子也开始变得不一样了。高一年级的杨斌说，游学时看到清华附中同龄的同学都可以用流利的英语表演舞台剧了，而他还不敢在别人面前张嘴，于是开始努力学习英语。我想，这是"西部愿望"游学团给这些西部地区孩子埋下梦想种子的一个缩影，这份梦想一定会帮他们走得更远。

　　采访组：除此之外，当年您和支教团伙伴还开展了哪些公益实践活动？

　　初征：除了"西部愿望"游学团，当年支教老师还开展了一系列公益帮扶活动，其中比较有代表的是爱心流动衣橱项目。我记得在10月，北京还是爽朗的秋天的时候，吉木乃已经下了第一场雪，开始了漫长的冬季。作为国家五类地区，当年学生家中普遍经济情况较差，一件温暖的新冬衣对他们而言甚至是一份奢望。面对这种状况，支教团在北京团市委的帮助和北航团委的支持下，通过微信、微博向社会各界发出倡议，募集到千余件冬衣，并且在发放形式上大胆创新，将所有捐赠的衣物以衣橱的形式全部展示，供学生自由挑选。我们还帮助流动衣橱项目走进托普铁热克乡和别斯铁热克乡，1102件冬衣全部都找到了他们的新主人。

▲ 爱心流动衣橱走进托普铁热克乡

不仅是冬衣，我们也为同学们征集了100多份小愿望，有一个篮球、一个书包甚至一本字典。通过北京线上线下同步的活动，招募到爱心人士认领愿望，收集后一并寄到了新疆。

对我们而言，看到孩子们兴奋地穿上新衣服，充满期待地拆开神秘包裹时嘴角里按捺不住地透出那份天真的笑的时候，就是我们支教团老师在这里付出的全部意义。

采访组：据我们所知，您曾成为2014年新疆西部计划宣讲团的一员，返校后继续传扬志愿奉献精神，并获评"第十届中国青年志愿者优秀个人"荣誉称号，请介绍一下相关情况。

初征：是的，2014年4月，我通过新疆维吾尔自治区团委选拔，成为新疆西部计划宣讲团的一员，在17天里向9省市27所高校近万名应届毕业生分享作为一名志愿者的经历和感悟。和万千伙伴一样，我既是新疆西部计划的宣传员，更是中国青年志愿者的宣传员。在2014年五四青年节，习近平总书记在北京大学师生座谈会上发表重要讲话，给了我

二十年，我们走过

莫大的鼓舞和信心，我以一名普通志愿者的身份撰稿《以志愿情筑中国梦》，号召青年志愿者不负初心、接续奋斗。回归母校继续学业之后，我担任北航"中国梦·社会主义核心价值观"践行团团长，和伙伴一起延续中国青年志愿者的精神。

▲ 初征获评"第十届中国青年志愿者优秀个人"荣誉称号

　　我想，作为北航研究生支教团成员获得中国志愿服务领域最高荣誉——中国青年志愿者优秀个人奖，既是对个人志愿服务工作的肯定，也是对当代青年服务西部、支援西部、建设西部责任担当的肯定。相信未来会有更多青年朋友投身志愿服务工作，就像初到新疆时候听到老志愿者常说的那句朴素又深刻的话——

　　用一年不长的时间，做一件终生难忘的事。

▲ 在保定学院与大学生分享自己的青春奋斗时光

"那是我人生中一段非常美好而宝贵的记忆，用我生命中最美好的时光去做了一件有意义的事"

——第15届研究生支教团许浩燕

▼

这确实是我第一次去到祖国西北边陲，准确地来说吉木乃县距离我家有4000多公里，当时先是从北京飞到乌鲁木齐进行集中学习，再坐十几个小时的大巴才能到吉木乃县。那是我第一次坐卧铺大巴，一路上能看到点点繁星和逐渐荒凉的土地。虽然在决定去吉木乃后还是在网上查阅过一些资料的，但是真正来到吉木乃还是深受震撼，才真正能够理解那句号召：到西部去，到基层去，到祖国最需要的地方去。

采访对象：许浩燕，北京航空航天大学第15届研究生支教团成员。2013—2014年在新疆维吾尔自治区阿勒泰地区吉木乃县初级中学参与支教工作。现为某汽车制造企业工程师。

采访组：张晓磊

▲北京航空航天大学第15届研究生支教团成员许浩燕

采访组：您是2013年前往新疆吉木乃县支教的，也是北航新增新疆支教服务地的第一年。您当时为什么选择加入研究生支教团？为什么选择吉木乃呢？能介绍一下当时的情况吗？

许浩燕：其实成为一名老师一直都是我理想的事业之一。我的爷爷奶奶都是退休教师，他们辛苦培养了一代又一代的青年学子，如今已经桃李满天下。而我也希望能够像他们一样，用我的所学所得给学生带来力量。能够参与到研究生支教团中成为一名支教老师，对我来说是北航给我的最好机会。当时选择支教地的时候，没有吉木乃这个选项，我确定去的支教地是宁夏泾源。一直到距离出发前不久，我才接到了电话通知，想让我去吉木乃。当时我的另外两个小伙伴已经确定要去了，学校希望能组个三人小队，也好开展工作。当时我也没有告诉家里人就自己做了这个决定。虽然那个时候我甚至连吉木乃在哪个位置都不知道，但我觉得既然组织需要我去，我就应该义无反顾地去。

采访组：您来自浙江，之前有去过祖国西北地区吗？作为一个南方人，去到千里之外的西北边疆，第一感觉是怎么样的？有做过什么准备吗？有哪些印象深刻的故事可以分享吗？

许浩燕：这确实是我第一次去到祖国西北边陲。吉木乃县距离我家有4000多公里，当时先是从北京飞到乌鲁木齐进行集中学习，再坐十几个小时的大巴才能到吉木乃县。那是我第一次坐卧铺大巴，一路上能看到点点繁星和逐渐荒凉的土地。虽然在决定去吉木乃后还是在网上查阅过一些资料的，但是真正来到吉木乃还是深受震撼，才真正能够理解那句号召：到西部去，到基层去，到祖国最需要的地方去。

之前就听说吉木乃的冬天很冷，在我们去支教的前一年冬天雪下得特别大，能把车子都盖住，出门都需要挖出一条"雪路"来。好在我们去的那年没有遇到那样的大雪，但路面上还是结了冰，原本走到学校去30分钟的路程，由于路滑多费了一倍的时间。我们仨都是相互搀扶着走去的，但还是免不了摔倒。

▲ 第15届研究生支教团新疆吉木乃分队成员合影

采访组：您当时去到支教学校的基本情况是怎么样的？当时您和同行的北航支教老师主要承担哪些教学工作？您本科所学的专业知识或者参与过的活动经历等，对支教工作有什么帮助吗？

许浩燕：我们去的是吉木乃县初级中学，是整个县里唯一的初中，国家对这里的教育投入可不少，尤其是对教学多媒体的使用，更是倾入了很多的心血，每一间教室里都有多媒体设备。但是那里的教师数量是远远不足的，就比如七八年级汉语班一共就一名地理老师。当时我们到的时候这位老师去"国培"了，所以我和启智就分别承担起了七年级和八年级的地理。而后我们又接连承担过数学、体育、综合等课程，哪里需要我们，我们就上什么课。其实之前就有参与过与北航附小结对的活动，和小朋友打交道也有一定的经验，也可以将一些航空航天的知识作为课外知识输送给学生，培养他们的兴趣。

采访组：授课过程中留下哪些印象深刻的故事吗，可以具体分享几件事例吗？

许浩燕：其实在支教过程中我发现对于孩子们来说我更像是朋

友，他们会愿意把自己内心真实的想法、快乐或苦恼分享给我。当时班上有个孩子人很机灵，可是就是不愿意好好写作业。跟他谈心的时候，他说读书就是没什么用，他爸妈让他初中毕业了就回家放羊去。我听到的时候还是很震撼的，没有想到原本只在电影中看到过的情节居然出现在我的身边。后来我和他们的班主任问起，才知道这样的情况在那里并不少见。很多孩子都是因为九年义务教育的要求才来上学的，他们的父母并不认为读书是有用的，或者是觉得这九年的教育已经足够了。校方也和家长有沟通过，却并没有成功地说服他们。我试图告诉那个孩子读书可以改变很多，却终究没有改变他的想法，这也是我的一个遗憾吧。

采访组：当年您和同行的伙伴，在教学工作之余，做了哪些志愿公益、课外实践等方面的特色工作吗？可以具体分享几件有代表性的故事吗？

▲ 许浩燕与爱心衣物

许浩燕：当时在北京团市委、北航团委、支教团西部愿望教育促进会以及社会各界爱心人士热心帮助和大力支持下，我们开展了"爱心流动衣橱"活动，将一批批漂亮的衣物送到吉木乃县孩子们的手中。这些衣物都是经过清洗、消毒并独立包装，并以"流动衣橱"的形式在吉木乃县各乡镇学校中巡回进行，能看到孩子们开心的脸庞真的让人很满足。

我们还收集了当时教的孩子们的心愿，由北航学子和社会爱心人士认领，实现孩子们的愿望。有的小朋友的愿望很简单，想要一个篮球、一双足球鞋或是一些学习教材；也有的小朋友的心愿是能去北京看一看，这并不是一件容易的事，但是我们还是极力去促成了。当时老师和其他几位高校研支团代表组成了支教团西部愿望教育促进会，在社会爱心人士的资助下，6名吉木乃县的孩子成了第一批前往北京游学的学生，游览文化古迹，走访知名高校、企业，甚至走进与他们同一阶段学生的课堂共同交流学习。这也为后续游学团的开展迈出了坚实的一步。

采访组：当时大家的生活起居状态是怎样的？当地学校和北航分别提供了哪些支持吗？这期间还记得什么趣事吗？

许浩燕：我们当时和其他援疆志愿者住在一个宿舍楼，平时大家也会一起玩耍、一起参与志愿者活动。比如古尔邦节的时候我们会一起去到哈萨克族的家中做客，桌子上都是摆满了各式各样好吃的——奶茶、手抓肉、馓子、糖果，等等。我们挨家挨户地去串门，相互祝福，好不热闹。

记得我们刚到吉木乃的时候学校还没开学，学校里正在刷墙翻新，我们三个义不容辞地加入了刷墙漆树、修剪树枝的队伍，每个人都化身为粉刷匠，身上、手上、脸上都沾上了涂料，虽然累但是很快乐，也算是名副其实的园丁了吧。

▲ 许浩燕与支教学生合影

采访组：您现在还会关注有关西部边疆基础教育工作的动态吗？您觉得现在西部教育情况和当年相比有哪些变化？

许浩燕：没有特别关注过，但还是会看到有越来越多优秀的人才前往西部教育一线从教，我相信西部教育事业会越来越好。

采访组：您现在从事什么工作？您觉得支教经历对您有哪些提升和锻炼吗？这些在您后来的职业发展中有哪些促进和帮助作用吗？

许浩燕：目前是一家汽车制造企业的工程师，支教经历是我人生阅历的积累。当时参加研支团其实可以算是踏出校园迈向社会的第一步吧，从温室里的花朵长成不畏骄阳、不惧风吹雨淋的大树。那一段经历让我学会适应、学会融入。环境的变化、语言的差异也不会让我感到隔阂和疏离，同时教会我怎样与不同年龄、不同身份的人沟通，给了我更多的自信。

采访组：现在和当年一起支教的小伙伴还有联系吗？他们后来都从事什么工作？如果有联系，你们谈起当年的故事主要聚焦哪些话题？

许浩燕：还是会有联系，他们有的自己创业，有的留在学校任教。一起回忆起在吉木乃的那段时光还是会带着笑，那是一起生活过、奋斗过、快乐过的时光。我们会说起和所有援疆志愿者和支教团老师一起在乌鲁木齐培训的时光，一起围着篝火吃西瓜；会说起无论晴天下雨每天一起走在上下班路上的趣事，会说起我们一起筹办的一个个活动，和当时看到孩子们的笑容的满足感。

采访组：现在回想支教经历这一年，有什么感想？如果让您向当年的自己说一段话，您会说什么？

许浩燕：我会说，感谢你当时的坚持，一切的努力和坚持都是值得的。那是我人生中一段非常美好且宝贵的记忆，用我生命中最美好的时光做了一件有意义的事。

采访组：对新一批支教成员，以及更多有意向参与支教团工作的学弟学妹们，您有哪些寄语和期待？

许浩燕：其实回想起来我会觉得如果当时我再努力一点、聪明一点，可能我能做的会更多。所以，我希望你们能够好好珍惜这样的机会，用力感受，不负时光。

附：许浩燕随笔（2014年3月）

这里，远比你想象中美好

用"千里冰封，万里雪飘"来形容此时的吉木乃一点都不为过。当雪花纷纷扬扬地自天空飘向苍茫大地，四周像拉起了一顶白色的帐篷，如一夜春风袭来开了千树万树的梨花。我最喜欢的就是这个时候的吉木乃，像是一个圣洁的天堂，远离尘嚣。

这是来到吉木乃的第8个月，我一步一步地了解了吉木乃，吉木乃也慢慢地走进了我的生活。

▲ 吉木乃校园

走进吉木乃

2013年7月，我怀着无比矛盾的心情等待支教生活的开始。有期待，是因为这是我梦寐以求的方向，是我一直渴望完成的事。在过去的二十多年中，我对新疆的了解完完全全是来自网络和电视媒体。不敢告诉家人要去哪里支教，怕引来他们无谓的担心，因为在那个安宁的小村庄，从没有人真正接触过新疆。所以，直到我离开家的那刻，我的家人还并不知晓我即将踏入吉木乃县这片神秘的土地。

▲ 校园生活

直到新疆大学培训的开始我才开始知道，在这片7000多平方公里的土地上只居住了约3.9万人口，大片的山地、荒漠在吉木乃蜿蜒。从我的家乡浙江到这里，直线距离大概也有4000多公里，再走一步就出了国门，到我们的邻国——哈萨克斯坦。平时，我们也可以通过吉木乃口岸与哈国互市，工艺品、糖果、生活用品等应有尽有。县城里还特地开放了吉木乃口岸边民互市贸易市场，为两地的贸易和交流提供了方便。吉木乃的自然草场资源非常丰富，其中萨吾尔山草原是全疆的四大优良草场之一，牛羊肉肉质细嫩、味道鲜美，而且绿色无污染。哈萨克族多以放牧为主，农牧民人均年收入仅3000多元，这里也是国家级五类贫困县。

可是，这里除了偏远和贫困，还有善良的民众，可爱的孩子，清新的空气，和许多我们从未涉足的风景。

热情的哈萨克族

在吉木乃县占人口比例最大的就是哈萨克族，大约每10个人中就有6个哈萨克族人。他们面对的是一望无际的草原，头顶的是苍穹，所以他们的心也像天一样的辽阔，像草原一样的宽广。

哈萨克族是热情友善的。虽然我们说着不一样的语言，但是从见面的第一声问候起，我就能感受到浓浓的善意和温暖。他们乐于表达自己的感情，见面总是握手或是拥抱。古尔邦节是哈萨克族主要的节日之一，每到这个时候，家家户户都会煮上新鲜的羊肉、奶茶，做好奶疙瘩、馓子、包尔萨克、果酱，备上各种糖果、点心，欢迎各处而来的客人。这一天就像是我们过年一样，热闹非凡。我有幸和很多志愿者走进了几户哈萨克族的家中，精致的餐具，美味的点心，让人胃口大开。还有那洋溢的笑容，让人忍不住跟着咧嘴笑了起来。主人总是会给每个人倒上一碗奶茶，盛一碗羊汤。这儿的奶茶大多是用砖茶和鲜奶冲泡而成的，鲜奶也可以用现成的奶茶粉来代替，浓郁的奶香久久地萦绕在鼻子边。羊汤的口感也极其鲜美，搭配新鲜的手抓肉，着实是人间美味。吉木乃的羊肉是极好的，肉质爽滑软嫩，油而

▲ 吉木乃美食

不腻。皮芽子，也就是我们通常所说的洋葱，是手抓肉中必不可少的一部分，不仅仅为手抓肉增添了一番风味，也降低了得高血压、高血脂的风险，可谓一举两得。这样下来，走不了几户人家，吃得肚子滚圆，走不动路，也不好意思再去别家吃了。

哈萨克族是能歌善舞的。哈萨克族似乎是天生的歌者和舞者，从小就能唱会跳。聚会席间，总会有人走上台献歌一曲，或是音乐响起，所有人会一起走到中央跳舞，就连刚学会走路的孩子，也会忍不住和爸爸妈妈一起走进舞池，扭动着小胳膊。他们的歌声和冬不拉的琴音一样婉转动人，像唱在人心上似的。他们的舞姿是那样的优美，能感染身边的每一个人一起舞蹈。黑走马是最具有代表性的一支舞蹈，几乎所有人都会跳。在我所支教的初中，孩子们每天上午做广播操，下午就要跳黑走马。舞蹈似乎已经融进了每个人的细胞里，世代相传。而我不管怎么学都是动作僵硬，少了那种味道。

哈萨克族是豪爽安逸的。作为西北人共有的一个特点，哈族人的

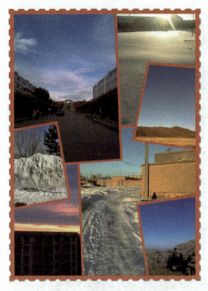
▲ 吉木乃风光

豪爽也是必不可少的。他们真诚直率，从不斤斤计较。有一次我还不小心坐了趟"霸王车"，因为司机找不开我的整钱，最后怎么也不肯收钱，也不肯要我兜里仅剩的两块奶酪，还笑着对我说要是下次碰上再给他就好了。虽然只是两块钱，却像是雪中送炭，格外难得。他们喜欢安宁闲适的生活，和家人、朋友一起聚会、喝酒。

爱，在这里

来到吉木乃以前我做好了充分的心理准备，包括对安全、对生活环境、对教学的种种考虑。但事实证明，我想多了。

首先，这里很安全，连偷盗事件都鲜有发生，停在街上的没上锁的自行车到第二天还能停在原地。哈萨克族的友好和热情想来我已经说了太多，即使没有来过这里、没有接触过哈族的朋友们也已经能身临其境，对这里放心。

其次，我们的县城主干路只有两纵两横，放眼望去就能看到县城的尽头，但县城里的物资相对还是比较丰富的，从远方运送来的各类生活用品、食物基本都能满足我们的生活需求。没有想象中的沟壑纵横，上下班不需翻山越岭，挑个水不用走上几公里路，我真的很知足。而且，县委政府还为基层干部、援疆志愿者等安排了新建的宿舍，双人间，带卫浴，有地暖，有的房间还有台原始的小彩电，这样的住宿条件远远超过了我们的预期和想象。尽管每天上班要走半个小时，尤其路面上结冰的时候，基本上是用生命在走路，但这也是值得的。要想吃饭还有公共的食堂，饭菜虽然简单，但是免去了我们很多的困扰，硬生生地还把我吃胖了。

如果说这里的物质条件已经让我们无可挑剔，那么自然风光可以说是让人流连忘返。到达吉木乃的第一晚，最让我激动的无疑是漫天繁星。亮晶晶的星儿，像宝石似的，密密麻麻地撒满了辽阔无垠的夜空。乳白色的银河，横贯中天，斜斜地泻向大地。那是我第一次发现，夜空离我是我那么的近。远离了城市的喧嚣，没有了车水马龙的嘈杂，仿佛这天地间只剩下了我和这片星空，遥遥相望，静得能听得到我的心跳。我也很爱这里的蓝天白云，透彻得像刚经过雨水的冲洗，蓝得不可方物。这里的天空是大自然给予吉木乃最好的馈赠。

　　说到学校，说到学校里的孩子们，我总有说不完的话。总而言之，国家对这里的教育投入不少，尤其是对学校多媒体的使用，更是倾入了很多的心血。从县上，到乡里，十几所学校，几乎每一个班级的教室里都有多媒体设备，让我们的课堂变得更加丰富多彩，也令学生们有了和其他地方的孩子们一样上课的机会。原本复杂的知识点，经过多媒体的展示，变得清晰易懂；原本枯燥乏味的内容，有了多媒体的演绎，变得精彩纷呈。通过板书和多媒体的结合，孩子们也更喜欢课堂了。回想我念书的时候，一块黑板，一个投影仪，就是课堂的全部。老师们总是想方设法地让我们更好地理解课本知识，那个时候往往不懂老师的苦心。而现在，轮到我站上讲台，我多希望他们能多看点书，多听点话，尤其是在这么好的条件下，更应懂得珍惜。虽然上课时他们听得很头疼，但是下了课他们又回到精力充沛、活力十足的模样，也爱来找我说说话，抱怨一下哪个老师讲课讲太快，哪个老师布置的作业多。在他们的眼中，我更像是一个朋友，而我也喜欢这样的相处方式，喜欢这些孩子们。去年我的爷爷八十大寿，无法赶回去给他祝寿，我就邀请班上的孩子们教我用哈语说"爷爷祝您生日快乐"，把我爷爷逗乐了。他也曾是一个教书育人的辛勤园丁，桃李满天下。而我也希望能够像他一样，无论是读书还是生活，将我所学的、所会的尽可能教给他们。

　　这里，远比我们想象的美好，没有来过这里是没有办法体会个中滋味的。我很庆幸我来到了这里，用我的双眼去观察，用我的双耳去倾听，用我的心去感受，每时每刻，我都笑着去体味，一点一滴，都让我铭记。如果你有机会来到这里，一定会明白。这里，远比你想象的美好。

▲吉木乃校园

"这一年站在讲台的经历让我真真切切感受到，作为一名人民教师的职责与担当"

——第15届研究生支教团陈前放

这一年站在讲台的经历让我真真切切感受到，作为一名人民教师的职责与担当。尽管我现在继续留在学校做教育工作者，但仍然替代不了那一年支教经历给我留下独特而宝贵的财富。

▲ 北京航空航天大学第15届研究生支教团成员陈前放（右二）

采访对象：陈前放，北京航空航天大学第15届研究生支教团成员。2013年至2014年在新疆维吾尔自治区昌吉回族自治州吉木萨尔县第三小学参与支教工作。现在北京航空航天大学研究生院工作。

采访组：彭泰膺

采访组：您当年为什么选择了新疆？在您跟家里说的时候，家里人有没有很多顾虑？

陈前放：我们是第一批新增新疆服务地的支教团，当时在面试的时候就告知我们今年不一定是去宁夏了，说今年这个会新增两个地方——西藏和新疆。之后去了服务地，我主动选了新疆，因为觉得反正得走，还不如走远一点儿。家里也没有特别放心，毕竟当年对新疆的条件、环境和形势确实有所顾虑，但是担心归担心，最后也没有劝阻我。

其实在条件艰苦、离家偏远、个人安全等方面我没有太担心，这一块儿我比较大大咧咧。但是去给小孩上课，站在讲台上，当时还是很紧张的。

采访组：当时整个出发的行程是怎么安排的？那年在新疆支教的北航研究生支教团具体情况是什么样的？

陈前放：北航那年在新疆就有了两个服务点：一个是吉木萨尔；一个是吉木乃。当时一共去了7个人，吉木萨尔4个人，吉木乃3个人。

我们是2013年的7月，大概7月20日左右出发的。到了以后，先是在新疆大学培训大概一周，然后又把大家放回来了。因为不同的服务地要求也不一样，有的地方是有培训完以后就留在当地，虽然暑假没开学，但也留在当地适应和工作，比如西部计划志愿者会在地方机关部门进行一个月的适应，然后再正式上岗。出于安全问题我们就先回来了，学校也没有开学。而且我们当时确实第一年，好多事情也并没有先例，然后差不多9月的时候，我们才又从各地出发，然后再在乌鲁木齐集合过去的。

采访组：您当时的住宿情况是怎么样的？学生们的住宿是怎样安排的？

陈前放：我们当时在学校住学生宿舍，那时候真的是什么都没有，一个空的宿舍，除了三张床什么都没有。像现在洗澡用的花洒，也是当时十一才帮我们安上的。因为那个时候虽然有学生住，但学生是不在学校洗澡的，所以也没有配浴室。学生相对来说也比较艰苦，一周回去一次，在学校里洗澡也就是简单冲一冲，到冬天肯定就不洗了。夏天就用凉水冲一冲，包括宿管老师也就是在水房冲一冲。好在国庆以后来帮我们装上了洗澡的设施，两个房间打了一个隔断，就可以在卫生间洗澡了。

采访组：据我们所知，近年来每年新疆都会招一批特岗教师来缓解教育的缺口，你们当时有没有特岗教师？

陈前放：特岗教师是后面来的，我们刚去的时候还没有，一楼是学生，二楼就是老师住。给了我们三间屋子：一间做厨房；一间做唯一的女老师宿舍；另外我们三个人住一间。

▲吉木萨尔分队成员合照

后续有特岗教师来到学校。第一学期有天水师范的学生来定点实习，也没有留下来；第二学期来了一个特岗教师，他住在外面。

采访组：当时的学生情况怎么样，是双语教学吗？你们当时主要教授什么课程？

陈前放：县三小是打工者的子弟学校，家长以打工或者做小买卖的为主，和一小、二小是比不了的。所以家里的教学观念也比较落后，学生整体来说还是"放养"为主，调皮不听话的学生以及学业基础较差的学生还是不少的。

我们去的时候是双语教学，我第一学期只教科学，第二学期又安排我教一个维语班五年级的语文，是双语班，不仅有维语课，也有汉语课。

在教学课程上，学校会大致根据我们的专业和特长来分配学科，当时我教语文，是最早的一批主科教学老师；郭晶晶老师当班主任，我俩是学习文科的。我第一年第一学期是教三年级的科学，下学期教五年级的语文，还教过思想品德。陈嘉麟是外国语学院的，所以他教授英语。李佳龙因为有声乐特长就去当了声乐老师。

采访组：您当时上课的时候有印象特别深或者后来还有联系的学生吗？

陈前放：实事求是地说，印象深刻的一般就两类：一种是特别乖巧；另一种是特别调皮的。现在给我留下更深印象的，更多的是调皮的、惹麻烦的、不服管的，可能上课主要的精力是花费在这些孩子身上。不过要讲，这些孩子心本质并不坏，只是调皮一点。

然后确实有几个特别乖的，其中有个印象很深刻的一直还联系。她现在在北京内高班上学，是在汉语班上学的哈萨克族学生，特别乖。她现在应该在读高三还没高考，叫唐达娜。在没有微信的时候，一直是在QQ上联系，也会跟她说一些鼓励的话。有一天，她跟我说老师我到北京了，我以为她是来旅游，结果说来上学。我觉得特别好，加了微信，现在经常有联系。当时她上学的时候就是特别乖的孩子，包括像郭老师经常喜欢批评的老师都从没批评过她，我对她印象很深刻。

采访组：当时学校有安排有经验的老教师给您做指导吗？还记得哪些印象深刻的同事吗？

陈前放：有类似的安排。我一开始教郭祚芳老师班级的科学，然后我就被安排在她办公室，她是很直爽的人，人非常好，我现在经常跟她经常联系，没事她经常给我发个微信、分享照片之类的。后来她到北京来，包括我回新疆去也都跟她联系。

当时2014年结束支教，我2017年暑假跟朋友一块去了一次新疆，我开车去乌鲁木齐的时候先路过昌吉，因为郭老师放假时就住在昌吉，所以我在昌吉市里跟郭老师和她孩子吃了一次饭。我也非常感动，当时联系时郭老师就问我想好要吃什么，都给我安排。后来我专程到县里，叶老师、王硕老师、学校两位工会主席都一起见了面，包括当时负责管理工作的团县委副书记，那个时候他已经在乡里任副书记了，但也从乡里面赶过来跟我们吃了一顿饭。

后来中午的时候我们去了一趟学校，遇到工会的杜主席，她是对我们非常好的一位很慈善的老奶奶，当时她快退休了，那天很巧的是正好她在学校值班，于是拉着我们拍照什么的。我们一起到宿舍楼下看了一下，教室都走了一圈，感觉还是非常好。

采访组：回忆起来，您在支教过程中有遇到比较困难的地方吗？

陈前放：在教学上，我主要把更多的精力放在维持教学秩序上。因为如果教学秩序维持不好，在讲授知识上很难达到好的课堂效果。

我还记得晶晶当班主任，小孩也比较怕他，比较乖的二年级还是很容易被班主任镇住的。郭老师上课，班级是鸦雀无声。我有时上课发现突然非常安静了，一看原来郭老师在后面站着。我们支教老师当时很大的精力花在维持课堂秩序上，课下交流中压力最大的事情也是如何维持课堂秩序。在这个基础上，我们才去谈教学质量。当然到后期渐渐地就能掌握了，一个是同学们的新鲜感也过去了，对年轻的哥哥姐姐的认知淡化了；其次毕竟也掌握了一些教学方法，知道什么时候该用威严去镇住，需要用什么样的内容吸引学生注意力。

采访组：这段支教经历会对您之后的工作和学习产生影响吗？

陈前放：不得不说这一年的支教是难忘的，可能我们去服务的地方是一个县城，生活保障建设相对会好一点。但是这一年站在讲台的经历让我真真切切感受到，作为一名人民教师的职责与担当。尽管我现在继续留在学校做教育工作者，但仍然替代不了那一年支教经历给我留下独特而宝贵的财富。

最后，也说不上给建议吧，希望每一批服务的研究生支教团同学们可以珍惜这一年时间，好好沉下心来去感受。

附：

冰雪在暖阳下消融

（2014年3月15日中国青年网）

经过一个寒假的休整、等待，带着家人与师长的嘱托和期望，2月21日，我们支教团吉木萨尔县分队的四名成员又从北京出发，回到了新疆昌吉州吉木萨尔县，继续完成我们的支教历程。

经过一天的奔波，我们终于来到了吉木萨尔县第三小学，虽然旅途辛劳，但学校领导和老师亲切的关怀、学生们热情的问候将我们长途跋涉的疲惫一扫而光。是的，新疆人民就是这样的淳朴、善良，只要你曾与他们一起工作、生活过，他们就会把你当作自己人，无论你离开这里多久，只要你重新踏上这片热土，你永远都能感受到家的温暖。

这学期我们四人的教学任务都有着不同程度的调整，特别是我被调到五年级四班，担任这个维语班的语文老师。从上学期教授副科到本学期教授主科，从汉语班到维语班，这方方面面的改变对我算是一个不小的挑战。对维语班的孩子们而言，汉语相当于一门外语，但维语班教学和考试的内容却和其他汉语班一模一样，其难度可想而知。为了帮助孩子们理解诗歌的意境，我经常将一首诗词反复讲解近十遍。为了使孩子们了解"剧本"这一文学体裁，我专门花了两节课的时间带着他们排练课文中的戏剧。经过一个月的努力，虽然上课依旧"吵吵闹闹"，虽然大多数孩子们的作业依旧"惨不忍睹"，但每当我看到孩子们领悟汉语精妙之处后开心的表情，当我看到孩子们在作文里表达对我的喜爱时，我感到所有的辛劳又是值得的，我所做的一切都有着前所未有的意义和价值。

除了教学方面，这个月我们的生活也是十分充实忙碌的。3月初，全县开展了学雷锋主题实践活动，我们支教团全程参与了本次活动，我还作为全县志愿者代表在动员大会上做了发言。在上周刚结束的吉木萨尔县第五届少先队辅导员暨首届团干部技能技巧大赛中，我们四人作为工作人员也为这项比赛服务了整整三天时间。值得一提的是李佳龙还担任了本次比赛的主持人。在大赛三天的日程中,李佳龙风趣的谈吐和优美的歌喉给全县的团干部和少先队辅导员们留下了深刻的印象,为我们北航支教团争了光。

除此之外,在北航团委科技部的大力支持下,我们支教团本学期在吉木萨尔县第三小学开设了"航模知识及应用"课程。课程以学生自愿报名为主,每周三下午授课80分钟,由我校支教团成员李佳龙主讲,截止到本周已授课8节,在全校师生和家长中的反响相当不错,甚至在该课程报名人数已满后还有班主任"走后门"安排学生来听课。我们在本周还购置了一批简易的微型航模,届时将以北航的名义捐赠给第三小学,让更多的孩子接触航模、体验航模。

日子一天天过去,气温也在逐渐回暖,覆盖大地的冰雪也在春日的暖阳下慢慢消融,愿我们北航研究生支教团吉木萨尔县分队能够在新的学期将生机和希望带给县三小的所有孩子们。

"在有限的时间里尽可能多地去做有意义的事，这样每每回想起那一年总会有许多开心感动的瞬间"

——第15届研究生支教团李佳龙

重要的不是作为老师你知道了哪些知识和道理，而是教给孩子们知道哪些是真善美，是值得学习的。这一年时间远比想象中要过得快，所以把握好支教的那些时间，在有限的时间里尽可能多地去做有意义的事，这样每每回想起那一年总会有许多开心感动的瞬间。

▲北京航空航天大学第15届研究生支教团成员李佳龙

采访对象：李佳龙，北京航空航天大学第15届研究生支教团成员。2013年至2014年在新疆维吾尔自治区昌吉回族自治州吉木萨尔县第三小学参与支教工作。现任中航国际租赁有限公司项目经理。

采访组：彭泰膺，阿茹娜·叶尔肯

采访组：当时您的家里人支持这件事吗？为什么选择去新疆支教呢？当时的预期是怎样的？

李佳龙：家里人当时犹豫过，但同时也肯定担心安全问题。家里是东北的，对新疆那边也比较陌生，一开始还是很担心的。后来跟家里做了一段时间思想工作，才算是勉强同意。

我从来没有去过这么远的地方，觉得新疆是一个很有魅力也很神秘的地方，所以选择来到了这里，后来也是顺理成章地通过分配到了吉木萨尔。做了一定的心理准备，现在想想真的是一个挺有意义的事，也是一段从学生到工作身份的转变。

其实在去支教之前曾担心过上课教得不好，虽然咱们也是一路学习到大学毕业。但是怎么去教孩子学会，让学生能听进去也挺难的，所以做一个好老师还是需要付出很多努力。在前往新疆之前自己也做过一些攻略，每天睡觉前还会在脑子里想一下上课的场景，自己模拟一下。

▲ 担任五年级汉语班英语课教学

采访组：您当时主要教一些什么课呢？那时候的吉木萨尔第三小学学生学习质量怎么样？

李佳龙：当时前前后后带过心理安全教育，一个年级的计算机课，也给五年级的一个汉语班教英语。因为汉语班的学生要参与英语考试，有成绩要求，当时的压力也非常大。后来又带了三个年级的音乐课。

▲ 航空航天科普课

我们当时去的时候是按照学生的民族语言分的班，每个年级有汉语班和民语班，汉语班的学生需要学英语，包括以后考试也是需要考的；民语班也学英语，只是不用参加考试。当时少数民族孩子们的汉语基本上已经说得很不错了，孩子们用普通话交流起来也没什么问题。相比之下反而跟身边的少数民族老师沟通起来可能麻烦一点。

采访组：现在回想起来，支教期间有哪些印象深刻的学生和故事吗？

李佳龙：有一个调皮的三年级小姑娘，老师拿她没有办法，平时活蹦乱跳的，但是有一天的晚自习看到她一个人在偷偷哭泣。我就问她发生什么事了，小姑娘跟我说她牙疼，后来我一看那颗牙上确实缺了一大块，有一个特别大的黑洞，感觉神经保不住了。她跟我说已经疼了好几天了，我让她联系爸爸妈妈带她去医院看看，小姑娘才跟我说爸爸妈妈都在外面打工，她跟姑姑住在一起。我就跟她姑姑打电话说明天带孩子去医院看看，把牙补一补。打完电话没过一会儿，这孩子牙不疼了。又活蹦乱跳地说"老师我不疼啦不疼啦"。让我很感慨这样的家庭环境下还有这样乐观的小朋友，想祝福她能一直快乐地成长。

还有一个教英语课认识的小男孩，私底下跟我关系很不错。虽然平常不愿意学习，但起码不影响别人。我也经常跟他聊天，问他平常在家爸爸妈妈不辅导写作业吗？他跟我说他跟姐姐住在一起，爸爸妈妈在外面打工。小男孩的姐姐今年上初二，学习成绩特别好，每天早上起来还给他做早饭，说得我心里也酸酸的。一个初二的小姑娘，家里没有大人，每天还要早起给弟弟做饭挺不容易的。

在当时类似的事情有很多。有一天我们在门口看到一个初中的小姑娘带着妹妹来上学，我们就问她你怎么这个时候还送妹妹呀？你在哪上学呀？小姑娘跟我说她不上学了，送完妹妹还要回山上放骆驼。像这样的留守儿童其实还有很多，大部分家庭的父母要么出去打工了，要么在山上放羊，基本上没有时间顾及孩子的教育。

有一天有一个维吾尔族的学生在走廊里打闹，我去教训他，结果把学生给教训哭了。后来我路过他们教室没看到他，于是满学校找他。后来看到这个小男孩跑到操场边上躲起来了，我就去找他聊天，他挺委屈的。男孩告诉我说家里

▲航模教学课

爸爸已经不在了，只剩下妈妈带着他，挺不容易的。我想能帮则帮，开导开导小男孩。我经常跟住宿的学生聊聊天，从他们身上也逐渐能看到家庭教育的影子。

采访组：您是2013年至2014年在新疆支教工作的，当时国家资助下的学生伙食好吗？

李佳龙：当时学生的食堂吃的饭大都挺简单的，比如两个馒头配一盆酸白菜，简单的手抓饭上放点葡萄干，或者放点地瓜片。每周三的时候食堂会做大盘鸡，但肉的量不大，每个学生碗里平均只能分到三四块鸡肉。我记得印象最深的一次是我们老师在食堂里侧吃饭，学生在外侧，那天食堂给我们饭打多了没吃完，准备收拾餐盘的时候被学生看见了，学生马上就说："老师你怎么能剩饭？"当时我就挺不好意思的，没有给孩子们做表率。想想学生们吃得不好，又正是长身体的时候，都很珍惜粮食。日常生活中，学校每周三才组织学生们洗一次澡，住校的孩子等到周五的时候要么自己坐班车回家，要么就是家里人来接，生活都挺简单的。

▲ 当时的伙食和"大餐"

采访组：当时学校的教学设备怎么样，在这样的环境下支教团都办了哪些特色活动？

李佳龙：我们刚去的时候，三小的教学环境就把我惊呆了。电子大屏幕、大操场、足球场、篮球场、乒乓球场什么都有，黑板也很大，整体来说教学环境相比我小学的时候都算是相当好的。

我们是第一批去吉木萨尔的志愿者，当时看到孩子们冬天穿的衣服都很单薄，依靠母校办了"温暖衣冬"的活动。很感谢母校的师生们，当时募捐到很多衣物，孩子们拿到温暖的衣服很高兴，我们就还挺有成就感的。

采访组：那您觉得支教这一年给您和身边的支教伙伴带来了哪些改变呢？

李佳龙：当时我每天都可以看到雪山、白云和蓝天，跟孩子们真诚地交流，生活很纯粹，算是得到心灵的净化。尤其是现场工作中经常会碰到一些浮躁或是急功近利的事情，我仍然会以一种平静踏实的心态去面对。

我跟身边的支教伙伴也因此结下了深刻的友谊，毕业之后基本上每几个月都能聚一聚，大家在工作上和生活都能端正心态，没有什么浮躁的情绪，或是产生过多的焦虑，我觉得这是我们几个支教伙伴最大的感受。

采访组：您能对即将奔赴支教的学生们送上几句寄语吗？您认为他们应该秉承着什么样的精神品质？

李佳龙：我认为对于当地的孩子来说，他们需要的更多是一个年龄大一点的朋友，不是一个年轻的老师。可能在教学上我们能发挥的作用对一个孩子来说并不是很大，给予学生们更多的陪伴对他们的成长会更有意义。重要的不是作为老师你知道了哪些知识和道理，而是教给孩子们知道哪些是真善美、是值得学习的。这一年时间远比想象中要过得快，所以把握好支教的那些时间，在有限的时间里尽可能多地去做有意义的事，这样每每回想起那一年总会有许多开心和感动的瞬间。

▲ 作为吉木萨尔青年志愿者接受采访

"希望大家一定不要吝啬自己的热情、自己的精力，最大限度发挥自己的能量，好好感受支教生活"

——第15届研究生支教团马浩

时光流逝不一定是梦想实现的充分条件，希望大家一定不要吝啬自己的热情、自己的精力，最大限度发挥自己的能量，好好感受支教生活。

采访对象：马浩，北京航空航天大学第15届研究生支教团成员。2013—2014年在宁夏回族自治区固原市泾源县新民乡九年制学校参与支教工作。现任晋中学院校团委副书记。

采访组：张晓磊

▲北京航空航天大学第15届研究生支教团成员马浩

采访组：您是2013年前往宁夏支教的，为什么做出这个选择，能介绍一下当时的情况吗？

马浩：选择支教，是想把基层作为最好的课堂，把实践作为最好的老师，胸怀理想、奋斗锤炼本领，磨砺增长才干。但是当初觉悟水平达不到，选择支教一是因为确实想充实自己；二是通过支教丰富阅历，更好地对自己人生进行规划；三是因为祖国那么大，想要更多去感受。

采访组：当年对新民乡九年制学校的印象是怎样的？有哪些可以分享的信息？

马浩：时间稍微有点久远了，对于学校建设来看，因为之前得到过母校持续的帮助，并不能算特别艰苦。不过孩子们只能得到基础教育，兴趣爱好的培养比较困难，比一开始想象的要好。比较遗憾的是由于观念的差别，好多孩子求知欲不是很强，受限于条件，不少孩子更希望尽早为家庭分担经济压力。这也是我们支教团一直在为学生们灌输学习重要性的原因。

在教学工作方面，我们当时承担的更多是音体美等实践课程，当然我们也一直参与高年级学生的晚自习管理，利用更多时间帮助他们解答学习当中遇到的各种问题。

采访组：据我们所知，您曾经获评优秀志愿者、优秀支教教师等称号，当时您在课堂教学和志愿公益实践方面，做了哪些有特色的工作？

马浩：2013年9月到达泾源县，月底便以志愿者身份参加泾源县特色节日——黄牛节。黄牛节的举办是为了三个目的：一是通过奖励极大地刺激群众多养牛、养好牛的积极性；二是让全国各地的肉牛加工企业和客商交流，加深对泾源"清真"品牌肉牛的影响；三是通过论坛的形式让区内外专家、学者对泾源的肉牛产业发展提出宝贵意见和建议。三天的志愿活动中，不管是对泾源县的宣传工作还是对游客的指引介绍我都尽心竭力，圆满完成任务。

在学校工作期间，支持并参与各类捐助、赞助活动，包括"温暖衣冬"为学生捐助过冬衣物，与中国进出口图书有限公司合作的图书与文具的捐助等。

还有"关爱留守儿童"的任务。对十余户留守儿童进行家访，并针对家访结果提出"如何更好关爱留守儿童"，表达一些个人的思考。

各类体育文化活动实在难以回忆，难忘的是当时一种虽然什么事都去做，但是特别轻松的一种生活状态。

采访组：当时大家的生活起居状态是怎样的？这期间还记得什么好玩的趣事吗？

马浩：我想最难以忘怀的应该是我们那一年的伙食了。面是我们至高无上的食物，大部分饭菜只有两种称呼：经典菜与好菜。经典即白萝卜粉条，好菜为土豆粉条；再来一个堪比两个拳头大的馍，一天的饭就这样解决了。支教之初，我们总会结伴出去寻觅新的饭菜，后来也接受了如此天然而又简单的饭菜，一起吃得津津有味，然后一起清洗餐具，其乐融融。

不管在任何节假日，我们都会一起结伴出行，游山玩水，感受泾水源头的一抹风情与宁夏弥漫的文化气息。生活中，我们可以说一直自娱自乐，而且没有什么无法解决的困难。

采访组：您现在继续从事高校学生思想政治教育的相关工作，您觉得支教经历对您起到哪些提升和锻炼？

马浩：是的，我现在在山西的一所本科院校工作，有三年多的时间一直在做团学工作，提升和锻炼都是时间慢慢堆起来的，支教给我的收获其实无法用文字简单表述出来。记忆是个好东西，所有留有回忆痕迹的昨日种种在时光的映衬下总会加分，后来的工作中遇到同样的情景，也是不一样的心情。回想起来，我应该可以做得更精彩。支教经历让我在后来的工作中更加明白责任，好好干，尽力做，别遗憾。

采访组：对新一批支教成员，以及更多有意向参与支教团工作的学弟学妹们，您有哪些寄语和期待？

马浩：时光流逝不一定是梦想实现的充分条件，希望大家一定不要吝啬自己的热情、自己的精力，最大限度发挥自己的能量，好好感受支教生活。

"一次美丽西藏行，终生雪域高原情"

——第16届研究生支教团卢阳

"一次美丽西藏行，终生雪域高原情。"

西藏，在这片神秘的雪域高原上，有一面属于我们北京航空航天大学研究生支教团的旗帜。我希望这面旗帜能够永久飘扬在这里，飘扬在这宏伟的雪峰间，飘扬在纯真质朴的藏族孩子们的心里。与其说我是来西藏志愿支教的老师，不如说一年来我在这里遇到的人，在这里发生的故事，他们才是我们人生路上的恩师。

采访对象：卢阳，北京航空航天大学第16届研究生支教团成员。2014—2015年在西藏山南地区（现为山南市）第一高级中学参与支教工作，2015年5月支教事迹曾受中国青年网报道。现任北京航空航天大学仪器科学与光电工程学院学生思政专职辅导员。

采访组：张晓磊

▲北京航空航天大学第16届研究生支教团成员卢阳

采访组：您是2014年加入研究生支教团的，并且是北航第一批前往西藏的支教团成员，为什么做出这个选择？能介绍一下当年的情况吗？

卢阳：2010年大一时接触到北航志愿服务，我就感受到志愿服务所带来的巨大魅力和服务产生的重要意义。本科四年我一直在坚持农民工子弟小学支教和其他志愿公益活动。2013年底通过层层选拔加入北航第16届研究生支教团的大家庭中。2014年4月，共青团中央扩大了服务西藏的志愿者团队人数，从2013年的500人增加到了2000人的规模。就这样，给我们北航研究生支教团增加了西藏日喀则和山南两个服务地二选一的机会。

▲ 北航研究生支教团首批西藏服务队

作为一个蒙古族孩子，其实生活习惯和一些文化是互通的，能够相比其他同学更好地适应西藏当地的人文环境。考虑到在3700米海拔的地方，工作和生活一定是特别辛苦的，2014年我20岁，特别年轻，更应该主动挑起这个重任，为雪域高原的孩子们带来北航的期望和祝福。就在这样的情况下，我和志同道合的机械学院小伙伴朱海云一起来到了这片神奇美丽的土地，开始了我们为期一年的支教之旅。

后来我们了解到，2014年是国家支援西藏工作20周年。20年间，西藏经济总量增长了13倍。全国援助西藏，有利于维护平等、团结、互助、和谐的社会主义新型民族关系，可以加快西藏地区的经济发展，促进民族团结，有利于维护国家长期的稳定和边疆安全。我们服务的支教地山南地区（现为山南市）南侧与印度接壤。走在祖国的边境线上，我看到了一群素质过硬的中国军人在抵抗着高原恶劣的气候，为了人民保家卫国。这更激发了我强烈的家国之情，想为当地的教育事业尽自己的一份绵薄之力。

采访组：您当年是第一次去到西藏吗？当时是怎么去的，家里支持吗？行李里带了哪些？

卢阳：是的，2014年8月27日下午2点，我们北京市志愿者联合会100多名志愿者和带队老师一起乘坐T27次列车，奔驰44个小时来到了西藏拉萨。其实报名去西藏时特别害怕家人担心，但我的父母特别支持我，我父亲很高兴我能在20岁的时候就坚持自己的选择前往西藏支教。他也是一名人民教师，他鼓励我并希望我能变成真正的男子汉，不仅是对自己，更是对社会、对国家承担更多的责任。妈妈则很担心我承受不住高原的气候，因为每天在这么高海拔的地方生活和工作，氧气和温度都会让人很不适，所以行李里面带了很多治疗感冒、高血压的药、厚的棉裤和衣物。从内蒙古老家出发到达西藏山南地区足足有4432公里。儿行千里母担忧，临行前真正体会到了这句诗中表达的厚重母爱。

采访组：当真正踏上这段旅程，走上雪域高原的时候，有什么不一样的感受？

卢阳：充满特别多的惊喜。其实乘火车前往拉萨的路上，沿着青海，看到一群群"高原精灵"——藏羚羊，看着逐渐涨大的薯片袋，我们志愿者的内心开始有一种兴奋的悸动。在路上我们结识了特别多志愿者朋友，也认识了很多前来西藏朝圣的游客。虽然海拔一直在升高，火车硬座也很疲惫，但大家都充满了活力。

真实的体会，就是体验到了藏族同胞的纯真、质朴和热情。老阿佳（奶奶）持着转经筒，撵着牛羊。温暖的阳光洒在身上，特别惬意和舒适。包括在教课的过程中，孩子们特别喜欢这两个来自北京的老师，我们一起唱歌打篮球，一起跳锅庄舞。在这里，"与人为善"成

▲ 上晚自习的同学们

了我们抵抗恶劣自然条件的与人相处之道。

采访组：为了做好支教工作，去之前有做过哪些准备吗？有什么设想？

卢阳：确认了赴藏支教的消息之后，我第一时间就开始锻炼身体。在3500米海拔的地方工作生活一年时间，这对我们在平原生活久了的同学来说确实是一个不小的挑战。因为我们是北航首批赴藏支教团，没有更多可参考的经验，于是出发前也积极学习藏语的日常用语，学习了解藏族同胞的生活习惯和宗教禁忌，还观看了包括《红河谷》《扎西的长征》等与藏族同胞相关的电影。这些准备就是为了能够确保这一年支教工作的顺利开展，能够真切帮助到这里的学生。当然，北航校团委老师们也对大家新的教师身份进行了培训和指导。这些准备都是特别必要的。

因为我们是西藏山南支教点的第一批支教队员，在上岗前对负责学生的年级、人数等情况很难完全掌握。所以在一开始，我们的工作设想就是要搭建好西藏山南支教点与北航之间的第一座桥，充分了解当地学生的学习状态、生活环境及存在的困难，做好调研报告并尽自己最大能力来帮助同学们解决一些生活和学习上的困难。在此基础上努力开阔他们的视野，让生活在青藏高原的孩子们能够了解到飞机、火箭、载人飞船等航空航天知识，让他们的梦想能够飞到更远的太空。同时，为北航后续来这里继续支教事业的师弟师妹们做好相关的准备工作。

采访组：支教主要负责什么工作？当年那里的教育状况怎么样？现在回想，有什么印象深刻的学生、同事或者故事吗？

卢阳：我们服务的学校是山南第一高级中学，是一所拥有3000余名同学的住宿制高中。我和海云都是工科生，按预期是担任学生数学、物理、化学等理科教学工作，但是根据当地教育质量的实际情况以及校长的统筹安排，我还是扛起了高一年级两个班汉语文的教学工作。

在藏支教讲课除了高原反应，遇到的最大的困难是课堂教学部分。因为我们高中全是藏族孩子，他们从小生活在纯藏语的语境中，汉语基础特别差，这也是我作为工科生来这里教汉语文的原因。而且，他们从小学开始还要学英语，同时开设的英文和中文拼写，导致很多同学汉语拼音和英文字母区分不开。在很多的听写、语文课文朗诵任务中，我们发现很多学生对汉字停留在"认识但无法准确表达读音"的状态，这也导致每次批改学生汉语文的听写作业成为最大的困难。在正常的教学任务后，我从基础的拼音教起，让学生最快时间掌握正确的汉语拼音的读音，让孩子们从语言关的最基础音节做好。

相比之下，藏文课、藏文作文是孩子们的强项。平常时间，课上我教孩子们汉语，课下孩子们教我藏语，成了我的小老师。每每看到他们的藏文作业，总感觉像一件件艺术品。

在我和海云的努力下，同学们的语文成绩有了质的飞跃。语文作文不再是千篇一律的"打谷文"

▲ 学生汉语文听写

▲ 学生汉语作文——我最喜欢的老师

（不管什么文体都以秋季打青稞麦为题），孩子们也放大了他们发现美的眼睛，努力在生活和学习中发现身边的感动，比如高一（11）班学生索朗单增的作品也获得了地区作文大赛二等奖的好成绩。

采访组：当时大家生活条件怎么样？初到西藏能适应吗？有什么可以分享的经历和故事吗？

卢阳：2014年北京雾霾还是有些严重的，我们从北京抵达拉萨时，沿途的风景其实已经让我们大饱眼福了。刚下火车更是抖擞精神，看着西藏蔚蓝的天空、洁白的云朵，呼吸着清新的空气，很多志愿者小伙伴不禁兴奋地欢呼雀跃，全然忘记了自己身处高原而不是平原，随即就默默地开始吸氧治疗头晕胸闷。

我高反情况并不是很严重，入藏第二天就和西藏大学的藏族同学们一起切磋篮球技巧。当然印象最深的，也是最严重的一次高反是在入藏一个月后。我的语文早自习加第一第二节课连续上了三个小时，没有吃早饭也没有及时补充水分。回到办公室，发现自己嘴唇发紫面色苍白，产生了较为强烈的高反现象，马上就被同课题组的老师送回了家里，昏睡了6个小时才清醒过来。

初到服务地，生活还是蛮艰苦的，每天住在建筑用的活动板房中。着实让我们一天内就体验了42℃蒸笼的高温和零下10℃的寒冷。

▲ 活动板房住所

但在我和海云相互鼓励和支持下，我们克服了生活的难题，积极进入老师的工作状态。在刚抵达服务地一周之内（学生暑假期间）就迅速上岗，圆满地帮助山南一高校团委和学生处老师整理好重点帮扶学生资料，办理好毕业高中生升学的手续。在校领导也通过和藏族青年教师的积极交流，帮助我们腾出了一间教师周转房独立生活，让我们特别感激。

采访组：现在还和当时的伙伴们、同事或者学生们有联系吗？请介绍一下相关情况。

卢阳：是的，现在我和海云、支教地的老师和同学们还保持着很好的联系，经常通过微信等进行问候和交流。在读博士以及将来参加工作后，可能我们联系会变得少一些，但是我相信我们的感情依然是紧密的。每到藏族新年，我们彼此之间的问候都特别热情。

当年高一的孩子们大多数也已经大学毕业，即将步入社会，承担起更重要的社会责任。希望同学们能够保持对知识和事物的好奇之心，不断探索，不断学习，不断充实自己的大脑。

采访组：返回学校之后，还有关注西藏的支教情况吗？

卢阳：返校后我一直持续关注着西藏的情况，也和后续支教的学弟学妹们经常交流支教过程中的心得体会，也曾陪同校团委老师回到西藏看望志愿者同学，等等。同时，我每年积极号召身边的同学们参加"温暖衣冬""你的心愿我来圆"等支教项目，为西藏和其他支教地区的孩子们做一些力所能及的事。

采访组：这一年结束，回到学校一直到现在，支教经历对您有哪些改变和提升？对您未来的选择和发展起到哪些作用和意义吗？

卢阳：这一年难忘的经历坚定了我继续走在志愿公益路上的决心，收获很多，成长很大。我特别希望能够将我在支教过程中的经历和感想分享给更多对西藏或支教项目感兴趣的同学，也将志愿经验通过服务过程和更多的志愿者朋友们进行交流。

在支教后期，我参加了2015西藏自治区西部计划志愿者"奋斗的青春最美丽"宣讲团赴内地7省市、41所高校宣传西藏的志愿者政策，为西藏的志愿事业注入优秀的年轻血液。在返校后，我们校史馆讲解团队建立了北航的"校史文化社团"。1952年北航为服务国家国防力量应运而生，70年来一直脚踏实地砥砺前行。铭记历史是我们对老一辈北航科技教学工作者的尊重和怀念，更是坚定我们前进步伐的重要引航标。"传承校史文化，发扬北航精神"是我们成立"校史文化"社团的初衷。2019年，可以说是我们志愿项目的大年，当年北京市的首都"3+1"重大志愿活动：第二届"一带一路"国际合作高峰论坛、亚洲文明对话大会、庆祝中华人民共和国成立70周年大会上，都有我的身影。同时，我也担任仪器学院391名博士生的辅导员和北航实验学校的课外辅导员。

在做好每一项志愿任务和工作的同时，我也在更多地思考，包括学生或被服务人的具体实际需求、志愿组织的优势劣势、志愿项目的可持续发展、志愿者的组织管理、志愿者心理发展辅导等问题，以期将志愿活动做到最有针对性，节约宝贵的社会和人力资源，建立学生和志愿者的心理健康体系。

这些经历让我结识到特别多志同道合的好朋友，也让我看到了我的努力是有成效的，孩子们学习成绩的提升、很多人联系我咨询参加志愿项目、每一次志愿活动的圆满成功等都让我更加坚定地要继续做好志愿者这项伟大的事业，形成一个正向的闭环。人人为我，我们要学会感恩；我为人人，世界变得更加美好。

采访组：您当时留下了很多在西藏的照片、影像，现在是不是会经常和一起支教的伙伴回忆起往昔故事？这么多年过去，和您一起支教的伙伴们身上是否有一些共同点？

卢阳：是的，7年时光荏苒，如今和小伙伴们一起工作生活、学习的场景依然记忆犹新。我们每一个去支教的伙伴似乎都有一种解不开的情怀，总是说我们要找时间再回到最初的地方，去看望那里朋友，去看孩子们的成长。

在3700米海拔的西藏志愿服务一年，这样一段难忘的经历，让我们感受到自然的力量和生命的渺小，也让我们更加珍惜生活的美好，更加珍惜家人、朋友，珍惜来之不易的学习和工作机会。每当我们遇到困难或遭遇挫折的时候，我们也会充满斗志、昂扬而上，不会惧怕艰难险阻。因为我们在西藏遇到了一群在如此恶劣的自然环境下依然乐观积极生活的藏族朋友，依然拼搏努力学习的孩子们。与其说我们是来西藏支教的老师，不如说这里遇到的人，这里发生的故事是我们人生路上的恩师。

▲ 学期结束时和孩子们的合影

采访组：对新一届的支教团成员，以及未来有意愿继续参与支教团的学弟学妹们，有哪些嘱托和期许吗？

卢阳：有更多学弟学妹想要加入支教团的队伍，我感到特别开心。希望更多青年学子永葆支教奉献的初心，同时找好身份定位，端正服务态度，用精心呵护和细致思考真正走进西部孩子们的心中。希望大家在这片火热的志愿事业中能够踏实履行好一名支教老师的责任，在责任中成长，在成长中收获。

▲ 活泼可爱的藏族孩子

"一次美丽西藏行，终生雪域高原情。"西藏，在这片神秘的雪域高原上，有一面属于我们北京航空航天大学研究生支教团的旗帜。我希望这面旗帜能够永久飘扬在这里，飘扬在这宏伟的雪峰间，飘扬在纯真质朴藏族孩子们的心里。

附：

志愿者卢阳：行走在天路上的梦想朝圣者
（2015年5月7日中国青年网）

▲ 在西藏山南地区第一高中开展服务

去年8月，一位来自孝庄故里科尔沁草原的蒙古汉子踏上了这片神秘的雪域高原。一年不长的时间，他将代表北京航空航天大学研究生支教团在西藏开辟一片崭新的支教志愿者的新天地。他就是一名光荣的2014年大学生志愿服务西部计划志愿者——卢阳。

他的大学四年是"折腾"的四年，获得过"十佳播音员"，主持过各种晚会，穿上军装升过国旗，拿过北航"冯如杯"科技竞赛二等奖，获得北京市优秀毕业生奖。其志愿者的经历——北京昌平区新源农民工子弟小学支教项目获"2011年北航优秀班集体答辩二等奖"，北航60周年校庆志愿者先进个人称号，北京市志愿者协会成员的心路历程鼓舞着他前往世人向往的香巴拉，返璞归真，更多地感受这个世界，探索生命的本质——西藏。

卢阳服务的单位是在西藏山南地区第一高级中学，教授高一年级两个班级的汉语文课程。当第一次站在讲台上面对着台下65个带着高原红灿烂笑容的藏族孩子们，他不仅收获了成就感，更加感到了作为一名人民教师的责任感。为了让孩子们能够更加深刻地理解汉语文，喜欢上汉语文。这个只大了学生们三四岁的大哥哥老师和孩子们玩耍在了一起，生活在了一起。课前他严格认真地给学生们听写生字；课上他用诙谐幽默、简单易懂的语言调动学生们的积极性分析课文；课下他又和学生们在篮球场上挥汗如雨。学生的眼睛里充满了对他和对外面世界的期待和渴望。

　　"那是一条神奇的天路，把人间的温暖送到边疆，从此山不再高，路不再漫长，各族儿女欢聚一堂。"带着沙哑的嗓音，卢阳在讲到"青藏铁路成功建成"这篇新闻稿时，难掩心中兴奋之情，现场给孩子们高歌一曲。他激动地说："青藏铁路是世界上海拔最高，线路最长，穿越冻土里程最长的高原铁路，它把我们美丽的西藏与世界紧密地联系在了一起。它不仅仅是一条铁路，它更加是我们新西藏建设的经济之路，幸福之路。亲爱的同学们，外面广阔的天地在向我们招手！我们将坐上火车去向往更加美好的生活！"他想："这里的孩子大多是来自于农牧区，家里长辈兄妹们沉重的经济负担让许多学生的高中生活都难以维持，更不要奢求大学的美好时光。但是亲爱的孩子们，人生怎么可以在刚刚开始的时候，就看到它的结局呢？虽然命运给了你们充满艰辛的现在，但并没有给你一个看不见明天的未来。我希望你可以接受命运特殊的安排，但我不希望你能够接受在自己还没有奋斗的时候就过早地被宣判。而让孩子们充满对未知世界的好奇，并更加努力刻苦地探索，先成人后成才，这就是我们志愿者来这里支教的意义吧！"

　　卢阳用他的一片诚挚之心对着这些纯朴善良的孩子们，孩子们也用一片感恩的心回馈给了"该啦"（藏语"老师"之意）卢阳。

　　去年农历八月十五中秋节是星期一，上完下午最后一节课，卢老师布置好作业，准备和学生们道别。突然班长跑上来，悄悄地对卢老师说："卢老师您可以等一下吗？我想用电脑放一首歌曲。"卢老师诧异地点了点头。然而当歌声响起，学生们快速地整理好桌椅，围成几个圈把卢老师围在了里面，开心地边唱边跳起了锅庄舞，"A LI DANG DEI DEI LAI 次仁拉索，A JI XIA JIA LAI SUO 次仁拉索，高高雪山顶上次仁拉索，一朵格桑花开次仁拉索"，轻快的音乐伴随着轻巧的步子。"卢老师，今天是中秋节，为了我们你可能不能与爸爸妈妈在一起，我们也买不了什么礼物送给您，只想通过这个传统的方式祝福您能够快乐！"热泪盈眶的卢老师一时语塞，竟说不出一句话来。这可能是卢老师二十多年中秋节中最难忘最感动的一次！就是因为有了这些淳朴可爱的孩子们，他的支教生涯才能变得更加精彩！

网上有一个说法，对于西藏的向往有三类人：第一类人止步于欣赏美景；第二类人执着于寻找信仰；少数第三类人是用生命在叩问和聆听另外的生命。作为志愿者的他们，不仅欣赏美景，也寻找信仰，更聆听着另外的生命。因为我们每个人都能成为青春梦想的朝圣者，能够不去思考前途是有多么的迷茫，只有一个向着目标永远前进的心。选择西藏，是选择一次自由的释放，更是选择一次灵魂的洗礼。花有常开日，人无再少年，在西藏的日子，我们才会遇见更好的自己！

"如果再给我一次机会，我还会去到你们的教室里，在黑板上写下那句，'致我最爱的你们'"

——第16届研究生支教团林泽田

其实不光是我，我相信每个支教回来的人，都无一例外地在原本的人生轨迹上更进一步。据我了解，很多支教回来的学哥学姐，都令人欣羡地在实现梦想的道路上坚定地走着。"用一年的时间做一件终生难忘的事"，支教给我们每个人都带来了确确实实的帮助和改变。

采访对象：林泽田，北京航空航天大学第16届研究生支教团成员。2014—2015年在新疆维吾尔自治区阿勒泰地区吉木乃县参与支教工作，支教事迹曾刊登于2015年1月7日《人民日报》头版。现供职于作业帮教育科技有限公司。

采访组：张晓磊

▲ 北京航空航天大学第16届研究生支教团成员林泽田

采访组：据我们所知，您是2014年前往新疆吉木乃县支教的。当年大家对于吉木乃的了解和其他服务地相比，应该还是相对比较陌生的，您为什么选择这个边疆小城作为服务地？提前做了哪些了解和准备工作？可以分享一下当年的情况。

林泽田：没有做太多的了解和准备，我去吉木乃县的原因很简单，用现在比较时髦的一句话说，就是"世界那么大，我想去看看"。

其实，一开始是不敢告诉家里人要去哪里支教的，我是他们唯一的儿子，并且决定去吉木乃的时候我才刚过18岁生日没多久。估计他们一定会非常担心，反对我去支教。所以直到出发去吉木乃之前半个月，我才跟他们说实话。后来在新疆有一次视频，听我爸说，我妈悄悄地哭了两天。再后来，等我回北航读研，跟他们有一次畅谈的时候我才知道，尽管担心，但他们其实是支持我的选择的，因为他们觉得，我是在做一件有意义的事情；他们也觉得，如果他们是我，能够有这样的机会，他们也会做一样的选择。

采访组：当年您在学校期间，对于支教等志愿服务实践活动经历相对丰富吗？您觉得这些经历对自己各方面有改变和提升吗？可以分享一些吗？

林泽田：平时我会经常进行一些志愿服务工作，比如大学期间曾经做过不少次赛事志愿者，但支教却只有一次。那次支教不远，是在门头沟的一个乡村小学，去到那里之后，我发现自己在传授知识过程中并没有系统的方式和方法；换言之，自己的能力不够。举个例子，我们都会做乘法，但如何给孩子讲乘法的概念，如何教会孩子记忆、理解、使用乘法，这个技能我当时是没有的。因此从那之后，我再也没有短期支教过，而是一直在复盘研究如何能够真正地教育。我认为，真正负责任的支教，应该是系统而严谨的给到孩子帮助。所以，在认为自己有这个能力后，我用了一年时间，去进行支教。

采访组：当时第一次去到西北边疆，还记得第一感觉是怎么样的？刚刚到那里，您和团队伙伴们做了哪些适应生活的工作，有哪些印象深刻的故事可以分享吗？

林泽田：2014年7月，我们先到位于乌鲁木齐的新疆农业大学进行了培训，到新疆的第一天，我们五个人因为不适应当地干燥的气候，都开始流鼻血。接下来所有人疯狂地喝水，总算不再流鼻血了。初到乌鲁木齐的印象，主要是生活上的，一个是买东西论公斤，所以不是东西贵，是单位不一样；一个是和北京两小时的时差，22点还是白天。可能去之前还有些安全上的隐忧，但去了就发现，安全是完全可以得到保障的，隔几百米就有警卫站，有事情可以找他们帮忙。

▲ 第 16 届研究生支教团吉木乃分团在新疆农业大学参加岗前培训班合影

他们人也很热心，公交车站旁边亭子里的工作人员都可以问路。

到了8月，我们第一次到吉木乃县报到的时候，一路上34个小时的火车转12个小时的汽车，路过大片的戈壁、荒漠还有起伏的山梁。虽然已经有了思想准备，但我还是被眼前的荒凉景象震撼了。这里没有车水马龙，也没有高楼大厦，确实是比较落后的。但是它很安静，让我有时间提升自己。在这里石佳锻炼成了摄影大师，也成了健身达人；而我热爱历史，在这里钻研了很多以前没看过的书籍。

▲ 第 16 届研究生支教团吉木乃分团到达吉木乃口岸合影

这里的人很好，县初级中学的王海珍校长接待我们之后，时刻关心我在生活上是否适应，学校的老师也会用浓重的口音喊我小伙子，哈萨克族的老师们见到我时会先说一句"扎克斯"（哈萨克语的你好）。唯一艰苦的是当地的气温，冬天零下30℃，早上起来上班的时候，寒风如同刀子一样。如果路面结冰的话，更是在用生命上班，我曾经在上班的路上栽过7个跟头。

采访组：您当时支教学校的基本情况是怎么样的？主要承担哪些教学工作？

林泽田：我和石佳所在的吉木乃县初级中学位于县城，是全县唯一一所初中。学校存在的一个很严重的现实问题，就是师资的紧缺。毕竟新疆是祖国边疆地区，即使留在新疆的老师，也更倾向于去乌鲁木齐、克拉玛依、昌吉这些相对交通更便利、经济更发达的地方。而我们的到来，弥补了教师的不足，而且由于我们的专业背景不同，还可以根据学校的需求分配到不同年级不同科目的不同教学岗位上去。起码有了我们，学校的老师们不至于因为病痛还要坚持上课，不至于因为需要教书不敢休充足的产假，不至于因为精力不足而只能照本宣科——这一切的客观困难最起码都有了解决的可能性。

如果没有记错的话，在2014年的时候，吉木乃县初级中学每个年级有十个班，五个汉语班（纯汉语教学）、三个双语班（理科主要用汉语教学，文科用哈语教学）、两个哈语班（纯哈语教学）。我在初级中学支教的一年中，负责过两个初二年级双语班的数学教学、两个初一年级汉语班的语文教学、三个初一年级汉语班的历史教学和五个初一年级汉语班的思想品德教学；也曾因为当地一位老师休产假还未到岗，担任过两个月的初一年级汉语班代班主任。

▲ 林泽田进行校级公开课

▲ 林泽田和汉语班学生合影

除了常规教学之外，我们一个重要的任务就是协助学校的行政事务，其中包括组织学生文体活动、帮助指导学生组织、社团成长。我当时在学校办公室兼职，既是协助工作，也会尽量充当校师间、师生间的桥梁。

 廿载芳华 弦歌不辍——北航研究生支教团二十年

采访组：据我们所知，您和团队成员的教学成绩还是比较出色的，能介绍一下当时的情况吗？有哪些好的经验方法？以及授课过程中留下哪些印象深刻的故事，可以具体分享几件事例吗？

林泽田：拿数学学科举例吧，我刚开始带初二双语班数学的时候，进行了一次摸底考试，然后我就发现学生的成绩不是很好，对于有理数的加减法他们甚至都不是很熟悉。接下来，我找他们一个个谈心了解情况，我发现他们其实非常排斥和老师交谈，叛逆、抵触心理非常严重。但我掌握了他们的爱好，接下来，他们玩什么，我也玩什么。当地男孩子基本都会踢球，我就跟他们一起踢。逐渐地，他们都开始喜欢上我了。很多孩子上其他课睡觉，就上我的课最精神。

接下来，我就更针对性地在上课的时候给他们进行初一知识点的渗透，讲得内容更基础更贴近教材。除此之外，为了帮助他们尽快提高成绩，我建立了自愿免费补课制度。每天下班后，我都会在办公室等着放学后来补课的学生们。最开始没什么学生来，到后来孩子们发现学生来参加补课的次

▲ 林泽田为学生免费补课

数和成绩进步速度成正相关，一个个都踊跃报名我的补课。到后来，因为人数过多，大家的成绩不一样，我甚至还进行了按程度分班。就这样，经过半年，我带的班的数学平均分提高了30分，并且培养出了年级中数一数二的尖子生。

采访组：当年您和同行的伙伴，在教学工作之余，做了哪些志愿公益、课外实践等方面的特色工作吗？可以具体分享几件有代表性的故事吗？

林泽田：印象最深刻的就是"西部愿望"游学团活动。在新疆的

一年，我们的脑海里一直反复想着一个问题：孩子成绩上不来，到底哪个环节还有问题？后来我们判断，一个重要的原因可能是因为偏远闭塞，和外面的世界差距大，这里的孩子的发展内在动力不足。于是我们反思，作为一名支教团成员，到底还能为孩子们做些什么？

后来，我们的团长贾泽浩想到，应该给孩子一个走出去的理由和开阔视野的机会，引导他们找到前进的方向，点燃他们奋斗的激情。因此，在西部愿望教育促进会、新疆团委、北航团委及当地政府的促进下，我们发起了"西部愿望"游学团活动。

2014年12月6日，吉木乃县的9名品学兼优的学生第一次离开新疆，由三名支教团成员带领来到北京。在北航团委的协助下，孩子们吃住在北航。13天的游学之旅，他们第一次感受大城市的氛围，从清华、北大、人大、北航等重点大学，到天安门广场、人民英雄纪念碑；从百度等企业，到中国科技馆、北京海洋馆。离京之前，高一年级的哈萨克族男孩哈那玛提在留言板上悄悄写下了这样一段话："这是我第一次到北京，我一定会回到这里，我要来北京上大学！"从北京回来之后，我从他们的眼睛里都能够读到对未来的笃定。

除此之外，我们还下乡举办了"爱心流动衣橱"活动，将上千件

▲ "西部愿望"游学团到达北京

衣服送到孩子们的手中。当我回
到北航之后，成为数学学院研究
生辅导员的我也是Y15091党支
部的一分子，在党支部书记谢少
芬的大力支持下，我继续开展了
"你的梦我来圆"活动，为吉木
乃的孩子送去需要的东西，满足
他们的小小愿望。

▲ 吉木乃县初级中学的学生收到林泽
田从北京寄来的圆梦礼物

▲ 进乡村小学举办"爱心流动衣橱"活动

　　采访组：2015年1月，《人民日报》以"没有理想支撑，他们不会
来"为题，报道了新疆吉木乃县的支教事迹，您和石佳是当时的被采
访对象，可以介绍一下当时的情况吗？当时主要展示和分享了支教团
的哪些故事？这篇报道登载之后，对自己对支教地有哪些影响吗？您
还记得相关的哪些细节故事？

　　林泽田：我们支教团包括我一共有5位小伙伴，当时我们进行了分
工，团长和另外两位小伙伴带领游学团，我和石佳留在吉木乃，这其
实主要是出于我们的教学任务更重的原因。在这个背景下，我们两人
代表支教团接受了《人民日报》的采访。

　　采访过程比想象的时间要更长。时圣宇记者从北京千里迢迢来到吉

木乃进行实地调查。他先探访了西部计划的志愿者，而后找到了我们，问我们是否愿意接受采访，我们在向上报备后接受了采访。印象深刻的是，为了体验我们的实际教学生活，他和我们直接住在一起，我们同一时间起床，一起洗漱，一起上班。在我们上课的时候他也在一边旁听，时不时记笔记。中午吃饭的时候，我们担心他吃不惯食堂，因此想带他去吃当地一家比较高档的川菜，他谢绝了，说"我就是想体验你们的生活，这样我才能够真实地写出你们的故事"。在我们下班休息的时候，他还在采访县委、县团委、教育局，回到宿舍就写稿。这两天结束后，我们为他送行的时候，他热泪盈眶地拥抱了我们，按他的话说，我们"搅动了一池春水"。在他的眼里，我们是"弘扬奉献、有爱、互助、进步的志愿精神"的优秀青年；在我们的眼里，他是在风吹"雪"打一整天后，晚上还要通宵写稿，用脚步丈量祖国江山大地的伟大记者。我们彼此成了很好的朋友。

采访组：当年《人民日报》里写到，吉木乃县位于新疆北部阿勒泰地区，地处边远，贫穷落后，自然环境非常恶劣。当地的干部群众都说"留在吉木乃就是作贡献"。您现在还有关注吉木乃县或者新疆的发展吗？您觉得这些年有哪些变化吗？做何感想？

林泽田：可以说是一直在关注。因为新闻上吉木乃的存在感不高，所以我关注了"吉木乃零距离"这个公众号，看到吉木乃县初级中学的新闻都会点进去多看几眼。因为我相信，吉木乃就是我除了北京之外第二个家，而初级中学就是我奋斗过的地方。

而对于新疆而言，一件大事就是2021年马兴瑞书记的上任。我的同事有乌鲁木齐人、有克拉玛依人，有的时候我会跟他们聊新疆这段时间的发展，他们告诉我，现在从新疆人民的一张张笑脸，到城市街头的车水马龙，夜色里的灯火阑珊，大家轻松、自由、幸福、快乐。前一段时间的霍尔果斯疫情，我看到经当地政府有效管控，人民生活正常如初，社会秩序良好稳定，无比"攒劲"。祖国万里江山，无限美好！

采访组：赴新疆考察调研、参加新疆代表团审议、主持会议共商新疆改革发展稳定大计、给库尔班大叔的后人回信……对新疆这片土地，习近平总书记有着浓浓的感情。基于您在新疆基层一线支教工作的经历，您对铸牢中华民族共同体意识、加强民族团结进步等有哪些体会？

林泽田：2021年，在新疆这一年，我不仅领略了伟大祖国的大好河山，还感受到了少数民族地区的风土民情，更是切实观察到了西北边陲小镇的教育发展状况。毛主席在《反对本本主义》一文中说"没有调查，就没有发言权"。在新疆的一年时间，我一直在观察。边疆人民的生活习惯是怎样的？民族团结进步事业开展如何了？教育资源分配有多不均衡？这些问题，必须真正到现实中才能寻求到答案。反对主观主义、坚持实事求是是我的态度，因此在这一年结束后，我才能够有底气地回答关于新疆的问题，因为我有着设身处地地了解。

我记得有一次下大雪，寒风凛冽，积雪怕是要有半米深。晚上我从支教的吉木乃县初级中学校门出来之后，正发愁怎么回到县里给我们准备的周转房时，一个哈萨克族大哥开车经过，忽然停下来问我要不要捎我一段路。更别说孩子们了，他们知道我有的时候忙，来不及吃饭，经常从家里带来小零食给我。人心都是肉长的啊，当地同胞民风淳朴，每个人对我都很好，我知道，我感恩。新疆这片土地，历史上一直是纷纷扰扰充满动荡的地方，人民生活在水深火热之中，直到中华人民共和国成立，新疆发生了日新月异的变化。

所以我想说，各民族同胞现在和谐地生活在一起，就是因为对这个国家的认同，这是不同民族、不同文化逐渐交融的必然。

采访组：您现在在什么单位从事什么工作？您觉得支教经历对您有哪些提升和锻炼吗？这些在您后来的职业发展中有哪些促进和帮助作用吗？

林泽田：支教这一年，我做出了一个至今无悔的决定。实话说，在支教之前，我从未想过自己会把老师作为未来的职业。但支教一年的所见所闻让我发现了自己的优势和兴趣，在硕士毕业后选择的第一份工作就是在新东方做一名高中数学老师。这是职业选择上的收获。

支教这一年，我收获了一份珍贵难忘的经历。在这里，我收获了宝贵的教学经验和职场经验。我磨炼出了自己站在讲台上的沉稳自信，磨炼出了备课的清晰思路，磨炼出了对师生关系的深入理解。不论是之前的新东方还是现在的作业帮，我的学生都能给到我最高的评价，让我成了新东方的最高荣誉——"集团优秀教师"最年轻的获得者之一。这是专业能力上的收获。

支教这一年，我收获了一个无比强大的内心。当我在面临巨大压力时能做到坚韧顽强，在面临繁杂任务时能保持冷静心态，这让我在新东方迅速成长为一个管理者，入职不到三年的时候就已经管理了一个百人团队，一个业绩名列前茅的优秀团队。这是个人综合素质上的收获。

其实不光是我，我相信每个支教回来的人，都无一例外地在原本的人生轨迹上更进一步。据我了解，很多支教回来的学哥学姐，都令人欣羡地在实现梦想的道路上坚定地走着。"用一年的时间，做一件终生难忘的事"，支教给我们每个人都带来了确确实实的帮助和改变。

采访组：现在回想支教经历有什么感想？如果让您向当年的自己说一段话，会说什么？

林泽田：如果再给我一次机会，我还会去到你们的教室里，在黑板上写下那句，"致我最爱的你们"。

附：

"没有理想支撑，他们不会来"（行进中国·精彩故事）

——探访新疆阿勒泰地区吉木乃县支教志愿者

（《人民日报》报道，2015年1月7日1版）

严寒笼罩着大地，漫天飞舞着雪花，寒风狼嚎一般阵阵刮过，人们小心翼翼地走在街上，一不小心就会被厚厚的冰雪撂倒在地……

这便是中国西北边陲小城——新疆维吾尔自治区阿勒泰地区吉木乃县。

2014年12月19日9：10，天刚蒙蒙亮，林泽田和石佳已经起床收拾完毕，准备赶到吉木乃县初级中学给学生们上第一节课。

将我所学所会尽可能教给他们，无论读书还是生活

一开门，寒风就像刀子一样割在脸上。

"这么冷，你们每天这样走着上班受得了吗？"

"每天开门的一刹那最需要的就是勇气！"石佳略带调侃，"尤其是路面结冰的时候，基本上是用生命在走路，但这也是值得的。"在这条上班的路上，最多的一次他曾栽过7个跟头。

林泽田和石佳来自北京航空航天大学，他们于去年8月参加共青团中央研究生支教团项目来到吉木乃县初级中学进行志愿支教。第一次到吉木乃县报到的时候，一路上34个小时的火车转12个小时的汽车，路过大片的戈壁、荒漠还有起伏的山梁。这个荒凉又遥远的地方给了他们太多的未知，同时也有更多的期待和挑战。

"一开始我不敢告诉家里人要去哪里支教，怕引来他们无谓的担心或遭到反对，毕竟当时的新疆接连出现了一些暴恐事件。后来，听我爸说，妈妈因为我来这边支教哭了两天……"林泽田的声音开始有些呜咽。

"支教之前，我曾去过一所宁夏的小学，看到那儿教育的落后，受到了很大的触动，希望自己有机会也能为西部的孩子们做点事情。"石佳回忆起当初的选择，眼神满是坚定。

10：00，林泽田的第一节课开始，"第二题大家错得比较多，这个我重点讲一下……"学生们用渴望的眼神注视着他。"每一次看到学生们的这种眼神，我都想将我所学所会尽可能教给他们，无论读书，还是生活。"

一天忙忙碌碌地上课，时间到了19：30，学校已经没人了，可这时林泽田的办公室还亮着灯，他在等着放学后来补课的学生们。为了

帮助他们尽快提高成绩，他建立了自愿补课制度。

经过半年的努力，林泽田教的八年级（1）班的数学平均分提高了30分，并且培养出了年级中数一数二的尖子生。石佳也将他带的三个班的地理课的平均分从40分提高到了60分，学生们对地理科学知识兴趣渐浓。

跨越4000公里，从边陲小城到首都北京

4000公里，对于支教老师而言，可能只是40多个小时的旅途，而对这里的当地人而言，可能就是一生都难以完成的路途。

随着对学生了解的不断深入，志愿者们渐渐感受到了由于信息闭塞、视野不够开阔导致的成长内在动力不足极大地阻碍了学生的发展，安于现状、得过且过的风气悄悄在学生中相互感染，这让他们感到十分痛心。北航三名志愿者发起注册成立了支教团西部愿望教育促进会。通过一个月的努力，协会募集到了来自海内外的善款30余万元。2013年12月，志愿者带领6名品学兼优的学生第一次离开新疆、第一次坐火车，来到了首都北京。孩子们参观了以前只在语文课文里出现过的天安门广场、人民英雄纪念碑；孩子们走进了清华附中等重点中学的课堂，与同龄中学生交流；离开北京之前，高一年级的哈萨克族男孩哈那玛提在留言板上悄悄写下了这样一段话："这是我第一次到北京，我一定会回到这里，我要来北京上大学！"

至今，支教团西部愿望教育促进会已在全国范围资助6所学校近百名学生参加"西部愿望"游学团项目，在10所学校设立了"西部愿望"奖学助学金，通过网站、微信平台为近千名学生实现了"一对一"帮扶，帮助他们走得更远。

"都说人在吉木乃就是作贡献，没有理想的支撑，他们不会选择到吉木乃进行支教，更不会待在这里，毕竟这里条件太艰苦了。"吉木乃团县委书记李彬说。林泽田和石佳只是全国万千支教志愿者中的两位，他们的初衷都是心中的志愿梦，他们走向边疆、西部、山区，在那里，圆了孩子们的梦，圆了自己的梦。

留在吉木乃就是作贡献（记者手记）

吉木乃县位于新疆北部阿勒泰地区，地处边远，贫穷落后，自然环境非常恶劣。当地的干部群众都说"留在吉木乃就是作贡献"。

北航研究生支教团不仅充实了吉木乃县教师人才队伍，更是给这里的孩子们带来了吉木乃以外的世界，"搅动了一池春水"。通过一年的支教活动，北航志愿者许浩燕曾在文章中写下："爱，就在这里。""为这里尽自己的一份力量，就是青春的价值。"

弘扬奉献、有爱、互助、进步的志愿精神，林泽田、石佳他们正在付诸自己的行动。青年们，你们呢？祖国还有很多"吉木乃"正在招手，它们是实现人生价值的广阔天地。

本报记者　时圣宇

"最终他怀着儿时热情如愿圆梦北航，也让我感到非常欣慰和开心"

——第16届研究生支教团韩佳胤

孩子们成绩进步后会跟我报喜，节日时会向我问好，我也会积极鼓励他们好好学习，有机会多去外面看一看，希望大家都能找寻到心中的热爱、收获精彩的未来。帕拉萨提会经常跟我讨论学习方法以及对未来的规划，一起回忆当年参与"航空航天第二课堂"活动的感触和收获等，最终他怀着儿时热情如愿圆梦北航，也让我感到非常欣慰和开心。

▲ 北京航空航天大学第16届研究生支教团成员韩佳胤

采访对象：韩佳胤，北京航空航天大学第16届研究生支教团成员。2014—2015年在新疆维吾尔自治区阿勒泰地区吉木乃县直小学参与支教工作，班级学生帕拉萨提2022年高考录取至北京航空航天大学。现在某研究院从事科研工作。

采访组：吕子良，张晓磊

采访组：请您简单介绍在北航求学时的基本情况。

韩佳胤：我是2010年来到北航的，本科就读于计算机学院，2015年支教结束返校读研，就读于可靠性与系统工程学院，2018年毕业后一直在某研究院从事科研工作。

采访组：当年您是如何决定加入研究生支教团，去到新疆支教的？

韩佳胤：在校期间，我通过各种活动很荣幸接触过一些支教的前辈，了解过一些感人的事迹，因此心中一直对支教充满向往，很希望能通过自己的努力为偏远地区的孩子做一些事情。另外，本科毕业之后的我，当时面临很多人生的选择，对未来的发展也充满了困惑。支教是一次难得的机会，希望能通过一年的时间沉下心来，更加深入地了解自己、找寻方向。

谈到对新疆这个服务的选择，主要是出于对新疆风土人情和少数民族文化的好奇，希望能借此机会进行深入实践和了解。虽然一开始父母对我的决定存在顾虑和担心，但是经过充分的沟通，他们也很支持我的选择，现在回想起来也非常感谢父母的理解和鼓励，让我度过了一年宝贵的时光。

采访组：您当时支教学校的基本情况是什么样的，您负责教授什么科目？

韩佳胤：当时，吉木乃县是国家级贫困县，位于新疆维吾尔自治区阿勒泰地区，是一座边疆小城，吉木乃县直小学是当地一所民汉合校的全日制小学，学生主

▲ 韩佳胤老师在上信息技术课

要是哈萨克族和汉族，分为汉语班、双语班、哈语班。

我主要负责教授高年级段的信息技术课、辅导教师多媒体技术、维护学校的计算机设备和信息系统以及开展支教团相关活动。

采访组：据我们所知，支教期间您和同行的伙伴做了很多有特色的品牌活动，请您介绍一下。

韩佳胤：是的，在北航和支教学校、当地政府等的大力支持下，结合支教团自身的优势，北航第16届研究生支教团吉木乃分团开展了一系列特色活动。我挑选其中四件比较有代表性的活动来分享。

首先要说的就是"圆梦游学团"活动，这也是当时北航研究生支教团参与组织发起的一项较大型的特色活动。当时我们在吉木乃组织了9名初、高中生和1名带队老师，带领他们到北京开展为期一周的免费游学活动，包括参观高校、企业单位、文化景点等，并安排学生旁听大学课程、与大学生面对面交流等，希望帮助孩子们开阔视野，增长见识。

▲ 贾泽浩老师和曲伟男老师在辅导学生进行简易航模制作

"航空航天第二课堂"活动，我们依托专业特长和学校优势资源，通过购买航模等教具，开展航空航天特色公开课等，引导西部孩子们将理论和实践相结合，激发学生们的科学兴趣。我想，这些活动很大程度上也为孩子们埋下了一颗热爱航空航天的启蒙种子。

"我和北京有一个约定"活动，我们组织开展主题班级活动，向学生介绍北京特色景点和文化内涵，与学生讨论自己对首都北京的印象，和学生约定一定要去一次北京，向班级捐赠文体器材等。

最后是"爱心流动衣橱"活动，支教团面向北航校内师生和社会爱心人士募集旧衣物，经过专门的清洗和消杀后，分别捐赠给困难地区的学生等。

▲ 组织开展"我和北京有一个约定"活动

采访组：2022年，您当年的学生帕拉萨提被北航录取，您还记得他是一个怎样的孩子？

韩佳胤：我当时教的是高年级段的信息技术课，主要的内容是Office和PC Logo编程。对他们来说，难度还是比较大的。在我的印象里，帕拉萨提是一个很乖巧、看着有些内向的学生，但是他课间经常会去办公室找我，有时候跟我讨论我上课教授的内容，有时候问我上大学的见闻，我对他的印象很深刻。

班里像他这样的孩子也有很多，我们之后还始终保持着联系。比如孩子们成绩进步后会跟我报喜，节日时会向我问好，我也会积极鼓励他们好好学习，有机会多去外面看一看，希望大家都能找寻到心中的热爱、收获精彩的未来。帕拉萨提会经常跟我讨论学习方法以及对未来的规划，一起回忆支教活动的感触和收获等，最终他怀着儿时热情如愿圆梦北航，也让我感到非常欣慰和开心。

▲ 和学生帕拉萨提（右一）的合照

 编辑于 01-16 00:54
曾经有一批人在我心里种下这所大学的种子

👍　💬　↪

▲ 被北航录取后，帕拉萨提发布的社交动态

采访组：您现在还有关注吉木乃或者新疆的发展吗？您觉得支教工作对当地发展是否起到了一定的帮助作用？

韩佳胤：微信里有一些吉木乃的朋友，他们有的换了房，有的买了车，有的假期去将军山滑雪，有的去外省旅游。我觉得大家的生活都越来越好了，都非常感恩党和国家对于新疆这片土地的关怀和支持。

另外，我们圆梦游学团的学生有的去外省读大学，有的出国留学，我们教过的学生把北航当作自己的目标，我想这些跟支教还是有一些关系的。

"我们支教团应该牢记总书记的要求，一届接着一届干，在脱贫攻坚和乡村振兴中贡献力量"

——第17届研究生支教团唐鹏飞

我们亲身参与到泾源县的支教工作中，为贫困地区教育脱贫作出微小的贡献，让我深感与有荣焉。我们支教团应该牢记总书记的要求，一届接着一届干，在脱贫攻坚和乡村振兴中贡献力量。

采访对象：唐鹏飞，北京航空航天大学第17届研究生支教团成员。2015年至2016年在宁夏回族自治区固原市泾源县参与支教工作。现为北京航空航天大学经济管理学院博士生专职辅导员。

▲北京航空航天大学第 17 届研究生支教团成员唐鹏飞

采访组：马文清，靳树梁

采访组：当时怎么想到加入研究生支教团的呢，家里支持吗？能介绍一下当年的情况吗？

唐鹏飞：当时身边的学哥学姐有前往宁夏和新疆参加支教团的，通过他们了解到参加支教团是一个很有意义的事情，对自己也是一种锻炼和提升，既可以帮助当地学校缓解师资缺乏的压力，也可以增进自己对祖国大地更加全面的认识。

家里当然会对我生活上有一些担心，但总的来说是很支持的。

当时我们通过学校面试、选拔，最终分组前往新疆、西藏、宁夏等地支教。我所在的宁夏分团一共7名同学，4位男生，3位女生，分布在泾源县新民中心小学和泾河源镇白面民族小学。

采访组：您去之前关注过宁夏南部山区的基本情况吗？可以从服务地小学的学生人数、师资力量和教学设施谈一谈，当年那里的教育状况怎么样？和预期有差距吗？

唐鹏飞：去之前通过网络、往年参加支教的学哥学姐对宁南山区的情况有一些了解，但当自己亲身到达的时候，触动还是比较大的。服务地小学因为是中心校，几乎集中了全乡的学生，所以学生数量并不少，但与城市里的小学相比，还是有较大差距的。当地师资力量极为缺乏，不少教师都是特岗教师，而且流动性较大。由于生活条件、交通条件不好，学校"留不住人"，师资长期处于缺额状态，教师的学历与城市学校差距更大。但是教学设施比较先进，这都是在国家财政的大力投入下得以实现的。可以说软硬件形成了鲜明的对比。

采访组：当时您主要承担什么课程教学？我们了解到您当年在教学和教研等方面做了很多有特色的工作，有什么可以和大家分享的经历和故事吗？

唐鹏飞：我报到以后，根据当时学校教师的缺额情况，学校安排我担任全校所有年级的信息技术课程。谈不上什么特色，我在教学教研方面主要就是踏踏实实上好课，根据学生基础薄弱、家中没有电脑缺乏练习的实际情况，在教材内容的基础上，适当调整了信息技术课的内容，让同学们逐渐掌握了一些基本的计算机知识，希望能对学生后续的学习有所帮助。由于当地教师的信息技术水平参差不齐，所以作为信息技术教师，有时候需要给各科老师做一些技术支持。当时，我作为技术支持和全县选拔的教师一起到固原市参加自治区的教师技能大赛，帮助老师们制作说课视频和多媒体设计，我们学校的老师取得了很好的成绩。当时我还参加了县教育体育局的教育信息化研究课题，将学生教育、教学实际与研究相融合，荣获了宁夏第十三届基础教育科研成果一等奖。

采访组：您在支教期间组织进行了家访调研，形成了40本访问实录，可以介绍一下相关的情况吗？您觉得这项工作对学生和您最大的意义是什么？

唐鹏飞：当时我们在团县委的统一安排指导下，开展了"青春志愿行，共筑中国梦"——关爱留守儿童系列活动。支教团成员历时一个多月，利用周末的休息时间，深入留守儿童的家中，详细了解学生的家庭情况、学习情况、心理状况，和学生谈心聊天，与家长拉家常，并对学生进行心理疏导、学习辅导，最后将全部资料整理成册，形成了40本访问实录，一份6000多字的调研报告。支教团还为留守儿童组织专门的安全教育主题队会，为他们认真细致地讲解身边的安全隐患，告诉同他们一些基本的防范手段。后期，支教团联系北航校团委和研究生会，开展了"你的梦·我来圆"活动，为留守儿童实现心愿，给孩子们带来了心愿礼物。我们还配合学校完善了留守儿童活动室，帮助孩子们与外出打工的家长视频联系，开展课余活动。家访和圆梦活动使我们对乡村留守儿童的情况有了更深入的了解，对学生的学习生活和亲子关系有积极的促进作用。

▲ 在留守儿童家中调查访谈

采访组：2016年7月，您刚刚支教结束。习近平总书记到宁夏调研考察，18日下午在固原市泾源县大湾乡杨岭村冒雨考察脱贫攻坚情况，作出系列重要指示。当时您有关注这个信息吗？有哪些感受？可以介绍一下相关的情况吗？

唐鹏飞：当时我收看了新闻报道。看到习近平总书记到泾源县考察，心情很激动。总书记不仅察看了村容村貌，还到贫困户家中详细了解脱贫措施的制定和落实情况。总书记问得很详细，从住房、设施、牛棚到就业、上学、看病，甚至到电视能看多少台、孩子能不能经常洗澡，都一一进行了询问。联系到自己家访了解到的情况，对当地来说缺水确实是一个重要的问题，总书记细致询问到了孩子能不能经常洗澡，让我感受到了总书记对困难群众的深深牵挂。总书记还强调，要把孩子教育搞好，学知识、有文化，决不能让他们输在起跑线上。

▲ 2016 年北航校团委慰问看望研究生支教团

我们亲身参与到泾源县的支教工作中，为贫困地区教育脱贫作出微小的贡献，让我深感与有荣焉，我们支教团应该牢记总书记的要求，一届接着一届干，在脱贫攻坚和乡村振兴中贡献力量。

采访组：因为支教工作突出，您曾经获评中国青年志愿者优秀个人等称号，对此您怎么看待？您觉得支教经历对当年的自己带来了哪些收获？

唐鹏飞：评选优秀个人只是一个鼓励，没有什么特殊的地方，支教团的同学都很优秀，工作是大家一起做的，实质上我只是一个领奖代表而已，我觉得这个荣誉更是对北航支教团的表彰。支教最重要的收获不在于获奖，而在于对当地教育教学的持续性贡献，在于对我们国家发展不平衡、不充分认识的加深，在于攻坚克难的勇气精神的锻造。

采访组：返校后，您继续担任党支部书记、做学生辅导员等工作，2021年还曾获评全国高校研究生党员标兵称号，做出这些选择，收获经历和荣誉，与当年的支教工作有没有内在联系？可以介绍一下吗？

唐鹏飞：我认为这些工作如果说有一点联系的话，那就是服务意识。从我自己的角度，我比较愿意做服务工作，能帮助别人解决问题是很快乐的一件事。为教育扶贫服务、为支部党员同志服务、为带班的同学们服务，服务是贯穿始终的，快乐也是贯穿始终的。

采访组：现在还有关注北航研究生支教团的动态吗？未来有什么规划吗？

唐鹏飞：我一直关注研究生支教团的公众号，每次推送都看，与后面几届的同学也有交流。我自己的规划，目前主要是做好辅导员工作，为同学们的学习和成长做好服务。

附：
唐鹏飞：深入群众在实干中勇做扶贫好助手
（2017年2月16日中国青年网）

编者按：2016年12月底，共青团中央印发了《关于表彰第十一届中国青年志愿者优秀个人、优秀组织和优秀项目的决定》，对获得第十一届青年志愿者优秀个人、优秀组织和优秀项目进行了表彰。一批西部计划志愿者荣获了第十一届中国青年志愿者优秀个人和组织。在2017年学雷锋月即将到来之际，为引导广大青年成为新时期"雷锋精神"的传播者、弘扬者和践行者,即日起,我们将推出西部计划优秀志愿者风采展播活动。扎根西部,在磨砺与成长中绽放青春,这些优秀志愿者无疑都是我们的青春榜样,榜样的力量是无穷的。一个人、一个故事、一段话语,看似平凡简单,却点燃了许多人心中的激情与梦想。让我们一起承载着榜样的力量,唱响春天的故事。

一年之前,他还是一名初出茅庐的大学生;一年以后,他已经变成了熟谙孩子们心理的一名教师。对于唐鹏飞而言,这一年的志愿服务中,他奉献了自己的青春汗水,有过感动、有过震撼,短暂而又忙碌、充实而又快乐。

唐鹏飞于2013注册成为"志愿北京"的一名志愿者。作为一名志愿者,他积极参加学校内外各类志愿服务,从场馆服务、活动引导到陪爷爷奶奶过节、看望留守儿童……为了更好地了解志愿服务活动,唐鹏飞报名参加了北京市志愿服务联合会、北京志愿服务发展研究会的《志愿动态》项目,负责《志愿动态》材料的收集编辑工作,在一年的工作中,他接触到了许多志愿者的优秀事迹,了解了许多志愿组织的工作。同时,他被编辑老师们和志愿者的精神深深感染,也在他的心底埋下了志愿服务的种子。

2015年9月,他报名参加了北京航空航天大学研究生支教团,到宁夏南部山区的泾源县进行了一年的支教扶贫工作,在祖国的西北洒下了青春的汗水。

勤钻研,做教育教学的能手

服务当地教育教学是国家赋予研究生支教团的重大任务,也是唐鹏飞对自己的核心要求。服务期间,他充分发挥比较优势,为当地的教育教学作出了应有的贡献。

泾源县新民小学位于宁南山区,教师极为匮乏,唐鹏飞一到学校就担任了全校14个班级的信息技术教师。教学过程中,他认真向老教师汲取经验,一方面注重课堂纪律的管理,逐渐培养学生良好的学习习惯;另一方面仔细备课,适当调整难度,因材施教,培养学生的兴趣和自信心，学生的信息技术水平有了长足的进步。自治区教育厅、固原市教育局、泾源县委领导在新民中心小学调研过程中，深入课堂，聆听了他的公开课，并详细询问了支教团工作情况，赞扬了支教团的志愿服务精神和工作成果。

同时，他还负责学区、学校的计算机设备的相关维护工作，帮助老师们维修电子设备，培训新型电子教学工具的使用。他还充分发挥特长，帮助泾源县教师参加自治区主办的教师技能大赛，辅导说课和交互式多媒体设计、帮助全体参赛教师进行微课展示和制作，参赛教师取得了自治区一等奖、固原市一等奖等优秀的成绩。他还参加了当地承担的教育部2项重点课题的研究工作，充分发挥了科研特长，在思路确立、研究方法选择、论文撰写方面做了大量的工作，得到了教育部门领导的高度认可和自治区验收专家的赞扬。

重行动，做志愿扶贫的助手

在教育教学以外进行力所能及的志愿扶贫工作，是团中央对研究生支教团的要求，也是每位志愿者在工作中应有的题中之义。唐鹏飞在做好教育教学工作的同时，积极践行"奉献、有爱、互助、进步"的志愿精神，深入群众、学生家中，开展了一系列志愿扶贫工作。

在志愿服务方面，他作为北航宁夏支教团团长，组织大家开展了"青春志愿行，共筑中国梦"——关爱留守儿童系列活动。支教团成员历时一个多月，利用周末的休息时间，深入到留守儿童的家中，详细了解学生的家庭情况、学习情况、心理状况，和学生谈心聊天，与家长拉家常，并对学生进行心理疏导、学习辅导，最后将全部资料整理成册，形成了40本访问实录，一份6000多字的调研报告。后期联系北航团委和研究生会，开展了"你的梦·我来圆"活动，为这些留守儿童实现心愿，给孩子们带来了价值2000元左右的心愿礼物。他还联系中国教育出版集团，为学校的60多名家庭贫困的学生提供了每年将近3万元的资助。此外，他还联系北京团市委，开展"温暖衣冬"活动，为家庭困难的学生送去了200多件冬衣。

接地气，到群众中去实干

作为支教团团长，唐鹏飞始终以身作则，将纪律挺在前面，将学生和工作放在首位。他认真学习并向大家宣讲团中央、团宁夏区委、北航团委、团泾源县委等上级部门关于西部计划志愿者、研究生支教团的相关文件，在对口服务学校，他严格遵守学校规章制度，严肃教学纪律，与当地教师和学生同吃、同住、同学习，及时完成了由学生向教师的角色转变，快速融入当地群众中去，全心全意为学生的健康成长、快乐学习贡献力量。

在他的工作中，始终坚持"重实干，接地气"，力戒浮夸风气和个人主义，注重多为学生办事，少为自己扬名；多宣传当地学生亟须帮助的现状，少讲自己生活工作中的困难。力求支教团所办的每一件事都对学生有切实帮助，所做的每一次新闻报道都对泾源是一次宣传。在一年的工作中，不论是家访还是开会，不论在学校还是在村里，他都以一颗热忱之心对待群众，从教育局的领导老师、到学校的烧火工人、再到村里商铺老板，都对他称赞有加，他与当地的群众建立了深厚的感情，也从群众那里对泾源县的贫困现状有了深入的了解。

一年中，他的工作受到了各级部门与领导的认可，所组织的几次重点活动受到了中国青年网、北京航空航天大学新闻网等媒体十余次关注报道，引起了一定的社会关注，他也受到了泾源县、宁夏回族自治区的表彰。

谈到自己的感想他说，除了教育教学与志愿服务工作，他在这一年中对于农村基层、对于群众、对于贫困现象和党的扶贫政策举措，有了更加深入的认识。他也表示，会努力学习，增长才干，牢记泾源这片土地，争取在日后的工作中，为贫困地区群众作出力所能及的贡献。

"回想支教经历，最大的感想是对自己价值观的改变"

——第17届研究生支教团钱正音

回想支教经历，最大的感想是对自己价值观的改变。可能在支教之前会仅仅局限于自己的一个小世界，或者说一个学校；但是去各地支教的时候，会看到一个帮扶政策对于一个地区或者说一个国家的发展是有多么重要的影响。

采访对象：钱正音，北京航空航天大学第17届研究生支教团成员。2015—2016年在西藏山南市第一高级中学参与支教工作。现就职于杭州极弱磁场重大基础设施研究院。

采访组：袁浩宇，韩浩铖

▲ 北京航空航天大学第17届研究生支教团成员钱正音

采访组：您当时为什么选择支教团呢？

钱正音：当时在学校本科的时候参加过一些志愿者活动，我觉得参加支教团是一个很好的经历，所以就报名了。

采访组：您是2015年前往西藏山南支教的，并且是北航第二批前往西藏的支教团成员，为什么选择这个服务地？

钱正音：当时有新疆、西藏、宁夏三个支教地，我跟另一个同班同学一起支教，我俩想在一起有个照应，正好西藏有两个名额，于是我们就去了。当时团委也跟我俩说了一下情况，我俩平时接触比较多，而且西藏比较陌生，所以我俩一起去的话，可能适应性会更好一些。

采访组：您当时支教学校的基本情况是怎样的？您主要承担哪些教学工作？

钱正音：我们去的是山南市第一高级中学，实际上它的教学环境是相对完善的，生源也是比较多的，每个年级大概有300多人。因为当时我们是第二届，而且学生比较多，怕教学质量抓得不够好，所以我们基本上承担的都是一些辅佐性的教学任务，以及一些义务宣讲。结合北航特色，我们也做了一些航空航天知识的普及；平时的教学任务方面，我教数学和物理偏多一些。

采访组：当时第一次去到支教地，感觉是怎样的？做了哪些适应生活的工作？

钱正音：由于我们之前没有去过这种海拔高的地方，所以我们当时去的时候准备了一些高原反应的应对措施，包括一些口服液和药物等。同时我们也咨询了上一届西藏支教的同学，我们是第二届，有了第一届的学长的一些经验教训，准备得也更充分一些。因此当时我是没有高原反应出现的，我的搭档出现了一些身体状况，后来调整一下也就好了。

采访组：遇到了什么比较棘手的问题？有什么较好的解决方式吗？

钱正音：西藏和其他支教地比较不同的一点是，它需要同时做好语言的普及。因为当地大多数人都是说藏语的；汉语方面，有的是小学开始学，有的是初中开始学。当时我的教学情况基本上都是以我们内地的初中水平去教高中。我们主要需要克服的是语言关。

当时的解决办法是找一些班级里边从小学就开始接触汉语的同学，我们告诉他们，然后他们用藏语再去给同学传达。在上课方面，鉴于语言情况，所以课程中图形画得比较多。

采访组：在一年的支教授课过程中留下了哪些印象深刻的故事，可以分享一下吗？

钱正音：当时我跟我搭档在学校里边有一个结对帮扶的过程，每个人带了一两个学生，平时更多的是在办公室里辅导。同时我俩本身在团委里工作，所以平时开展一些活动，比如升国旗、讲话、学校运动会等，都是我们组织的，所以我觉得这些小事还是挺有意义的。

其中印象比较深的还是雅砻文化节上的一些活动。其实这种集会性的活动是很好的文化传播平台，引申到内地，如果我们可以把每个省份各个市县的文化信息汇总的话，实际上是一个很好的内容。

采访组：您提到的雅砻文化节，可以再讲一些吗？

钱正音：由于我们当时的教学任务并不是特别重，所以课余生活我们会和学校里的老师进行交流，也会在当地团委组织活动时去帮忙，我们参与组织了雅砻文化节。雅砻文化节是山南特有的一个活动，各个乡镇聚到一起，每个乡镇做一个节目，在雅砻文化节的平台上展示。参与规模大概有六七百人，是在一个体育馆里举行的。

▲ 在西藏山南市第一高级中学开展校园文化艺术节

采访组：您现在在什么单位从事什么工作？您觉得支教经历在您后来的职业发展中有哪些促进和帮助作用？

钱正音：我2019年1月毕业于北航杭州创新研究院，之后就直接在那里就职。但是我今年刚从那儿离职，现在的单位是杭州极弱磁场重大基础设施研究院。

二十年，我们走过

其实我觉得支教和做志愿者都是很有收获的。其中支教可能体验更多一些，做其他的志愿者的活动也可以培养沟通能力，有助于人脉拓展。我现在的岗位偏服务，所以平时接触的师生会比较多，因此我的支教经历会帮助我更好地与他们沟通并处理事务，也更能体会一些学生的心情。

采访组：现在回想支教经历有什么感想？

钱正音：回想支教经历，最大的感想是对自己价值观的改变。可能在支教之前会仅仅局限于自己的一个小世界，或者说一个学校；但去各地支教的时候，会看到一个帮扶政策对于一个地区或者说一个国家的发展是有多么重要的影响。在西藏的时候，不光有我们西部计划的一些志愿者，也有内地的很多优秀的老师，是一个很好的交流机会。

"怀揣梦想，真抓实干，这是北航人的特质，我将它带到了阳坡塔，也希望我的学生们能有敢于做梦和为之拼搏奋斗的勇气"

——第18届研究生支教团陈天舒

　　志愿奉献精神、脱贫攻坚精神与北航"空天报国"精神是融合相通的，都需要无悔的决心，无畏的信心，无私的热心。我在刚到阳坡塔学校，作为新教师交流时说："今为师表，必尽心竭力，仰望星空，亦脚踏实地。"怀揣梦想，真抓实干，这是北航人的特质，我将它带到了阳坡塔，也希望我的学生们能有敢于做梦和为之拼搏奋斗的勇气。

　　采访对象：陈天舒，北京航空航天大学第18届研究生支教团成员。2016—2017年在山西省吕梁市中阳县参与支教工作。现任北京航空航天大学能源与动力工程学院专职组织员。

　　采访组：张晓磊

▲ 北京航空航天大学第18届研究生支教团成员陈天舒

　　采访组：请您简要介绍一下在北航求学时的基本情况。

　　陈天舒：我是北航2012级本科生、2017级硕士生，就读于人文社会科学学院经济学专业，曾任北航学生党校总干事、知行书院团支书、人文社会科学学院学生会主席，曾获北京市优秀毕业生。

采访组：据我们所知，您本科期间长期坚持关注公益、奉献社会，获评"北航榜样"大学生年度人物，能否介绍一下相关情况？这和您报名研究生支教团有关联吗，如何接触和选择支教团的呢？

陈天舒：大一那年，我们班组织活动，集体到智光特殊教育培训学校做公益项目。这一天的陪伴和触动，是我热衷于志愿服务工作的起点。作为党员和团支书，需要服务好书院同学，做好上传下达的学生工作。担任北航学生党校总干事期间，我组织学员到水浒小学陪伴留守儿童，并坚持开展长期的支教实践活动。后来关注到北航蓝天志愿者协会、关注到志愿北京平台，发现有太多志同道合的伙伴，让志愿活动更加规范，更有获得感和认同感，我也逐渐乐在其中，并形成了一种习惯。

在参加校团委组织的"温暖衣冬"和"你的梦·我来圆"活动中，我第一次接触到研支团，这与我以往参加的支教活动不同，熟悉的学哥学姐、陌生的工作环境、一年的全职教课，充满着新鲜和挑战，更像是一种引领，为我今后的发展增加了一个个性化的选项，所以我尝试报了名，很幸运最后能够入选，这段经历确实也是我一生难忘的珍贵记忆。

采访组：2015年12月，根据中央统一部署，北航定点帮扶山西省中阳县。您是2016年至2017年前往山西中阳县支教的，也是第一批前往中阳的支教团。出发前对中阳是什么印象？真正去到那里的感觉和预期相符吗？请介绍一下中阳县的情况。

陈天舒：在支教之前我没有去过山西，只是简单地认为山西历史底蕴深厚，吕梁更是革命老区，山西人喜欢吃面食，顿顿不离醋。由于是第一届山西分团，也没有经验可以借鉴，当时并不清楚具体的安排。

在初次奔赴支教的途中，黄土高原千沟万壑支离破碎的地貌深深震撼着我，那是地理书上看不到的壮美风光，也是我对三晋大地的初印象，让我更加热切地期待即将开始的支教生活。一行人辗转到达中阳县后，团县委将我们分配到阳坡塔村的阳坡塔学校，校长热情招待了我们，也介绍了山村的具体情况。阳坡塔村位于大山脚下，离县城有十多里地，村子不大，山路崎岖，常住人口不算多，村民们淳朴热情，主要劳动力都在县里的钢厂上班，是典型的倚重重工业发展模式。村子里只有一所学校，覆盖幼儿园、小学、初中。

采访组：请介绍一下您和伙伴在中阳县支教工作的基本情况。

陈天舒：我们一行三人，本科期间已经熟识，在支教的一年中，也是彼此陪伴与成长。适应的过程是相互的，作为北航第一批赴中阳县支教的青年志愿者，我们打量着这个山村，村民们也在打量着我们。听不懂的方言是支教之初最大的困难和障碍，第一次参加教师大会，只能隐约听得出校长提到了我们三人的名字。我们在努力学习方言的过程中，同事、学生也尽力同我们讲普通话。这种双向靠拢，逐渐消散了"独在异乡为异客"的彷徨。

按照阳坡塔学校的分工，团长黄凯峰负责小学信息技术，雷睿骄负责初二语文，我负责初中地理和小学音乐。除了完成日常备课教学之外，我们还负责主编每月一期的校报《小雨点》，每月组织开展演讲、书法、运动节、六一文艺会演等全校文体活动；我还参与每周末学生的音乐兴趣班，可以说支教生活是紧凑又忙碌的。没有娱乐设施就去操场跑圈，没有亲朋好友可以去同事家串门，北航派驻的挂职副县长李建伟和驻村书记梁帮龙也时常来关心看望我们。如今再回想，看似单调的时光，也着实磨砺了心性，大山之中的贫困县，也是让人沉心思考的安宁乡。

▲ 支教团三人在阳坡塔学校合影

采访组：您还记得在

陈天舒：2016年平安夜前夕，孩子们纷纷购买精美包装的苹果，准备送给喜欢的老师。我作为科任老师，而且教授的地理并未纳入中考科目，与学生和家长接触不深，理性上觉得既然没有过平安夜的习惯，收不到苹果也没关系，但是没想到节日当天，我收到了16个苹果和一盒千纸鹤。这些礼物没有留言，没有署名，偷偷放到我的办公桌上。这是我作为教师的功勋章，是学生对我的认可和肯定。还有两位同学放学后直接送到了我的宿舍，惊喜溢于言表。"感人心者，莫先乎情"，我被这群真诚善良的孩子们深深打动了，也激励着我要更用心、更负责的形象言传身教。

采访组：2017年12月，《吕梁日报》以"支教，点燃大山里的希望——北京航空航天大学支教团接力支教扶贫纪实"为题报道支教团事迹，其中提到留守儿童、教育观念等话题，能否介绍一下相关情况。

陈天舒：中阳县的留守儿童不少，父母外出打工，节假日才回家，沟通与教育的时间都不足，这可能也是部分农村地区的现实状况。阳坡塔村虽然人均收入不高，但村民们的幸福感和满足感却不低，颇有些安于现状的意味。在与孩子们聊天谈心的过程中，也发现存在上进心不足的普遍问题。大部分孩子是准备初中毕业，也就是义务教育结束，就外出打

▲ 学校升旗仪式

工的，孩子们认为追随父母的脚步是正常正确，而且是唯一的出路。在我看来，选择不分对错，三百六十行也行行出状元，但如果是因为没有见过大海，而贪念小溪的清幽，那多多少少会留下些遗憾。所以当我参加初三学生的主题班会时，当我在地理课上播放《鸟瞰中国》

时，都在向学生们传达"世界那么大，应该去看看的"的观念。短短一年时间，难说改变谁的一生，但只要我的出现对学生产生了些许触动，对未来多了更明确的信心和目标，一切就都是值得的。

采访组：您作为亲历者和见证者，北航是如何扎根中阳县定点扶贫工作的？支教团有参与到其中相关的工作吗？可以分享一些事例。

陈天舒：自中央部署北航定点帮扶中阳县以来，可以说是举全校之力，校友、教工、学生志愿者各方联动，开展产业扶贫、科技扶贫、教育扶贫，努力走出一条脱贫攻坚的北航之路。"扶贫先扶智"，支教团的意义和初衷也正在于此。

此外，2017年4月，北航校医院组织党员医生服务队赴中阳县开展义诊，为医疗资源相

▲ 支教团参与校医院义诊工作

对缺乏的山村百姓送医送药。我们支教团也参与其中，负责现场组织引导，也入户走访了因病致贫致残的村民和老党员同志，两天时间共接诊了130余名村民，将北航人的温暖送到了村头床头。

采访组：返校之后，您还有关注中阳县的发展，以及支教团的动态吗？与当时的学生、同事、支教伙伴还有联系吗？

陈天舒：返校后，我们三人均在北航读硕士，一直联系密切，也会回忆起支教那年的时光。与同事线上也有互动，第二批去中阳县支教的姜懿书、叶子一是我的学妹，我们传授了一些经验，也介绍了一些家长和学生的性格特点，帮助他们快速转换角色，融入支教工作，从而让学生能消除距离感，做好无缝衔接。

采访组：2021年，全国脱贫攻坚总结表彰大会在北京举行，北京

航空航天大学扶贫工作办公室获评"全国脱贫攻坚先进集体"。您有哪些感受？

陈天舒：为了打赢脱贫攻坚战，北航党委统一领导，各方统筹协调，师生校友全程参与，获评"全国脱贫攻坚先进集体"，给北航脱贫任务画上了圆满的句号。我很荣幸，能够在这样一个凝心聚力的中，付出过绵薄之力，把论文写在祖国大地上。

采访组：您觉得支教经历对后续的个人发展起到哪些帮助和作用？可以展开谈几点。

陈天舒：在与几十名学生家长的沟通交往中，在走访了解到不同家庭的各类状况后，我学到了换位思考的理性和润物无声的感性。支教的经历，让我体会到教师是平凡而不平庸的职业，对我毕业后择业和发展产生了直接影响，如今我也如愿成为一名教师，应做好本职工作，服务学院师生。

采访组：结合您的支教经历和工作经历，您觉得志愿奉献精神、脱贫攻坚精神和北航的"空天报国"精神，有哪些契合点和对应之处？

陈天舒：志愿奉献精神、脱贫攻坚精神与北航"空天报国"精神是融合相通的，需要无悔的决心，无畏的信心，无私的热心。我在刚到阳坡塔学校，作为新教师交流时说："今为师表，必尽心竭力，仰望星空，亦脚踏实地。"怀揣梦想，真抓实干，这是北航人的特质，我将它带到了阳坡塔，也希望我的学生们能有敢于做梦和为之拼搏奋斗的勇气。

附：

支教，点燃大山里的希望

——北京航空航天大学支教团接力支教扶贫纪实

（2017年12月11日《吕梁日报》）

从"魅力城市"首都北京一头扎进脱贫攻坚主战场吕梁市中阳

县，从高等学府到偏远山区，从"高校研究生"到"山区孩子的知心哥姐"……北京航空航天大学支教团的到来，让贫困山区孩子们懵懂的双眼睁开，看到世界的多彩，而他们的青春，也因为支教扶贫而充满光辉。

离家千里扎根山区来支教

列车在黄土高原上飞驰，窗外，大地一望无际，天空蔚蓝而高远。2016年9月，来自北京航空航天大学的黄凯峰、陈天舒、雷春骄三名刚毕业的大学生踏上了西行的列车，成为北航第一批赴中阳县支教扶贫的青年志愿者。

根据北京航空航天大学对中阳县开展定点扶贫的工作部署，北航自2016年起在中阳县增设支教团服务点，开始了每年一批、一批三人的支教服务。

支教点阳坡塔学校在中阳县一个叫阳坡塔的村子中。村庄位于大山脚下，离县城有十多里地，不算偏僻，也谈不上繁华，支教的志愿者们被安排住在学校的教工宿舍里，条件仅有最基本的水、电、暖，一切生活用品都需要专门进城采购。与简朴的生活环境相比，精神生活的贫乏更让人难熬，离开了繁华都市，告别了熟悉的同窗，听不懂的地方语言和不适应的饮食习惯，让在千里之外的三人总有不可明说的孤独感，用黄凯峰的话说，他们三个起初有些"相依为命"。

硬件好，软件差，这是支教志愿者们到了工作地点的第一感受。"阳坡塔学校由小学和初中组成，小学每个年级有两个班，初中每个年级一个班。虽然学生不多，但学校硬件十分好，计算机教室、多媒体教室、塑胶跑道一应俱全，但使用率却十分低。"雷春骄道出了第一印象。由于环境影响，孩子们性格内向，羞于表达，在给学生们上第一堂课，带领同学们朗读课文的时候，她非常惊讶，这里大多数学生和老师不会讲普通话，发音十分不标准，需要重新纠正。

同样令志愿者未曾想到的，这里很多孩子们都是留守儿童。在一位女学生的家里，简陋的窑洞里没有一件像样的家具，爸妈出去打工，只带上了弟弟，留下10岁的她和爷爷奶奶相依为命。这样的情景深深触动着志愿者们，很多个夜晚，他们都会陷入沉思，为孩子们的梦想插上翅膀，更需要他们的不懈努力。

更新观念拔掉教育贫弱根子

农村学校留守儿童多，家庭教育缺失，不少学生存在厌学情绪。刚到阳坡塔学校，黄凯峰就遇到了一名"问题学生"。"六年级有一位男生叫任旭亮，上课不认真，而且十分好动贪玩。老师找他谈心，刚开始怎么说都不听。"面对这样的孩子，黄凯峰选择更加耐心地对待他，课余时间为他辅导功课，有时间就陪他聊天。"父母对孩子的成长缺少关爱，孩子有心事没人说，时间久了就自我封闭、羞涩，不愿与人交流，这样的例子还有很多。"黄凯峰相信，通过爱心的感化，一定能开启孩子的心扉，愿意与他进行心灵的沟通。终于有一天，小旭亮主动对黄凯峰说："老师，我特别喜欢你上的课，特别喜欢体育运动，我想长大之后考个体校，也去北京，可以吗？"

"贫困山区教育的最大问题，仍然停留在应试教育阶段而忽略素质教育。"支教团的三名老师这样认为。虽然教学任务很重，三名支教老师仍挤出时间，按照素质教育的要求，带领学生开展各种丰富多彩的课余活动。孩子们喜欢听故事，栩栩如生的人物，生动曲折的情节，能激发孩子们的学习兴趣，培养他们的阅读能力。带语文的雷春骄极力改变死记硬背、生搬硬套的教学理念，从主题班会到演讲比赛，从运动会到大合唱，再到倾心策办校园报纸《小雨点》……在这些山区孩子的身上，她又一次看到了同城里孩子一样的朝气蓬勃。

"教育扶贫，不能简单地给钱给物。"支教团三名教师深有体会地说，"山区的孩子智商并不差，差距在早期的启蒙教育，农村孩子有很大的潜力。"在思想上，支教团始终给学生们灌输平等、互助、奉献、崇尚科学、积极进取的观念，引导这些大山里的孩子们认识社会、了解国情，提高他们辨别是非和解决问题的能力，帮助学生树立正确的世界观、人生观、价值观，养成良好的行为习惯和道德风尚。在他们的努力下，孩子们不仅热爱学习，还丰富了才艺，性格也开朗起来。

支教教师带来的教育理念深深地触动了当地的教育观念。"北航支教老师的到来，不仅为阳坡塔学校注入了新鲜血液、充实了师资力量，还为乡村教育带来了新理念、新思想和新思路，不仅孩子们受益匪浅，学校的老师们也颇受影响。"在阳坡塔学校校长王永照看来，北航支教团的到来，除了解决了当地学校教学问题，更重要的是使当地群众的教育观念发生了积极的变化。

志愿接力支教扶贫点燃大山希望

时间如白驹过隙，一年的支教生活很快就要结束，黄凯峰、陈天舒、雷春骄三名志愿者即将返回北航继续攻读研究生。支教任务马上就要结束了，同是支教团成员的陈天舒莫名其妙地感到了一种失落，同时也多了一分牵挂，"说不想回北京，那是假的，但舍不得这群孩子，同样也是真的。"

在一年的支教岁月中，支教团与学生们建立了深厚的友谊。孩子们经常与支教团的老师们促膝谈心，听他们讲人生的道理，并把自己的忧愁和烦恼向老师们倾诉，还时常向家人和朋友谈起他们"北航来的研究生老师"。天凉了，学生们提醒老师们多加件衣裳；过节日，学生们为老师亲手制作小礼物。当他们看到孩子们用工整的字迹写着"你们是世界上最好的老师"时，支教团深深地感到，他们与大山里的孩子已经永远地联系在了一起。陈天舒说："支教这件事比想象中更有意义，在吕梁这片红色的土地上，实实在在地接触大地，身体变得更结实、性格变得更坚毅、心胸变得更宽广。更重要的是，我们用一年的时间，做了一件可以影响一生的事。"

为了不影响孩子们的正常学习，北航第一批支教团即将返回的消息谁都没有跟孩子们讲。下课的铃声响了，雷春骄上完了最后一堂课。她留恋的眼神，让孩子们意识到了什么。雷春骄刚走出教室，孩子们便一拥而上："老师，你们是不是要回北京了，你们能不能不要走。"

临行前一天，学生们精心为支教团举办了欢送仪式，孩子们与三位老师相拥而泣，不肯松手。"老师，我深深地祝福你一路顺风。""老师，我一定会努力学习，将来也考北航。""老师，这是我亲手做的祝福卡，我永远敬爱您。"……一张张笑脸，一句句嘱咐，学生们的送别是那么真诚，这不仅是对支教教师的肯定，更是对一种先进教育的向往。

在写给同学们的临行寄语中，支教团这样写道：

"临行前带走什么呢？我们带走老区人民的深情厚谊！"

"临行前留下什么呢？我们留下一颗对你们永远眷恋的心！"

北航第一批赴中阳县支教扶贫的青年志愿者的支教任务结束了，但这种结对帮扶也不会终止。瞧，在远方，侯聪、姜懿书、叶子一组成的第二批支教团已经到来。一代又一代的北航学子们用自己奋斗的青春，用拼搏和进取精神，点燃大山脱贫攻坚的新希望，助力老区人民实现小康梦。

"想起那段时光，心里就会轻松许多，这就是我最看重人生经历的原因之一"

——第18届研究生支教团顾寒

在现在紧张的工作压力之下，想起那段时光，心里就会轻松许多，这就是我最看重人生经历的原因之一。经历可能会转化为经验，甚至还会转化为财富，但是经历最本质的还在于在你困难时给予激励，在你紧张时带来欣慰。

采访对象：顾寒，北京航空航天大学第18届研究生支教团成员。2016—2017年在新疆维吾尔自治区阿勒泰地区吉木乃县初级中学参与支教工作。现任职华为技术有限公司客户经理。

采访组：韩浩铖

采访组：当年您为什么选择支教呢？在学校期间，对于支教等志愿服务实践活动经历比较丰富，这对于您选择支教团有什么影响吗？

▲北京航空航天大学第18届研究生支教团成员顾寒

顾寒：我感觉做公益是一件让人愉悦的事。与一群志同道合的朋友在一起，本身就很惬意，同时又能在服务对象那里获得认可和感谢，这是对自己价值的一种实现吧。做志愿者的时候，就有种站在马斯洛需求金字塔顶端的感觉，那种自我价值实现的感觉真好。

本科期间我就加入了蓝天志愿者协会，那个时候在支教部周末节假日有需要的时候就会参加一些活动，比如小天鹅公益学校支教、盲人学校陪护、成人教育讲课等。那个时候就有了"顾老师"这个让我受之不起的称号，也是从那个时候让我意识到我喜欢与学生们互动，喜欢上支教这件事了。

采访组：您是2016年前往新疆吉木乃支教的，为什么选择这个服务地？

顾寒：我们当时有五个支教地，吉木乃是离家最远的地方。初次听说吉木乃，是在学长们口中得知这个边陲小县的。其实当时选择也很简单，除了在教育上贡献自己一份微薄之力外，想去祖国最西北看看，个人觉得人这辈子最宝贵的便是经历。

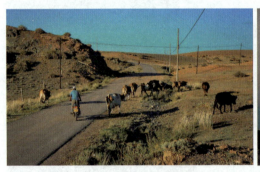

▲ 镜头里的边疆美景

采访组：当年吉木乃县初级中学的基本情况是怎么样的？请介绍一下工作情况。

顾寒：那边硬件环境没的说，教师桌椅板凳、教学屏幕比内地的许多地方还要好一些，我所在的七年级10个班，5个汉语班，5个民语班。第一学期，我负责七年级八班的数学，班主任是个"90后"女孩子，教地理。说来也巧，我上七年级也是八班，班主任也教地理，可以说是冥冥中的缘分，只是我从讲台下到了讲台上。

班里24个学生，7个汉族，1个回族，剩下16个哈萨克族学生。哈萨克小朋友们是比较真诚的，父母的教育和孩子的天性，让孩子们比较率性也比较调皮。一脸严肃地上课，孩子们也会想方设法把你逗笑，一旦绷不住笑了，全班就"沸腾"了。回想当年，很多时候险些憋出"内伤"。

这边孩子真的是多才多艺，身体素质还好。冬天陪他们在盖了厚厚一层大雪的操场上踢球，夏天听他们弹奏自己的冬不拉。在现在紧张的工作压力之下，想起那段时光，心里就会轻松许多，这就是我最看重人生经历的原因之一。经历可能会转化为经验，甚至还会转化为财富，但是经历可以在你困难时给予激励，在你紧张时带来欣慰。

采访组： 在一年的支教授课过程中有哪些印象深刻的故事？

顾寒： 印象最深的当属古尔邦节了。古尔邦节是穆斯林传统佳节，我们受邀去家里参加民族老师节日。除了糖果、点心之外，用手抓着热气腾腾的"没有结过婚的小公羊肉"大快朵颐。有时候吃美了，音乐一起，兄弟们刻在DNA里的舞者之魂就立马觉醒了，载歌载舞，欢声笑语。

采访组： 在少数民族地区支教的经历，让您在民族观念方面有哪些感想呢？

顾寒： 祖国的繁荣富强离不开每个民族，祖国的繁荣富强也让各民族抱得更紧。支教的意义在于向孩子们展示外面的世界，让他们知道新疆和内地之间存在多种多样的生活方式，让孩子们可以选择自己喜欢的一种方式，无论是摩天大楼还是草场牧歌，在不同地域不同领域过好自己的生活，发挥自己的价值，我想这就是此行的意义。

采访组： 当年您和同行的伙伴，在教学工作之余，做了哪些志愿公益、课外实践等方面的特色工作？

顾寒： 我们四位支教小伙伴，联合学校和团委，在吉木乃各中小学，举办了"北航—吉木乃航天周活动"，当时我跟导师申请从实验室寄过来一台自己设计的四旋翼无人机，由竹蜻蜓做引入，给孩子们介绍飞机的每一部分的名称、功能，给孩子们试飞无人机，他们对此是非常感兴趣的。结合当时神十一发射成功，让孩子们对于祖国的航空航天有了更直观的认识。

采访组：您毕业后选择从事什么工作，请简单介绍一下。

顾寒：现在在华为做客户经理，生活有苦有乐。收入可以，不过四海为家。华为崇尚的奋斗者文化，与现阶段的我的思想还是比较契合的，更重要的是大公司大平台对于初入职场的菜鸟来讲，能有一个系统的培训，这也是我看重的。

▲ 镜头里一起支教的伙伴

采访组：当年一起支教的小伙伴现在还有联系吗？大家各自生活如何？

顾寒：当然有联系了，老鲜、老李、老杨那可是"革命友谊永不忘"。除了我在私企，他们都在央企或者体制内工作。有时候有些吉木乃的新闻我们也会在微信群里分享，就着话题，又能回忆许多。

　　采访组：如果让您向当年的自己说一段话，会说什么？

　　顾寒：每次回忆都是一份欣慰，想对当年的自己说：一年的时间会让你受益一生。加油！

廿
载
芳
华

弦
歌
不
辍
——
北
航
研
究
生
支
教
团
二
十
年

我希望可以告诉孩子们可以走出阳坡塔村、走出中阳县、走出吕梁市，鼓励他们多去外边看一看，去体验和向往更大的精彩的世界，而不是将人生定格在现在所局限的位置上。我希望我班级里的孩子，都能够自立自强，能够有自信地走出去。

采访对象：侯聪，北京航空航天大学第19届研究生支教团成员。2017—2018年在山西省吕梁市中阳县阳坡塔学校参与支教工作。现任中国电信集团客户经理。

采访组：张晓磊

采访组：请您简要介绍一下在北航求学时的基本情况。

侯聪：我2013年入学北航，就读于仪器科学与光电工程学院，2018年支教结束后继续在本学院光电工程专业攻读研究生，2021年1月硕士毕业。

▲ 北京航空航天大学第19届研究生支教团成员侯聪

采访组：据我们所知，您本科期间长期坚持关注志愿公益事业，承担多项学生工作，被评为北航榜样大学生年度人物以及获得北航五四奖章、北京市"五星志愿者"等，能介绍一下相关的情况吗？这与您选择研究生支教团有哪些联系？

侯聪：我觉得自己的志愿之路是一个不断累积经历、不断坚定初心的过程。说到与志愿服务的结缘，其实开始是很偶然的。2013年刚刚入学时，我们所在的131712小班组织了一项活动，内容是通过班内学生手工制作明信片进行义卖，将募集得到的善款通过学校蓝天志愿者协会无条件投入日常公益活动中。可以说，这件事开启了我整个大学的志愿生涯，不仅给我带来了责任感的提升，也让我明白当下阶段自己对于社会的接触还很少很浅。

因此，我又积极参加暑期社会实践活动，大一暑假和团队成员一起前往北京、西安等全国各地探访北航优秀校友，通过校友的亲身经历分享进一步加深我们对国家和社会的使命感。直到大二暑假，我们决定前往贫困县开展实践活动，准确来说地点是湖北省恩施土家族苗族自治州咸丰县丁寨乡十字路村，属于国家重点贫困县。在那里，我亲眼见到了相对贫困落后的发展现状，被当地群众长期劳作艰难生活的现实情况深深震撼，我还记得当时同我们接触的村支部书记患有很严重的肝癌，在我大四时候就很不幸去世了。现在回想，当年在十字路村的见闻和思考对我后续选择支教工作，有很大的作用。

在这样的驱使下，激励我更加尽心尽力地投身志愿公益事业。从主动注册志愿北京网站，到广泛接触各类志愿团体，让我将志愿奉献的情怀逐渐扎根在心里。持续服务最长的活动是北京西站项目，我还记得全天值守在假期人流量达150万的北京西站，能接触到形色各异的社会各阶层人民，从奔波务工的农民工，到懵懂迷茫的小孩子，也给了我很深的感触，让我萌生出"去更基层看一看，再走一走，努力用自己的力量去帮助大家"的想法。

2015年12月，根据中央统一部署，北航定点帮扶山西省中阳县。我也正好把握大三暑假的机会，选择前往山西中阳县考察当地发展情况，也通过这个渠道加深自己报名研究生支教团，继续在中阳县为学校扶贫工作作更多贡献的想法。

　　采访组：当时您在中阳暑期实践期间，曾组建团队联合当地企业和政府一起携手助力脱贫，在核桃售卖等方面积极推进农业创新，被称为"核桃小哥"。您能介绍一下相关情况吗？

　　侯聪：大三在中阳实践时，我们发现当地主要的农产品就是核桃，但是居民最传统的售卖方式就是靠核桃商上门收购。这种方式利润非常低，加上当地年轻人普遍外出打工，家中老年人只能以农产品的出售简单维持生计，因此整体生活水平仍处在较贫困的阶段。我们作为在校大学生，虽然难以提供更多的技术能力、商业模式支持，但仍然想尽力帮助解决一些生活上的困难。于是，我就想到改变传统的售卖方式，同时发挥北航的帮扶作用，为中阳核桃做更多的宣传。

　　在这个非常简单的初衷引领下，我们组织了一支队伍，同时在当时北航挂职干部李建伟副县长、梁帮龙书记的支持下，与当地的农民企业家取得联系，对将核桃运送到北京进行售卖的做法进行了接洽，最后形成了一个可操作的工作链条：由中阳本地负责挑选核桃，并将核桃运到北航，由我们来进行后续的分装和组织校内售卖等。随着这种模式的持续，我们也想克服农产品的长期运输和储藏问题，进一步提升核桃的品质，经过对当地农民企业的宣传等，最终改良出枣夹核桃等产品概念，进行更广泛的推广售卖。

　　这个过程中也发生了很多印象深刻的故事。我还记得有一次夜里2点多，运来了14吨的枣夹核桃，我和七八个党员同学在校医院仓库卸货到了凌晨4、5点。包括在后续的售卖配送过程中，我们一起克服了前期准备不足、计算疏漏、课程协调等各种困难，核数据、下订单、跑业务……也得到了很多锻炼和成长。我也非常感谢学校师生的鼓励支持，比如我经常会借优购超市的电三轮，拉上醋、小米、核桃挨家挨户去配送，大运村的师兄师姐非常支持等。现在回想那段时间，我也从180斤瘦到了140斤，的确是幸福且辛苦的回忆。

后来，在校外组织了一个北京高校的联合销售来帮助中阳拓宽销路，包括我们也去到其他学校驻点宣传，在学校商贸超市等旁边摆摊销售等，也参加了北京的一些展销会帮做推广等。最后，就是靠这种电三轮小推车的方式，帮助销售了大概20吨的核桃，三个多月的时间收入达到十几万。因为当时经常骑着小三轮给大家送货，所以就被称作"核桃小哥"了。

▲ "核桃小哥"侯聪（中）和北航教职工一起为中阳核桃点赞

核桃的模式取得成功后，我觉得只是农产品的销售其实并不非常长久，更有力度的扶贫应该进一步打造中阳的品牌和知名度，而恰好中阳剪纸也是国家非物质文化遗产，我就联想到可以和我们当年毕业礼物的设计做有机的结合。于是我先后联系学院的党委书记和学生处处长董卓宁老师，经过细致的调研和连续三次的汇报，终于推动中阳剪纸作为2017届毕业礼物的文创形式。我也参与了包括产品和运输分发一系列工作，10个校园风景的剪纸设计、立体镂空的新主楼折叠等取得了很好的反响，也为后续几年的文创设计打下了一定的基础，为中阳剪纸影响力的加深作了一定的贡献。

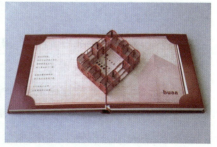

▲ 北航 2017 届本科生毕业纪念册《剪影北航》

侯聪：我们是第二批前往中阳的支教团，三个人在阳坡塔学校进行支教。这所学校所在的村就叫阳坡塔村，取向阳、山坡和村里水塔的寓意，学校包括幼儿园、小学和中学在内，大概七八百人的规模。

我们能够感受到国家对于贫困县城的教育投入，极大改善了学校的教学条件和硬件设施，但由于当地师资力量仍然存在流动和匮乏状况，高校毕业生的力量加入对于学校基础工作是很大的帮助和支持，所以我们每个人的整体工作量还是非常饱满的，每人一周课时量在30节左右。我当时负责初一班级的语文兼班主任、初二班级的英语、一到五年级的计算机和一至三年级的音乐，以及一些教务工作。我印象深刻的是，每天6点多带学生跑早操，完成一天的上课教学，21点多结束晚自习后再继续写教案、批改作业等。

在生活条件上，刚开始经过了一段时间的适应过程。我们三个人中，两位女生安排住在校外，我一个人住在学校教学楼里，当时也是学校挪出四层教职工午休室中的一间给我作为宿舍。我记得那个房子特别高，楼层高有4米，窗户对面是一座荒山，一个人睡在里边最开始也会感到凄凉和害怕，当然经过适应和自我调整后都可以接受。我印象最深刻的就是学校食堂的主食以面食为主，可能一个星期15顿饭得有十二三顿都是面条。加上快递不畅、零食购买也不便等，"天天吃面"对我们也是一个不小的挑战。

侯聪：其实在和孩子们一直相处的过程中，被他们的朴实真诚打动的事情很多，但在我看来，可能我所做的最正确和骄傲的事情是努力去改变一部分孩子对自己未来生活的想法。

我所在的学校对面就是中阳钢厂，学校很大程度也相当于是钢厂的职工子弟学校，所以有很多学生初中毕业后就进入钢厂工作，真正选择读高中的孩子少之又少，加上一定程度"重男轻女"的思想固化，因此这种现象在女生身上更加明显，这给我们的冲击非常大。所以我在教学过程中，会更加有意识地通过引入一些电影、资讯等拓展类信息，来告诉孩子们可以走出阳坡塔村、走出中阳县、走出吕梁市，鼓励他们多去外边看一看，去体验和向往更大的精彩的世界，而不是将人生定格在现在所局限的位置上。我希望我班级里的孩子，都能够自立自强，能够有自信地走出去。当然这也许短期很难实现，但我也在努力去改变。

采访组：这次一年的服务经历与以往您的志愿经历有什么不同？突然聚焦在孩子们身上有什么感触？

侯聪：过去的志愿经历关注的更多是一些社会现象，聚焦的主要是成年人，而真正进入到贫困山区，看到当地人生活情况时的那种感触和在北京参与志愿活动是完全不一样的。更加深刻和全面地认识和了解贫困地区的人民尤其是孩子们的所思所想，这是我之前未曾体验过的。

▲ 进行课堂教学

支教工作不同于以往其他短期活动，在很大程度上我们可能承担起对一个班甚至一个学校孩子的指导和引领作用，身为教师的这种职业责任感是不一样的。

采访组：返校之后，您还有关注中阳县的发展动态吗？与当时的学生、同事、支教伙伴还有联系吗？

侯聪：我一直在关注中阳县的发展，我们非常骄傲和开心的是，在国家的大力扶持、社会各界的关注和学校的帮扶下，2018年8月，中阳县经山西省人民政府批准退出贫困县，成为全省首批脱贫摘帽的3个国家扶贫开发工作重点县之一。我们也很自豪，北航在定点中阳进行产业扶贫、科技扶贫、教育扶贫、人才扶贫等方面取得了显著成效，为中阳县实现脱贫摘帽作出了积极贡献，为全国高校定点扶贫提供了可借鉴的方案。

和当时的学生也保持着联系，当时临走之前我也加了他们的QQ和微信。时光飞逝，我的学生也已经从当年的"小屁孩"成长为高中生了。在聊天中，很多学生会经常和我分享自己的学习生活：很多同学报名武术、游泳等比赛项目，其中有个女孩子还获得了市级的武术表演赛冠军；很多孩子会跟我开玩笑说，老师我一定努力考到北京去找你；很多孩子逢年过节会给我发信息祝福等，这些都让我非常欣慰和开心。

我现在也会经常听到中阳县老师们分享学生的信息动态，我们在朋友圈互相点赞、关注各自的生活工作。可以说之间的联系始终没有断过，当时的生活非常融洽，现在大家都处于一个彼此非常怀念想念的过程。

采访组：您现在在什么单位从事什么工作？您觉得支教经历对您有哪些提升和锻炼？

侯聪：我现在在中国电信集团担任客户经理。

说到支教经历的提升锻炼，首先是吃苦耐劳的品质，这是在整个人生中非常宝贵的一笔财富，对自己的职业发展包括生活各方面都有很大的帮助。当走上社会，每当面临很多复杂环境和困难挫折的时候，我会想到自己当年在中阳的经历，会想到那些生活条件远不如我们的可爱的孩子们，告诉自己其实并没有什么值得抱怨和消极的。这一年给我了意志品质上很大的锤炼，也让我更专注于个人价值的提升而不是肤浅的物质追求。

其次是给了我很大的责任感。我们的拼搏和付出，其实并不只是为了自己生活更加美好，也要承担这个社会更大的责任，支教经历让我能够更深刻地认识这个社会，走近更多需要关注和帮助的群体，尽可能给予他们支持和帮助。

这也是我选择从事通信领域工作的一个关键原因。当年我深入山区，发现其实很多地方的通信尚不完善，需要我们帮助和发声。基于这份引领，让我在职业选择、人生选择上更加聚焦服务国家的责任使命，驱使我思考在个人能力范围里，应该怎样去做更多有意义的事情。

采访组：现在回想支教经历有什么感想？如果让您向当年的自己说一段话，会说什么？

侯聪：我会鼓舞自己坚定心中的选择，持之以恒，走下去。人生不能只是满足于物质上的需求，而要坚持做一个对社会、对国家、对人民更有意义的人。

附：

智力扶贫看北航：国家级贫困县摘帽背后的高校力量

（《光明日报》客户端，2018年10月17日）

2018年10月17日是第五个国家扶贫日。治贫先治愚，扶贫先扶智。教育是阻断贫困代际传递的治本之策。扶贫是综合性的社会工程，而高校人才储备丰富、社会联系广泛。作为智力、人力、科研、产业等要素的汇聚点，高校在脱贫攻坚中有哪些独到的方法？2018年8月，北京航空航天大学定点扶贫的中阳县在山西36个国家级贫困县中首批脱贫摘帽，记者采访了解了北航在中阳扶贫的相关经验。

高校智力破解转型难题

山西省中阳县位于吕梁山革命老区，人口15.6万。2015年8月，国务院扶贫办、中央组织部等9部委下发《关于进一步完善定点扶贫工作的通知》，作为中央直属高校，北航负责中阳县定点扶贫工作。

"中阳是典型的工业大县，农业小县，支柱产业是钢铁、煤电焦化，最大的中阳钢铁公司有一万名员工，加上上下游产业，算上家庭因素，大概关系到近五万人的生活。"北航挂职副县长苏睿介绍，中阳属于资源型地区，大部分青壮年劳力都选择进城务工。在淘汰过剩产能、加强环境保护的大背景下，过于依赖煤炭产业的中阳县一度面临经济断崖式下跌的危险，脱贫攻坚面临新的挑战。

高校的优势在智力，有了人才，办法总会有的。能不能提高技术水平，减少环境污染？能不能丰富产品结构，填充产业空白？经过多次论证，2017年初，北航与中钢公司签约共建北航-中钢转型升级技术研发中心，组织来自材料、能源、机械、信息、管理等学科专家主动对接。产学研合作和校企协同创新得以顺利开展，在钢渣熔铸技术开发、高炉喷煤枪高寿技术开发等7个领域开展项目合作，共同申报5项技术专利。此外，为了当地能源产业的绿色发展，北航还引入校友企业成立山西阳坡塔新能源有限公司，总投资6000万元，建成投产后将再为地方创造300个就业岗位。

"北航坨坨"连接就业民生

中央扶贫开发工作会议提出"五个一批"脱贫措施，即发展生产脱贫一批、易地搬迁脱贫一批、生态补偿脱贫一批、发展教育脱贫一批、社会保障兜底一批。在多偏远山地的中阳，北航创造性地将发展生产和易地搬迁相结合，发挥校友创业的优势，在搬迁地引入校友企业。

在全县最大的易地移民安置社区，北航建设了吕梁市北航中汇科技孵化器，目前孵化器已经进驻企业16家，其中，校友企业6家。记者了解到，在这里居住的1250多户居民都是山坳里的村子搬迁来的，农民变市民，地没有了，饭碗还得端。于是，北航校友会发挥作用，引进校友企业。现在，孵化器已经有500人从事电子产品加工和数字营销，月收入2000元以上，其中贫困户121人，解决了部分贫困户"搬得出、稳得住、能致富"的难题。去年以来，中阳先后获批山西省级众创空间和省级双创示范县。

苏睿介绍："之所以以产业园的形式引入校友企业，就是为了把产业链建立起来。一个电源变压器的生产，涉及很多劳动密集型企业，产业链建立起来了，规模效益有了，企业就不会轻易离开，老百姓就有收入，脱贫攻坚的成果就能巩固。"

在产业规模效益的带动下，扶贫红利溢出、进入乡村。在北航派驻第一书记的阳坡村，51户114名贫困户在家中就可以做电子线圈加工的工作。贫困户们缠一个线圈挣三毛钱。身患疾病的贫困户许小宏每天可缠300个线圈，也有了一份稳定收入。"就缠这么个坨坨，可以挣三毛钱，而且我还能给老人做饭、照顾庄稼，还可以养猪，啥都不耽误。"贫困户雷月爱说。她还首创了"同台双夹"的加工方法，将效率提高了一倍，每天可以缠500个线圈，是村里加工线圈最多最快的。"我儿子电力学校毕业后在北航后勤工作，管住宿还有五险一金，最近还成高压电工啦。"讲起现在的生活，雷月爱笑得很灿烂。在阳坡带动下，雷家庄等3个新建加工点已投入使用，带动贫困户100户。贫困户亲切地将电子线圈称为"北航坨坨"。

"核桃小哥"与农业创新

中阳降水稀少、气候条件恶劣，在农村，往往是年迈的老人留守在山上的窑洞，从事轻体力的核桃种植。2016年，时任驻阳坡村第一书记的梁帮龙调研发现，中阳县盛产核桃，但本地枣夹核桃企业却从外地购进核桃仁。他进一步了解到，中阳有20万亩核桃林，硬壳碎皮的难题具有普遍性。因此，他把问题带回了北航科研院，寻求技术帮助。北航当即投入20万元，依托机械工程及自动化学院机器人研究所研发出一款高效管用的核桃碎皮机并在阳坡村投入试用。2018年5月，技术改造后的第二代核桃碎皮机也研制成功，经过核桃脱壳机之后的核桃外壳碎裂，内仁完整，手工很容易剥掉外壳，提取核桃仁整仁率可达到90%。

技术提高效率，市场打开出路。当地的核桃原先也只能通过最原始的方式售卖，利润十分微薄。北航仪器科学与光电工程学院学生侯聪团队与村合作社对接，在传统销售生鲜核桃、核桃仁的基础上，积极推陈出新，结合市场消费需求制作了添加蓝莓和枸杞两种不同口味的"枣夹核桃"新产品，设置了从散装到礼品装的不同产品等级，提升了核桃的产品附加值，拓展了市场，经济效益显著提高。侯聪介绍，每销售一包产品，就会从相应的利润中抽取2元捐款至"扶贫基金"，尽可能促进当地发展，增加当地居民就业岗位，有效帮助农民脱贫致富。2017年，被称为"核桃小哥"的侯聪本科毕业，他选择加入北航第19届研究生支教团，继续在中阳的大地上为乡亲们服务。

针对农村畜禽粪便处理的老大难问题，北航校友企业争取到1000万元资金，实施粪便处理、有机肥、秦椒种植"三位一体"循环农业项目。现在，年处理垃圾6万吨的有机肥厂已投入使用，农业项目带动445户1100名贫困户种植辣椒700亩，每亩增收3000元。

教育帮扶结真情

习近平总书记指出，脚下沾有多少泥土，心中就沉淀多少真情。2018年暑假，6个红色"1+1"学生党支部、10支大学生社会实践队200名学生走进中阳，带去知识的同时，也收获了感动和信念。

北航材料科学与工程学院的大四学生韩思愉2017、2018连着两年前往山西省吕梁市中阳县河底村河底小学支教，在这里他遇到了一个名叫登云的孩子。"登云双眼先天高度近视，戴着厚厚的眼镜，读书时要贴得很近才能看清。"为此，支教队发起了"为登云读一本书"的活动，每位支教队员阅读一本书的一章节，然后拼接起来，做成一本有声电子书。"登云收到书后非常开心，我们回到学校后，发动了更多同学为登云读书，后来又有50多名同学加入进来。看着登云收到书后灿烂的笑容，我感觉我们的付出是有意义的，并且还要继续坚持下去，让更多的孩子得到帮助。"

教育扶贫拔穷根。北京与中阳相距700多公里，但北航创造条件，充分发挥自身优势，促进两地师生交流学习。三年来，北航实验学校与中阳中小学"爱心双百"手拉手共建，每年100名中阳师生进北航，100名实验学校师生进中阳。2018年8月，北航实验学校、幼儿园分别对全县中学教师、幼儿教师进行全员培训，累计培训1000人次。"这两年，中阳考了14个清华北大，高考升学率提高11.3%，相信以后会越来越好。"苏睿说。

扶贫1000多天，700多公里，北航党委书记三赴中阳，校领导先后共有11人累计16次赴中阳调研指导扶贫工作；110多人次校友企业家前往考察洽谈项目；校地之间每年保持500人以上的往来。国务院扶贫办脱贫验收专项评估检查数据显示，两年多来，中阳县贫困村由2015年的37个减至2个，贫困户由7969户20918人减至354户714人，贫困发生率由20.5%降至0.7%。两年多的时间里，北航以"产业+科技"促就业增收，以"教育+人才"促智志双扶，累计直接带动870户2341名贫困户脱贫，占全县贫困户11%，直接带动671户1974名非贫困户增加收入。在北航对全县300名干部举办的培训班上，一位干部感言："扶贫扶志、治穷治愚、终身受益"。

2018年8月20日，北航党委书记曹淑敏赴中阳考察调研时表示，学校党委将坚持脱贫不脱政策、摘帽不摘帮扶，以更高站位、更大力度推进下一阶段定点扶贫工作，与地方党委政府和全体中阳人民一道，帮助中阳县继续巩固脱贫成果，为迈入全面小康的富民大业而努力奋斗。

"当你离开城市，走进大山，请一定给予孩子们希望，告诉他们，外面的世界是多么的精彩"

——第19届研究生支教团何力洋

趁着还年轻，趁着有时间，出去走一走，你会发现祖国的大好河山，你会找到自己存在的意义。而当你离开城市，走进大山，请一定给予孩子们希望，告诉他们，外面的世界是多么的精彩！

▲ 北京航空航天大学第 19 届研究生支教团成员何力洋

采访对象：何力洋，北京航空航天大学第19届研究生支教团成员。2017年在宁夏回族自治区固原市泾源县新民乡九年制学校参与支教工作。现任北京华为数字技术有限公司分组核心网网关集成验证团队工程师B。

采访组：张晓磊

采访组：请您简单介绍一下当年在北航求学时的基本情况。

何力洋：我2013年就读于北京航空航天大学自动化科学与电气工程学院，研究生就读于北京航空航天大学控制科学与工程专业。

采访组：您是2017年至2018年前往宁夏泾源支教的，出发前的预期和到达后的第一印象是怎样的？

何力洋：出发之前没有对自然环境考虑太多，因为从往届支教团成员分享的经验来看，宁夏还是很美的，至于当地的经济发展和教学条件，说实话本来就没有抱多大希望。可到达后，我们发现当地的教学条件并不差，得益于国家的政策，我们学校已经具备了舞蹈室、电子琴室、活动室、图书室，以及十分现代化的录播教室，甚至每个班级都配备了电子白板和音响，这真是让我们摩拳擦掌，下定决心要大干一场！

▲ 王肇一老师在宁夏中宁爱心小院拍摄的航拍图（左），新民乡九年制学校美景（右）

采访组：请您介绍一下当时您和支教团伙伴的工作情况。

何力洋：考虑到学校当前的教学需要，同时结合我们自身的专业，学校分别安排我们六个人为音乐、美术、书法、综合实践、信息技术课老师与留守儿童室辅导员，暂缓了学校教师结构性短缺的问题。

二十年，我们走过

▲ 支教团成员与学校教师合影

在教学过程当中，白新野老师所带的综合实践活动课程，以学生的兴趣爱好为出发点，带领学生动手操作、实践创新，充分调动了学生的积极性和创新能力。

我将音乐课结合歌曲教学、乐理知识、电子琴教学为一体，让学生不仅学会了演唱歌曲，同时对音乐有了更深刻的理解。另外，在"一拖二"在线课堂教学中，充分利用教学设施，协助其他小学开展远程音乐授课，同时我以学校大队长为线索拍摄了小型纪录片，为学校、学生以及自己，都留下了一段珍贵的记忆。

王肇一老师在学校没有书法老师的情况下，利用自己的书法特长，承担了学校五、六年级的书法课，大半年下来，学生的书法水平有了明显的提升，对于中国文字也有了更加深刻的了解。

来自计算机学院的陶仁帅老师，充分发挥自己的专业知识，承担了学校的信息技术课，教会了学生办公软件和网页的基本的操作，并配合各班班主任进行网络安全知识的授课，使全校师生的信息技术水平得到了提升。

来自新媒体艺术与设计学院的宋姝锐老师，同样利用自己的大学专业，承担了学校的美术课教学工作。她的美术课既有精彩的实践作画教学，又有名画赏析教学，学生的艺术细胞得到了充分的调动，对于艺术有了全新的认知。

刘臻丽老师则负责学校留守儿童的辅导工作，她协调北京建华实验学校，针对留守儿童举办了"燕山连着六盘山"联谊交流活动。并在日常辅导中，带领留守儿童参加了心理辅导、亲情视频、棋牌游戏等各种各样的活动，为留守儿童带去了希望和光明。

采访组：站上讲台，和学生的相处经历了怎样的过程？您还记得在教学过程中和学生发生过的一些印象深刻的事情吗？

何力洋：我主要承担学校的音乐课和体育课，每每站到讲台上，看着一双双充满好奇和求知欲的眼睛，我总会感受到一种责任感和自豪感。能把自己的所学所知通过课程传授给孩子们，是我莫大的荣幸！

印象深刻的是课后学生围着我，听我弹琴，跟我一起唱流行歌曲，还在白板上为我画了一幅画。

▲ 音乐课上与孩子们一起

采访组：当时大家的生活条件怎么样？平时有哪些娱乐活动？

何力洋：生活条件其实很一般，经常断电、停水，冬天还特别冷……不过这些困难是难不倒我们的。

2017年暑期，在前往支教地之前我们一起在中宁县李文军爱心小院为孩子们做暑期辅导，一直到9月离开才正式在泾源县开展支教工作。有了之前在小院生活的基础，我们的独立生活能力都得到了提

升，大家用了一周的时间采集
到了基本的生活物资，并简单装
饰了自己的房间，后期还买了电
暖气、洗澡机，艰苦生活瞬间变
得富有了生活气息。在我们离开
后，所有物资得到了保留，也算
为后续的支教团尽了一份力吧。

▲ 和白新野老师共同改造的宿舍

　　我们平时的活动可以说是
十分精彩，学校本身的资源就
很充足，我们可以和老师们一起打打球，课余时间可以弹弹琴，深夜
还可以出去小聚，躺在操场上听刘臻丽老师讲星图。这个印象太深刻
了，也是我们人生中第一次看见了银河。周末我们会经常到县城，感
受当地美食，吃喝玩乐。个别周末县团委还会组织我们进行丰富的志
愿活动。

▲ 参与团县委各项志愿活动

　　采访组：我们在和新民师生的沟通中了解到，您和支教伙伴当年
曾在校内举办过一个美术展，反响很好，能否介绍一下相关的情况？

何力洋：我记得全称是"绘画、书法、手工作品展"，展品主要来自学生在美术课、书法课和综合实践课上创作的作品。这主要得感谢宋姝锐、王肇一、白新野三位老师的努力。

▲"绘画、书法、手工作品展"

本次作品展的参展作品数目、作品类型，可以说是前所未有，赢得了全校师生的一致好评，意义非凡。

除此之外，还值得一提的特色活动就是"你的梦我来圆"，这也是研究生支教团一直延续的一项传统活动。2017年11月，由北航校团委主办，北航蓝天志愿者协会、泾源县团委、新民中心小学和北航第19届研究生支教团宁夏分团联合举办的"你的梦我来圆"公益活动拉开帷幕。活动中，我们一起收集了学校三至五年级学生的新年愿望，汇总整理后，在全校师生范围内寻找愿意为孩子们实现愿望的爱心志愿者。礼物于12月25日收集完毕，于新年第一天发放至孩子们的手中。

不仅如此，我们还配合学校开展了"啦啦操大赛""演讲比赛"等

二十年，我们走过

191

系列文体活动。

▲"你的梦我来圆"活动

采访组：据我们了解，当年您以及支教伙伴与当地学校教师结下了深厚的友谊，成为学校同事经常挂在嘴边的一届支教团。您现在印象深刻的有哪几位老师？和他们相处中发生过哪些故事？

何力洋：当时的校长禹文奇、副校长张伟、教务主任马健、体育老师马强、美术老师马瑞霞、音乐老师窦小龙和于宁、班主任李亚丽、班主任孙媛、音乐"小天才"禹天琦……

虽然已经离开泾源县四年了，但这些人的名字不知道为什么已经刻在脑海里了，可能这辈子都忘不掉。大家能记住我可能是因为我和大家走得比较近吧，工作之余我们也是经常交心的好朋友。对我来说，支教的一年不仅仅是做好一名支教老师，更是让自己尽可能多地融入当地环境中，扎下根，与大家打成一片，这样不仅可以缓解孤独，更重要的是可以切身感受到最真实的淳朴民风，也能交到知心的朋友。

▲与支教学校教师合影

在学校的圈子里令我印象深刻事太多了，说也说不完，那就说一个学校圈子之外的故事吧：马强老师的好朋友——于宁。说跟宁哥的故事，必须从马强说起，马强是学校的体育老师，如今算是我的好兄弟了，当时由于我比较喜欢唱歌，于是他就介绍我认识了他当年的室友——于宁老师，宁哥可是才华横溢，会作曲、玩过乐队，会弹钢琴、弹吉他、打架子鼓，自己开了个培训学校教音乐。我俩可算一见如故，一见面就抱着吉他弹唱起来，强哥听得那叫一个美。之后周末我就经常和强哥找宁哥玩，还有幸吃到了嫂子做的大盘鸡，那叫一个地道。再后来，宁哥就带我去了酒吧，老板是当年他们乐队的主唱，那天晚上我们以歌会友，开着直播，玩得那叫一个开心！

▲ 家中做客

采访组：您觉得现在看来，支教这一年对当地学校和师生带去的主要帮助是什么？

何力洋：在爱心小院期间，我们充分发动身边的每一个人，通过微信平台，帮助李文军大哥卖出枸杞金额达数万元，帮助爱心小院缓解了生活压力，也让他有了借助网络赚钱的意识和能力。

在学校期间，我们在禹文奇校长带领下，充分发挥了各自的才能，很好地弥补了学校在教学方面的不足，极大地丰富了学校的教学内容。同时，作为新鲜血液，我们的加入也为整个学校增添了活力。令我记忆犹新的是，不论大小活动，校长总会积极听取我们的想法和建议，给予了我们充分的信任。而我们也通过努力，结合自身专业技能，为学校解决了很多问题。

对于学生而言，可能与我们只有一年的缘分，但这一年，我们支教团通过不懈努力，将最好的一面展现给了学生，在保证基本教学的同时，丰富了学生们的眼界，作为一扇窗户，承载了孩子们对于大山之外的无限渴望。

▲ 在宁夏中宁李文军爱心小院合影

　　采访组：您现在从事什么工作？您觉得支教这一年对后续的个人发展起到哪些帮助和作用？

　　何力洋：目前我在北京华为数字技术有限公司云核心网产品线任软件测试工程师。主要针对华为5G核心网的用户面产品UPF，进行稳定性、可靠性、性能等指标的测试，构建产品缺陷拦截网，保证现网交付与顺利商用。

　　支教这一年对我来说是一段十分宝贵的人生经历，甚至对自己的三观也产生了影响。

　　首先这一年，是对自己心灵的一次洗礼，远离城市的喧嚣应该是每一个在城市生活久了的人共同的梦想。尤其是在北京这种快节奏、高强度的生活状态下，大家更加渴望一段慢下来的时光，感受生活，体会生命的意义。当你站在山顶，面向夕阳，张开双臂时，一切困难、艰苦、压力在那片美好面前，统统不值一提。

　　其次我想说，只要你有才能，在当地一定会派上用场。支教这一年，我的人际交往能力得到了进一步的提升，也变得更加自信，更加地敢于挑战和展现自我，在职场上，这些素质可以说都是成功的必要条件。

最后，我认为也是最关键的一点，那就是我学会了珍惜，变得更加坚强。跟偏远山区的孩子们相比，我是多么的幸运，能够接收到好的社会资源、医疗资源、生活资源，而他们的环境远不如我们，但还在努力生活，心怀梦想，期望将来能够活成我们的样子，我们又有什么理由浪费眼前的美好，轻言放弃呢？

采访组：您对研究生支教团工作，对继续选择西部奉献的青年学子，有哪些寄语和期望吗？

何力洋：趁着还年轻，趁着有时间，出去走一走，你会发现祖国的大好河山，你会找到自己存在的意义。而当你离开城市，走进大山，请一定给予孩子们希望，告诉他们，外面的世界是多么的精彩！

"可以说，你永远不知道党和国家为了边疆发展、脱贫攻坚，到底付出了多少心血"

——第20届研究生支教团刘战强

从另一个角度而言，其实这一年收获更多的是我们，支教团成员的收获可能比学生要大很多。我们去到西部边疆，可以切身地感受到中国基层的社会面貌，可以了解党和国家为扶贫事业是怎样不惜一切代价去努力实现的，可以体会党和国家对于边疆治理的正确态度，对于民族团结的实行政策等，在了解这些以后，便会对整个国家有一个更加全面甚至更新的认识。

▲ 北京航空航天大学第 20 届研究生支教团成员刘战强（二排中）

采访对象：刘战强，北京航空航天大学第20届研究生支教团成员。2018—2019年在西藏山南职业技术学校参与支教工作。现供职于广西壮族自治区纪委监委。

采访组：韩浩铖，袁浩宇

采访组：据我们所知，您在校期间曾获得过北京市优秀大学生记者，志愿服务、实践活动经历也比较丰富，可以介绍一下相关情况吗？这对于您选择支教团有什么影响吗？

刘战强：首先，我比较喜欢老师这个职业。因为我就是一个留守儿童，从小到大老师给我的教导是最多的，所以我对老师这个职业有一种天然的好感，一直都想成为一名老师。

其次，我觉得中国是非常大的，从乡村到镇里、再到县里、市里、省里，然后再到北上广深这些地方，之间的跳跃和差别是很大的，不同地方的人的差别真的是超出你的想象。所以我一直都特别想去外面看一看，想多了解一下我们祖国各个地域、不同民族、不同地区有什么差别，这也是一种难得的体验。

我在大学里面也做了很多学生工作和志愿服务，印象最深的是在"航小萱"的工作经历。2016年我去到学院路校区，刚好有幸能全程参与学校党委宣传部的改革，负责组建航小萱运营队伍。学校的官方公众号刚开始推送阅读量大概只有2000，我们一点一点做，慢慢把这个公众号做到阅读量10万以上。这个过程非常煎熬，压力也非常大，老师们都非常辛苦，每天忙到深夜12点，然后第二天7点又过来继续干，这都是比较正常的。有时候为了一篇新闻，可能要等到凌晨3、4点，也是正常的。那段时间对我的磨炼是比较大的，我感觉那一两年成长得非常快，也正是通过学校宣传工作这个机遇了解到研究生支教团的。

总的来说，我参加支教团的主要原因，一是我对教师有好感，一直想当一名老师；二是我一直有对中国不同民族、不同教育进行探索的想法，也很想出去走一走、看一看；最后是在做"航小萱"的过程中知道了有这样一个支教项目，也非常幸运能够入选。

采访组：您当时为什么选择去西藏这个服务地？第一次去到支教地，感觉是怎样的？

刘战强：当时我在新疆和西藏两个支教地之间选择。一方面因为这两个离得最远，也是祖国的边境，我觉得能去边境去走一走、看一看还是比较好的；另一方面是因为支教团里面的女生比较多一些，宁夏和山西离家比较近，想把这些留给她们。我觉得男生应该去一些条件相对恶劣的地方，自己也能承受得住。最后权衡之下选择了西藏。

当时去了之后满心欢喜、非常开心，那个地方跟我想象中的差别还是挺大的，环境非常美，天空非常蓝，自然风光让我们震撼。包括整个学校的设施，也比我想象得要好很多。可以说，你永远不知道党和国家为了边疆发展、脱贫攻坚，到底付出了多少心血，只有亲自去了之后你才会发现，原来如此地处偏远、条件恶劣的地方，国家会不惜一切代价地来修路，做到村村通路、村村通电，村村通水，等等。学校里甚至有电脑、投影等比较完善的基础设施，这些是超出我的想象的。

对我们而言，刚开始去的时候身体会有高原反应，持续了大概有一个星期，熬过去就好了。基本上表现为上楼会有些喘，因为海拔比较高，气压比较低。总的来说第一印象还是非常棒、非常不错的。

采访组：您和同事当时主要承担哪些教学工作？

刘战强：我负责的是政治教学，一起的同学负责的是计算机教学。

我们教的是一个职业技术学校，学生们跟高校一样是分专业的，比如有畜牧、烹饪、幼师、农业、汽修等，专业设置还是很多的。再加上我们都是初来乍到，所以并不会教他们的专业课程，教的都是普遍意义上的副课。另外，由于学生的基础并不是特别好，所以我们必须事无巨细，比如要考虑学生实际水平来进行相应的备课，包括每节课跟他们讲什么、平常聊什么、让他们写什么、每次任务应该做什么等，这些在备课时都需要注意。刚开始的时候可能还不能完全摸清楚他们的底子，但是两节课下来，基本上就能按照他们的节奏进行相应备课了。

采访组：对于支教团而言，其实这一年很难给孩子们带来学业成绩上的提升，那在您看来，支教一年的意义在哪里呢？

刘战强：是的，用一年的时间把"学渣"变成"学霸"，这是基本不可能的事情，所以我们不会想着把学生视野变得特别广阔，或者做到使很多同学成绩实现突飞猛进。我认为我们需要做的是给他们树立正确的三观、一个力量标杆，这是我们着重需要做的事情。可以说，西部的孩子们在成长过程中可能很难遇到一个"特别厉害的、能力特别强"的楷模，我们需要做的就是努力成为这样能力素质过硬且道德水准高尚的楷模，为当地的学生立起一个标杆。当我们把这个标准立起来后，即便这一年没有教授特别实质性的东西，但我相信在他们人生的成长道路上，会向着你的背影前进，这是非常重要的。

从另一个角度而言，其实这一年收获更多的是我们，支教团成员的收获可能比学生要大很多。我们去到西部边疆，可以切身地感受到中国基层的社会面貌，可以了解党和国家为扶贫事业是怎样不惜一切代价去努力实现的，可以体会党和国家对于边疆治理的正确态度，对于民族团结的实行政策等，在了解这些以后，便会对整个国家有一个更加全面甚至更新的认识。

采访组：据我们所知，您在支教期间有给学生分发上一届志愿者写给学生的信件，可以请您介绍一下这一活动吗？

刘战强：是的，当时是党支部的联合活动，是上一届的党支部和北航航空学院的一个党支部合作举办的一个项目。学校与我们西藏的同学写信交流，相当于他们把信寄过来，然后我们再把信寄回去，相互交流。当然活动中也寄过来很多飞机模型等小礼物，还是挺好玩的，孩子们也很开心。

采访组：与这个联合活动类似，您当时的专业是民商法，在支教后也举办了民法典宣讲活动，这个活动的过程中您有哪些心得呢？西藏支教的经历让您在民族团结方面有哪些新的认识吗？

刘战强：据我了解，当时学校里面从来没有进行过类似的普法活动。因为我是法学专业的学生，我在授课的时候也经常给同学们讲法律问题，后来《中华人民共和国民法典》通过发布，被称为"社会生活的百科全书"，里面很多内容是比较全也是比较新的。我回到学校之后，下一届支教的同学想到我是学法律的，希望能一起开展一次普法活动，我当时又刚好在学校民法典宣讲团中，所以就做了一期民法典的常识普及。青春期的孩子，也确实是有必要了解和普及法律知识的。

我教的学生基本上都是藏族，汉族是很少的；藏族同学占了99%，只有一两个汉族学生。西藏同胞很多信仰佛教，性格也很温和，民风极其淳朴，生活和谐稳定，各族人民之间相处也非常融洽。而且我们能感受到党和国家对西藏发展的高度重视和支持，西藏的每个城市都会有各种以国内省份命名的路，比如说北京路、广西路、湖北路、湖南路，等等。为什么这样命名呢？因为这些都是各个省份援助过的痕迹。

采访组：在一年的生活中您有留下哪些印象深刻的事情或是感受吗？可以具体分享一下。

刘战强：先说下我的体重"从60公斤到70公斤"，这一年整整胖了20斤，因为在那里是一种没有任何压力的生活。在这里，藏族同胞非常单纯质朴，从他们甜蜜的笑容中能感觉到发自内心的开心。你走在大街上所有人都在对你笑，你可以对任何人笑，所有人也都会回敬你；你可以跟任何人寻求帮助，他们也会特别真心地来对你。那是一种情感舒适的环境，会让我们觉得非常舒服。

采访组：您现在在什么单位从事什么工作？为什么会走上现在的工作岗位，心路历程是怎样的呢？

刘战强：我现在在广西壮族自治区纪委监委工作。

我觉得从大学到研究生，就是一个逐渐认识自我的过程，让我们知道自己是一个什么样的人、适合什么样的工作、适合什么样的生活。这些过程经历下来我感觉我还是比较适合老师、公务员这样的工作。

另外加上我的阅历体会。我是在一个小县城里生活长大的，也包括西部支教这一年，对社会基层状态也有自己的认识和体会。我觉得我可以去尝试努力为社会作贡献，为提升和改变社会现状尽心尽力，而且我个人不是一个对生活要求很高的人，对金钱名利、生活质量需求也并不看重，所以我就选择了报考公务员，看到广西的这个机会也很不错，于是就来工作了。

采访组：面对即将出发的新一届研究生支教团，有没有想说的话？

刘战强：一是要注意安全。大家的人身安全与健康永远是第一位的。

二是态度一定要端正。大家要把自己的姿态放低，把双脚放进泥土里，做到低调、接地气。

三是对待学生一定要有充满爱。老师是一个良心活，做的好与不好更多是凭良心干事。孩子们可能会调皮，但每位学生都有自己的闪光点，都有机会走出山区拥抱未来，我们一定要保持一颗敬畏之心，心怀感恩和爱去对待教育。

四是一定要多去基层转转，看一看中国的治理模式是怎样的、中国的基层是怎样的、北京和偏远地区的差异又是怎样的，了解一下西部人民的生活、他们的梦想是什么，他们的生活理念又有怎样差别，等等。多接触多交流，让自己的视野更广阔，让自己的观点更客观。

"希望越来越多的西藏孩子，能通过良好的教育学习知识技能，回来建设西藏、反哺西藏"

——第21届研究生支教团周国栋

如果我们真的要促进西藏发展，真真正正地要靠教育孩子。虽然各省援建都在支持西藏，但我觉得真正的逐步发展还是靠西藏人民自己，希望越来越多的西藏孩子，能通过良好的教育学习到很多知识技能，回来建设西藏、反哺西藏。

▲ 北京航空航天大学第 21 届研究生支教团成员周国栋（左）

采访对象：周国栋，北京航空航天大学第21届研究生支教团成员。2019—2020年在西藏山南职业技术学校参与支教工作。现为北京航空航天大学数学科学学院硕士研究生。

采访组：马文清

采访组：您为什么选择研究生支教团？本科阶段的学习和成长经历对做出这个选择有哪些促进作用吗？

周国栋：其实我第一次听到研究生支教团这个名字是在大二，辅导员跟我介绍的。我当时并没有放在心上，也没有想参加研究生支教团。到了大三面对各种选择的时候，我算是心血来潮，选择了研究生支教团。因为当时研支团的通知刚发下来，我看了一下具体招募流程，再回忆一下我自己的大学经历：大一大二我在数学学院学生会，一直参加当时数院学生会的一个小学支教项目，相当于一直在参加支教类的活动。所以我对支教活动相对比较熟悉，也比较有经验，而且我大学前半段一直坚持参加志愿活动，我觉得志愿活动对我个人成长或是整体素质的提高都是很有意义的，所以我最终还是下定了决心，报名了研究生支教团。报名后提交材料并且经过一系列选拔，最后成功入选，加入了研究生支教团。

采访组：为什么选择西藏作为服务地？亲朋师友支持你的决定吗？

周国栋：因为大家可能觉得，西藏是相对其他几个支教地而言更少人选择的地方，但我当时对几个地方做了综合考虑。我有一个学长参加过支教团，当时我去请教了他的意见。综合考虑之下，我觉得毕竟大家都是要出去支教一年的，西藏这个地方对我来说可能更有挑战性，更能锻炼自己，所以我下定决心选择了西藏。家人对于我的选择也是比较支持的，他们也相信这是经过我深思熟虑之后的决定。

采访组：是第一次去西藏吗？真正去到那里以后对西藏的初印象是怎样的，和一直的预期有出入吗？

周国栋：是的，去支教是我第一次踏入西藏，以前我对西藏的印象都来自影视作品，比如广阔的天地、蓝天白云，等等。刚到西藏时，我坐火车翻过唐古拉山口最后到达拉萨，刚下车的那一刻，我感觉和我的预期是有差别的。西藏并不是我在过去的影视作品中看到的相对落后的样貌，拉萨是现代化很高的城市。

当然我去之前是做了功课的，西藏会存在高原反应、空气稀薄等，我也做好了心理准备。直到现在我记忆还比较深，刚到西藏我推着行李跟着大部队走，仅仅推着行李走就已经有点喘不过气了，更何况跑步或做其他运动，当时我觉得适应这里的环境应该会需要相当长的时间。

生活条件方面，从我们刚下火车，到拉萨培训，然后再到我们的服务地山南市乃东区，生活条件并没有我们想象中的那么艰苦。主要的挑战还是体现在教学工作上，我们首先开展的培训在西藏的一个中学里，可以看到设备、校舍、教学楼的条件都是比较好的，大家对未来的支教生活都比较期待。但真正对接山南市职业技术学校，看到当地孩子们整体教育水平比较差，感觉可能没有预想的那样平稳顺利，自己要面临教书上的考验困难了。

还有关于发展。待在拉萨的那段时间，你会发现大街上形形色色的藏族人和汉族人正常地互通有无，包括在大街有穿着僧侣衣服的僧人。在西藏有很多的四川人、重庆人，所以说藏族人的生活习惯整体上也会受到四川人和重庆人的影响，饮食是很辣的、偏向于四川口味，整体来说我觉得西藏的民族团结工作做得特别好。

采访组：请您介绍一下自己和伙伴的工作内容。

周国栋：我们西藏分队一共两个人，我和我的队友除了教学工作之外，还跟随负责老师分担学校团委的一些工作，整体上看教学和行政的工作是五五开的，两者压力差不多。

教学工作方面，我们所在的职校并不像普通初中或高中一样学习数理化、历史地理生物的课程，学生主课除了语数英，更多是偏向于职业技术。因为我是数学专业的，所以当时学校给我安排的教学科目就是数学，还有现代教学技术应用，类似于我们初高中的微机课，更偏向于微机应用。当时我教的几个班是学前教育班，就是学习计算机的教育技术，以后应用到学前教育、幼儿园教育中，这对我还是有一定考验的。数学方面的教学我并没有问题，但是微机课确实比较陌生，所以我还是经过了较长时间，向当地老师了解这种课具体怎么教，怎么样进行备课、查阅资料，等等。

▲周国栋开展课堂教学

行政活动方面，主要集中在学校团委的工作，基本与学生相关的活动都是由校团委负责统筹的，包括演讲比赛、合唱比赛、晚会等。我们也参与了很多工作，我记得当时学校的社团重新开始建立，我和我的队友也参与到社团活动中，带领他们做一些相关工作，例如篮球运动之类的活动。

采访组：为了更好地投入支教工作，您做了哪些准备？

周国栋：在我们出发之前，校团委会组织我们开展为期一年的培训学习，包括去北航附中听课、试讲，请我们的前辈和附中老师为我们讲解作为一个新手老师，在以后支教过程中的工作要点、注意事项，等等。这个过程我学习到很多东西。除了支教团统一给我们安排的系列培训之外，出发前包括之后，我也咨询了之前在西藏山南支教的学长，询问他们支教工作需要提前做好的准备，并上网查询资料、看很多老师的网课，提前思考知识内容和思政方面的内容，我们作为老师怎样言传身教、真正影响到学生，等等。这些方面我们都做了很多准备。

▲第21届研究生支教团西藏山南分队

周国栋：毕竟是到了一个人生地不熟的地方，所有的东西都要从头开始适应，教学压力、工作压力也是存在的。在教学方面，我记得我当时一周有12节课；我舍友教政治还有一门别的课，一周有14节课，当时是一个年级的政治课由他来负责。再加上我们在校团委的一些工作，所以教学工作是有一定压力的。

▲ 支教团成员参与教师节主题活动

说到放松解压，我们当时是和整个西部计划志愿者大家庭一起来的山南，在相处的过程中，我们也认识了一些好朋友，西部计划志愿者在山南各政府部门工作，离我们也不远，生活中我们志愿者会经常聚到一起吃吃饭或者玩游戏。除此之外，支教学校团委的负责老师是汉族老师，对我们也非常照顾，平时会给我们带一些必要的生活用品，其他的藏族老师跟我们相处得也都特别融洽，整体来说压力是能得到很好疏解的。

采访组：在这一年的支教过程中，有什么令您记忆深刻的事情或人吗？可以和我们分享一些。

周国栋：打交道多的主要是学生，现在回想其实学生给我的初始印象并不好，因为当地中考分数相对很低的部分学生才会到山南职校学习技术，学生的文化知识基础知识较差，让我很吃惊，我教的是数学课，他们是高中生年龄段，我平时给他们讲课用的课本是初中数学知识补充，就是初中知识，而即使是这样，还是有相当一部分同学连

廿载芳华　弦歌不辍——北航研究生支教团二十年

加减法都算不利索，这给我留下了深刻的印象。

随着与他们的相处，我发现虽然他们的学习成绩没有那么好，平时也很调皮，我需要花相当一部分时间来维持课堂纪律，但与他们深入相处后令我的认知有所改观，印象很深。比如有一天我的课是最后一节课，班长就跟我说："老师，我们最后一节课能不能提前下课，因为我们班主任今天生日，我们想在最后一节课的时间里把班级布置一下，把班主任邀请过来给他过个生日。"我当时很感动，虽然这帮孩子很调皮，班主任对他们特别严厉，平时也经常批评惩罚他们，但是他们对老师的感情仍然是很深厚的。

支教学校以藏族老师为主，汉族老师很少，平时在双语环境下交流。藏族老师非常照顾我们，还记得我们刚到西藏不久，整体环境特别干燥，我们在屋子里睡觉，起床的时候嘴唇都是干裂的。当时有一个住在我们旁边的老师，第二天特意跑过来跟我们说："你们刚来西藏适不适应？我家里有一个多余的加湿器，你们刚来可能不适应，我把这个加湿器送给你们吧。"这样的事情还有很多，藏族老师对我们很关切，我们相处也很融洽。

采访组：2019年正值中华人民共和国70周年华诞，当地学校有没有组织开展相关的活动？您和支教团有参与其中吗？

周国栋：有的，2019年不仅是中华人民共和国成立70周年，也是西藏和平解放68周年，对于西藏来说是双喜临门，当地庆祝活动是很多的。比如我所在的学校对庆祝中华人民共和国成立70周年组织过演讲比赛、联欢晚会，还有一些歌唱比赛、歌咏比赛等，这些活动都是由学校团委牵头，我们研究生支教团全程参与。

除了这些活动之外，我在支教团的校团委相当于是负责老师，我和我的队员主动承担起上团课的任务，每学期至少会给学生上一次团课。经过我们前期选材和请教讨论，课程整体内容主要以推进爱国主义教育和民族团结教育为主，还有对于学生成长发展、考上大学的未来生活等一些简单的介绍，围绕这些主题开展进行的。

采访组：2020年初新冠疫情暴发，对支教团工作产生哪些影响？请介绍一下当时的情况。

周国栋：2019年夏天刚过去的时候，还没有新冠疫情，我们保持正常状态上课了一个学期，但下学期开始之前（2020年初）新冠疫情暴发。学校尝试进行了网课教学，但是由于当地孩子的家庭环境因素等，对网课的开展有一定影响，所以参与效果不是特别的理想。网课持续了大概不到一个月的时间，就开始在线下上课了。当时全国各地疫情都很厉害，但西藏整体防控比较好，人员流动不多，我们就正常入藏投入线下上课。所以当时疫情影响对授课进度影响并不大，主要是我们返回西藏的过程产生了阻碍，航班比较少，我当时是从西安转机，再到西藏，然后就是查验48小时核酸，进行了一定的防控措施。

采访组：第二学期支教团成员陆续返岗复课，您作为第一时间返岗的成员，当时面对疫情下的授课，您有哪些体会？

周国栋：虽然西藏的疫情防控措施执行得比较好，但我们同样也不敢松懈，按要求上课必须戴好口罩，也要在上课的时候随时提醒学生戴好口罩。在高原空气本身就比较稀薄的环境中，难免对呼吸有些影响，这对我们在生理上的影响还是比较大的，但是后来我们也慢慢适应了。另外，我和我的室友都是党员，我们的组织关系都转到了山南职校，作为党支部的一员，我们参与承担了校园各个地方的消杀工作。我记得大概是每周一，各个党支部都会安排在教室等场所进行消毒，等等。

采访组：从踏上青藏高原到结束服务期、返回学校，这一年的时间，您的心路历程是怎样的？

周国栋：在支教的这一年里，无论是心路历程还是个人成长方面，我真的是收获很多。在那样一个相对陌生的环境，我作为支教团队的一员、作为山南职校的一名老师，独立生活了一年。

一是对西藏的整体了解更加深刻，无论是自然环境，还是城市发展，都出乎想象；二是西藏整体教育程度对我的触动，如果要促进西藏持续发展，真真正正地要靠教育。虽然各省都在支持西藏发展，但我觉得关键还是要靠西藏人民自己。希望越来越多的西藏孩子，能通过良好的教育学习到很多知识技能，回来建设西藏、反哺西藏。所以我工作时的教学重心，也包括对当地的受教育程度的关心、对学生思想态度的引领等，我觉得这是非常关键的。

采访组：据我们所知，您现在承担学生辅导员工作，支教经历对您的辅导员工作有没有一定的帮助？

周国栋：我还在西藏的时候，就参加了学校辅导员的线上面试，然后正式成为数学学院的辅导员，一年支教对我的工作开展还是很有帮助的。

一是辅导员工作本质上也是带学生，虽然不是教授学业知识，但是西藏一年的支教经历，让我不仅仅是在教知识方面，更多是在思想引领上有了能力提升。这对无论是作为一名老师，还是一名辅导员，都是特别重要的。这一年的支教经历，教会了我如何与学生相处。二是我觉得我更加能理解他们这个年纪的想法，因为我当时教职高，高二高三的学生和大一的年龄段是相仿的，支教经历让我能了解在他们这个年龄段真正想要的是什么，我们如何进行更好地思想引领，更好地让他们接受等，我觉得这是我在西藏支教一年的经历对辅导员工作最有帮助的一个地方。

▲ 支教成员与职校老师

采访组：对现在以及未来加入研究生支教团的学弟学妹们，您有什么建议想要告诉他们？

周国栋：大家去一个比较艰苦的地方，首先要做好心理准备，那里肯定不会像你在学校和家里环境那么好，所以需要克服一定的困难，而且一定要勇于去面对困难。除此之外，大家作为支教老师去西部服务，要明白当地的教学资源是相对较差的，作为首都高校大学生，一定要在深刻了解到当地的基础情况后，仔细思考自己能为当地的孩子、当地的发展带来什么帮助，这是非常重要的。我们觉得做的比较好的，比如北航研究生支教团在宁夏，就是张晓磊那一批（第22届）在宁夏泾源举办航天文化节等类似活动，给当地的孩子传播航空航天知识，对当地学生开阔思维、让他们走出去真的很重要。

支教团还有一个活动，就是给宁夏的孩子们实现一个愿望。作为一个研究生支教团的老学长，返校之后我也参与了，给孩子买了一个文具套装，并给他们写了寄语，希望他们能够见识到更广阔的世界，走出去再回来建设好自己的家乡。

我对研究生支教团成员的想法也是这样，我们一定要思考，去到那里并不只是单纯地教完一年书就结束了。一定要好好想一想，我们能给当地带来什么，给孩子们带来什么，就像能把航空航天知识和一些能够开阔视野的内容带给孩子们，这些对他们的发展一定很有帮助。

"那厚重的土地，那无尽的雪山，那可爱的孩子们，我永远不会忘记，也永远不会离去"

——第22届研究生支教团

一年的支教已经成为我生命中不可或缺的一部分，它是我热忱的方向，是我成长的养料，是我向往的地方，是我终身的陪伴。那厚重的土地，那无尽的雪山，那可爱的孩子们，我永远不会忘记，也永远不会离去。

▲ 北京航空航天大学第 22 届研究生支教团

采访对象：靳树梁、马文清、李汶倩、李闪、夏守月、徐国辉、任永坤、李浩源、杨晓龙、冯琨、刘依凡、阿茹娜·叶尔肯、彭泰膺、张钰琦，北京航空航天大学第22届研究生支教团成员。2020年至2021年参与支教工作。现均为北京航空航天大学在读硕士研究生。

采访组：张晓磊

采访组：为什么选择加入研究生支教团？

马文清（宁夏泾源）：因为我大二暑假参加过短期支教，感觉很有意义，不过短期支教对于当地学生来说作用不是很大，我一直在等待一个能参加长期支教的机会。在学校下发研支团招募通知前，我考研一轮复习已经结束了，看到通知后我就想，不如试试看，选不上还能走考研的路，然后我通过了面试，加入了第22届研支团。

徐国辉（新疆吉木乃）：作为支教团的一员，我们总会被问及为什么选择支教。到一个完全陌生的环境接触另一群人。我觉得支教不仅仅是到一个陌生的地方，更多的是到自己不熟知的另一个领域，体会不一样的人生，学习不一样的精彩。支教会让我们真正地走到基层，目睹非城市的基础教育发展，甚至有机会参与基础教育建设。作为当代大学生，更是能学以致用，将自身的价值真正发挥出来。

采访组：出发前，做了哪些准备工作吗？在真正去到自己的服务地之前，心里有什么感受？

徐国辉（新疆吉木乃）：出发前，我们做了很多准备工作。因为都是初次参与社会工作中，特别是作为一名支教老师。我们需要做很大的身份转变，从一名学生到老师角色的转变。为此我们准备了很多，从集中培训，到看网络名师讲堂，再到试讲试演，再到教案书写，每一步我们都力求完美，但都难以克服紧张的心情。特别是我们遇到了新冠疫情，几乎没有时间到支教实地观摩学习，到岗即入岗。真真正正地用行动诠释了在学中做，在做中学。

李浩源（西藏山南）：我们西藏分队是最早到岗的，差不多是和学长们前后脚接力到的，因为时间非常仓促，基本上是刚把毕业快递回家的行李粗略整理了下就出发了。毕竟从未去过如此高海拔的地区，还是有些担心自己能否适应，出发前就一直在喝红景天，破壁颗粒超级苦，每次喝都经不住会"痛苦面具"，后来就自暴自弃地倒进嘴里直接加水冲下去，不过到达之后没有出现任何明显的反应，还是很不错的。那时候对当地学校的情况不是很了解，之前还接了几个活儿攒钱买了一个投影仪，寻思着可以给孩子们放露天电影。实际上学校里多媒体设备还是很齐全的，我准备的也没能用上。

▲ 第 22 届研究生支教团出征仪式

　　采访组：真正到了支教地，对那里的第一印象怎么样？和自己心里的预期相符吗？

　　马文清（宁夏泾源）：比我预想的要好，我们支教的学校门口就是一条街，旁边有商铺、饭店，快递点、邮局、卫生院都在这条街上，去县里的班车也在门口坐，交通、吃饭、看病、买药还是很方便的。学校的硬件设施也不错，有教学楼、宿舍楼、食堂和操场，教学楼有三层，有很多多功能教室，比如科学实验室、信息技术教室、音乐教室等，实验室里还有显微镜什么的，可惜学校没老师，这些捐助的器材和设施也没有老师带学生用。

　　教师宿舍也挺好的，有暖气、自来水，不过当地水质不是很好，接的自来水都要沉淀，而且我们只用来当生活用水，饮用水都是买的矿泉水。

徐国辉（新疆吉木乃）：到达支教地，我们的心情既兴奋又紧张。兴奋的是早就听说边塞风光优美，能到实地探访真的有被折服；但是又紧张，紧张的是对陌生地域的不熟悉，对新工作环境的不熟，对自身业务能力的审视。当我们到达吉木乃后，完全超出了想象。这里虽然小，但是没有一点想象中的"破败感"，相反建设得很繁华。

李浩源（西藏山南）："天好蓝！""星星仿佛伸手就能摸到！"这是我最初到达西藏时的印象，天空压得很低，仿佛星星月亮都要沉到身边来了，真的很美。而到学校的时候我有些惊讶，条件比我想象的好多了。多媒体设备齐全，各类功能教室、实训室也很齐全。后来知道学校里还有动物标本和植物标本的展览馆，真的很厉害。

李汶倩（山西中阳）：我现在依旧能清晰地记得，我和支教成员夏守月坐着同一辆火车前往吕梁，路途中一起畅想中阳县的样貌，会不会有黄土铺成的马路，会不会有砖头泥巴建成的教室与房屋。所以我的第一个印象就是惊喜，那里并没有想象中的黄土漫天，也没有泥瓦土房。县城的主路上悬挂着彩灯，道路两旁有着一栋栋崭新的楼房，这完全颠覆我想象的初印象，也给予了我更多在这里安心教学的理由。而对支教地的第二个印象就是热情好客，刚去的那天，校长开车到火车站接我们三个女生去学校，一路上和我们聊天，了解我们的生活状况及学习状况，关心我们是否能适应这里生活。学校的保安大哥们看到我们三个小姑娘是外地人也非常照顾我们，给我们介绍中阳县的情况，哪里有超市、哪里坐公交、哪里有当地特色的美食可以去尝试，等等。

彭泰膺（新疆吉木萨尔）：到达支教地感觉跟普通的县城并无两样，生活上相对便利，学校的教学设施现代化程度也很好，完全满足了我个人的授课要求。记得最清楚的就是当地的冬天非常冷，赶上下雪会看到茫茫的雪原有一部分的孩子家庭还倚赖烧煤取暖。小城的公交线路稀少，周边的人们大都还是靠着私家车和电动车通勤。当地的人们热情友善，完全没有任何治安隐患。

采访组：从新手教师到教学达人，这个过程中遇到哪些问题，经历过哪些故事？有没有这方面的经验可以和大家分享？

靳树梁（宁夏泾源）：现在想来，从没踏上过语文课讲台的我当时还是很慌张，一节课45分钟要怎么上呢？我的大脑一片空白。经过一个晚上的备课，我的第一堂语文课就来了，内容是《冀中地道战》第二课时，我给同学们做了简单的自我介绍，然后就有一个同学说了一句让我至今难忘的话，"老师，我们这一个月已经换了三个语文老师了！不会再换了吧？"那一刻我定住了，想到我上小学的时候每天都是想着这个老师我不喜欢，学校赶紧把他换掉，而在这个大山里面的孩子们期盼的是他们的老师可不可以不要换来换去。师资力量的匮乏是当地一个很突出的问题，我所在的服务地小学是该乡镇的中心小学，学生人数可以达到400多人，而一线教师不到20人，这一刻我也意识到了我们来这里支教的必要性。我马上回过神来，斩钉截铁地对孩子说："不会换了。"

课堂正式开始了，首先回顾了第一课时学习的生字词，然后紧接着第二张PPT，是一个地道战的视频短片。短片放完后，我问同学们："看完这个短片大家有什么感想吗？"结果全班鸦雀无声，我也开始有点慌，提前写好的教案也忘记了，赶紧翻开教案看了一眼……刚刚这个场景就是我第一节课的整个缩影，我对自己很是失望自责，为什么不多熟悉下教案，为什么不多查查相关资料，但是就算这节课再失败，我还是得向前看，因为现在我是孩子们唯一的语文老师了。第一节课后，我开始去旁听其他老师的课堂，然后再重新调整上课方式。语文课题组的老师给了我很大的帮助，我几乎什么问题都问，一篇课文分几个课时上？分别上什么内容？作业怎么布置？怎么批阅？他们都不厌其烦地回答我。渐渐地，我能自己把控上课的氛围和节奏，也能更清晰、简洁地将知识点传授给孩子们。

上课的问题克服了，接下来还有一个严峻的考验就是管理学生。

我开始学着在课堂上多设计一些有趣而又能够学习知识点的互动问题，试着发挥班级中先进生对后进生的帮助和监督，成立学习小组，设立明确的奖惩机制等。就这样，最后测试考试中我们班的成绩出乎意料地成了年级第一，真应了那句老话"功夫不负有心人"。我的教学工作也慢慢地步入正轨，也让我更加从容地站在讲台上，去陪伴着这个班级成长。

冯琨（新疆吉木萨尔）：面对着吉木萨尔县第三小学教师资源略有缺乏的现状，我们经过短暂的志愿者岗前培训后，到达学校当天便选定岗位，第二天就怀着期待与压力走上了三尺讲台，成为一名学生眼中的新老师、老师眼中的新"学生"。

面对这些活泼调皮的孩子，培优辅困分类教学、课堂记录管理、提高学习积极性成了我的首要任务。一年的时间说实话真的不长，首先，我采取发放奖品、奖状、制订约定为学生实现小梦想等奖励机制，类似于军令状的形式，提升学生学习积极性，激发渴望学习、向往知识的内在动力；其次，家校合力，对学生"萝卜加大棒"，千万不能仁慈但也要鼓励，每天在班级群里将整洁、准确的作业拍照表扬，让没有完成作业的孩子排队拍照发家长群，企图让孩子的家长们"内卷"，帮助孩子从完成作业开始将学习重视起来；此外，从作业里的每一个错字、拼音中找寻学生犯错的原因所在，针对性地布置个性化练习，一分一分帮学生找到提高的方法和提醒。学期结束，功夫不负有心人，班级语文平均分提升20分，在教学主责上交出了满意的答卷。让我坚信，一分付出，一分收获。

采访组：在一年的支教生活里中，有没有令你印象深刻的学生或者老师？和他们发生过哪些现在回想起来还很有意思的故事吗？

阿茹娜·叶尔肯（新疆吉木萨尔）：班里有两个小姑娘，名字很像。一个叫穆尼莎；一个叫娜菲沙。成绩也很像：一个倒数第一；一个倒数第二。有一次娜菲沙语文单元测试考了62分，她特别高兴地来找我说："老师我语文第一次及格！"后来我了解发现，这两个女孩爸爸妈妈工作都很繁忙，没空管孩子作业完成情况。老师和家长沟通之后，家长的做法就是把孩子打一顿，仿佛一顿棍棒之后孩子就能爱上学习。

于是这两个小孩放学后被我留在学校补习，等到她们爸爸妈妈下班了来接孩子。每天听写，从拼音到书写，从朗读到背诵。看着她们会写的字越来越多，和我诉说的故事越来越多，我的成就感也越来越高，直到期末考试两个人一个89分，一个81分。两个小丫头高兴得手舞足蹈，寒假过得舒心无比，想到那几个月每晚放学的补习，付出是真的有收获啊！

这是对我最大的鼓励，教育是什么呢？不放弃每一个孩子，相信和鼓励每一次进步，关关难过关关且过，前路漫漫前路亦灿灿。

还有一个故事。期中考试结束后，由于调动我成了四年级一个A班的语文任课老师兼班主任，舍不得六年级的学生，又必须完成自己被分配的工作，不能辜负学校对我的信任，我走进了年级组办公室。还没来得及问问前辈们该怎样教语文课，就有一堆学生跑来找我！"阿老师！×××和×××打起来了！"我倒吸了一口凉气，查看学生伤情，查明两个孩子动手打架的原因，联系家长去医院检查，批评教育学生写检查信……手忙脚乱处理完一系列解决步骤，这哥俩的关系该怎么恢复呢？望着两个眼泪汪汪都很委屈却又心不甘情不愿地跟对方道歉的孩子，不是爱打架吗！好！给我互相抱在一起！打架的小朋友要像石榴籽一样紧紧抱在一起！在

▲ 山西中阳分队成员进行教学备课

我镜头里两个孩子不好意思地笑着，抱紧了对方。

李汶倩（山西中阳）：有的。我先说学生吧，我平时叫她娜吟。这个女生在的班级是年级排名最后的班级，班里的纪律非常让代课老

师们头疼。但是在这个班里，大家都会听这个女生的话，纪律不好了，这个女生吼一嘴，大家就安静下来了。

在发现这个事情之后我也找这个女生课下交流了一下。我发现这个女生很懂事，表面上看起来大大咧咧的，其实就是一个很细心的"班级大姐姐"。班级上谁有什么事情她都知道，她很善于安慰同学，班里女生谁有个委屈都找她说。她性格开朗，讲道理也讲义气，和班级里的男生也能打成一片，所以在遇到班里的纪律问题，老师们也很爱找她来管纪律。

就是这个大大咧咧的女生也有她非常温柔细腻的一面，作为她的数学老师也作为她的"朋友"，我也成为她的"照顾对象"。比如要下雨的时候，她会提前提醒我记得带伞；晚上下晚自习的时候会跟我说回宿舍的路上小心路黑；天气变冷的时候还会告诉我要多加衣服，不要生病……这种事情太多了，她说"你看你们家长朋友也不在身边，一个人在外地，不能让你们觉得没人关心，就比如我，我来关心你"。

让我印象最深刻的老师就是杨永利老师，她是支教学校的英语老师，她上课永远面带微笑，在她的课堂中，学生们永远都最积极最踊，她也很擅长照顾学生情绪，对回答错误的学生也一直是微笑鼓励。她不光是一名英语老师，也是一名心理老师，中阳县成立了一个心理学会，杨老师就是其中重要成员之一，每周会和老师们一起学习心理学知识，并且一起讨论在课堂或生活中的困惑，为老师们排忧解难。而我也是受到杨老师的影响，加入了心理学会的大家庭中，向老师们学习到了很多换位思考的技巧，了解了很多当地学生的心理状况，为我后续支教工作提供了有力支持。

在生活中，杨老师也是一位非常爱笑的女生，因为都是外地人，所以她平时也和我们一样住在学校里的教职工宿舍，和我们一起上下学、一起吃饭、一起聊天，我们在一起就是四个姐妹一般，杨老师也把我们当成妹妹照顾，每到周末或者过节的时候都会在宿舍做一桌子好吃的饭菜招待我们，让我们身处异地同样能感受到家的温暖。

杨晓龙（西藏山南）：我有一个学生叫嘎玛杰布，他来自那曲，没有接受完整的小学数学教育，升到初中后也未能跟上数学学习进度。晚自习上，我打算让嘎玛杰布发一下作业本，他微低着头带着羞愧的语气跟我说："老师，我不认识大家的名字，班里同学的名字我只认识里面带有'嘎'字的。"此时我心灵深处受到了极大的震撼，但我还是强忍住了那种撼动。当时我想了很多，汉字认识这么少是如何学下去这么多门课？他在平时受到这种压力和茫然该有多少？我想鼓励一下他，于是就说："那你藏文课应该学得还不错吧！你最喜欢的课程是什么？"他说："数学。"我轻松地笑了，真实的欣慰和开心。我说："以后不管学什么，遇到不会读的汉字就拿字典查。没关系，学什么都是从不会开始的，我们每个人都是这样的，慢慢积累就好。"在数学课教学的过程中，我很早就发现很多学生的基础特别薄弱，有的甚至没有听过"分数"这个概念。我总是给他们一遍遍讲：不会没有关系，我们可以学。于是把这些概念逐一剖析，让学生能够理解为止。我想：我个人赋予支教的意义，并不是提高了这里的教学效率或成果，而是用自己的努力去帮助孩子们建立学习的信心和志向。

采访组：据我们所知，这一年大家在教学之外，在各个服务地做了很多志愿公益、课外实践、帮扶捐赠等其他的特色工作，大家可以谈谈相关的故事吗？在这些活动里大家有什么感受和体会？

刘依凡（新疆吉木萨尔）：在得知学校学生课外图书短缺后，我们迅速与北航沟通组建"航予'新'愿"图书捐赠活动。在校团委、人文学院的大力支持下，前后仅一周集中收集时间内，共募集图书1000本，涵盖科普、童话、散文、小说、绘本、名著等十余类少儿书籍，因为疫情原因，特别地进行了集中隔离、消毒。最终依托这些图书每周开展阅读兴趣小组。但孩子们在使用上还是纪律性较差，在把知识带给他们的同时，学习规范也是对他们未来发展非常重要的一部分。

冯琨（新疆吉木萨尔）：仅仅在学习成绩上帮助他们是远远不够的，我们更重要的任务是在他们心中埋下向往科学、向往知识的种子。由此，我们举办了首届航空航天文化节系列活动，历经两月时间，包括兴趣小组、航模试飞、知识竞赛、与附小共上一堂课、打造航空航天展示区等，并有幸请到了北航校友、嫦娥五号副总设计师彭兢师兄到学校做讲座。但偶像效应是一时的，通过学校爱心师生的大力支持，我们打造了"航梦新缘"航空航天文化展示区，从航天历史回顾展板到航模展示，将课程上学习的知识带到了孩子们身边，让他们看得见、摸得着，并分批次带领全校学生讲解、观看。看到孩子们课间聚集在航模旁，一边指一边和旁边同学争执着这个是宇航员坐的、那个是放卫星的地方，我十分欣慰和感动。

▲ 嫦娥五号副总设计师彭兢在吉木萨尔县举办讲座

马文清（宁夏泾源）：因为我是北航国旗护卫队的一员，也在队里当过一年的分队长，所以在来宁夏之前，我就想着要组建以小学生为主体的国旗护卫队。队伍的选拔、训练、装备在当地学校、北航校团委以及各位伙伴们的支持下都变成了现实。就这样，第一支国旗护卫队就建立了。除了升旗过程中需要的队列动作，我也组织了一些娱乐活动，把我们北航国护的传统带到这里，带着他们唱军歌等。因为小学生国旗护卫队在泾源县是没有前例的，学校对护卫队也是非常重视，学生在一次次活动中也感受到护卫队给他们带来的不仅是责任，更是荣光，其他学生看到护卫队，也会觉得加入这支队伍是一件非常值得骄傲的事情，我也希望未来这支护卫队能把责任与荣光传承下去，成为学校最美丽的风景线。

除此之外，我们还组织了"你的心愿我来圆"活动，为200多个孩子实现了自己淳朴的新年心愿；组织了"航空航天兴趣周""航空航天趣味运动会"等活动，让孩子们在学知识、做航模、玩游戏中体会科学的魅力；还发起了"悦读成长计划"，为每个班级都配备了崭

▲ 宁夏泾源分队开展"航空航天兴趣周"活动

新的图书角等，这些都是我们这一年永远难忘的回忆。

李汶倩（山西中阳）：我们与校内实验室、学生社团合作举办了航空航天系列的主题系列讲座，并且申请到了"青少年STEM教育计划"科教支教团项目，在支教学校成立了科技社团，一是为了丰富同学们的课余生活；二是为了激发同学们的想象力与创造力。我们成立的科技社团采取的是"科教1+1"的教学模式，即为一周的科普理论知识与一周的学生实践操作，以数学、物理、滑雪、生物等学科作为立足点，紧扣生活与课本内容，讲授科学知识，帮助学生理解原理，通过小实验环节激发学生学习兴趣。科技社团在创办初期就有大量学生积极报名加入，通过这一学年活动的开展，同学们的正向反馈及评价，使得科技社团也在支教学校及当地得到了认可，我们也建立了图书角，等等。

举办这些活动过程并非都是一帆风顺，中间也克服了场地的限制性、学生的疲倦期等困难，但我心里一直想的就是要把这份工作进行下去，想把爱和希望播种在这片土地，为这里贡献一份属于自己的力量。还记得支教结束临走前，学生们偷偷问我说能不能把科技社团留下的请求，我心里只充满欣慰与欣喜。当我看到学生们在这份影响下一点一滴地进步与成长，就像看到了那颗希望的种子在不断生根发芽。

徐国辉（新疆吉木乃）：在教学外，吉木乃分团组织了北京游学，在吉木乃开展了普法宣讲、大学生活分享、学习经验分享、爱心捐赠等活动。与吉木乃其他志愿者一起，参加了县医院志愿等活动。参与这些工作的初衷，都是希望能尽自己所能，为吉木乃，为吉木乃的孩子们送去更多的美好。

特别是北京游学活动，因为在支教前就有北京游学的想法，看了其他组织进行外地学生北京研学的过程，根据吉木乃的实际情况，我们一起商讨了我们的计划。确立方案后，最大的问题就是研学资金，我们想通过微信公众号、腾讯公益、朋友圈等途径募集资金。在公众号一经发布，就有很多

▲宁夏泾源分队组织共建社会实践基地

热心人士捐款，有的是老队员，有的是关注西部地区的爱心人士，非常感动！资金募集得差不多后，我们和县直小学的领导说了我们的计划，当游学的小朋友听到自己要去北京，激动的心情溢于言表，都充满了期待，很开心。最后我们一起来到首都，短短几天在天安门看了升旗，走了北大北航，看了鸟巢，爬了长城……虽然这次规模并不大，但能帮一点是一点，在几位孩子心中埋下去看更广阔世界的种子，并在吉木乃分享，这就是我们行动的意义。

采访组：大家支教一年见证了脱贫攻坚的伟大胜利，也一起亲历了迎接建党百年的历史节点，这些让自己对支教工作有什么特别的体会吗？

张钰琦（新疆吉木萨尔）：我在新疆昌吉回族自治州吉木萨尔县吉木萨尔第三小学六年级任教，同办公室有一位来自距离新疆4000公里的厦门援疆教师，是一位老党员。他比我的父亲还年长一些，家中

廿载芳华 弦歌不辍——北航研究生支教团二十年

的小儿子正在上小学，时常在工作之余看到他和儿子视频通话，满脸都是宠溺，也会通过视频或者微信指导自己孩子的功课。有时会和这位援疆教师聊："为什么正在孩子需要你的时候来到新疆支援呢？"他总会看似无奈地说道"组织上给的任务"，但私下里却比任何人都用心，他总和我说对新疆的孩子又爱又气，爱他们的可爱聪明伶俐，气他们的调皮胡闹不用功。每次他在办公室批评学生，恨铁不成钢外加几分溺爱的语气让我总有种他在训自己儿子的错觉，我想他一定也是想念他同样在上小学的儿子，不禁将几分感情投入工作。

▲ 新疆吉木萨尔分队开展"航予心愿"图书捐赠

在新疆，总会有许多时刻心绪翻涌，可能是坐在办公桌前，看到电脑上写着"厦门南普陀寺慈善会捐赠"；可能是去政府办公楼，看到写着"福建省厦门市援建"；可能是去医院看病，中医院三个字旁写着一行小字"厦门援建"；可能是看到一位位援疆教师似乎有着诉不尽的苦和对家乡的思念，却对工作、对于学生倾尽心血，一丝不苟。每当这时，我们内心的责任感也重了几分。

今年，我们脱贫攻坚工作取得全面胜利，又正值建党百年重大历史节点。我想正是有他们——前仆后继、无私奉献的党员同志，来到中国最困难的地方，扎根这里，一年、两年、五年、十年，夜以继日地建设，西部才会崛起座座新城。一个人的力量是有限的，但正是有了在党领导下许许多多的党员同志，矢志不移地为共产主义事业而奋斗，才有今天取得的伟大成就。

杨晓龙（西藏山南）：跟着阿旺次仁老师（驻村老师）去了一趟职校的驻村点，8点出发一直到21点才返回学校。4500米的海拔、刺眼的阳光、甘洌的空气——这就是今天去到的驻村点——浪卡子县多却乡卡东村。50多户人家、近300名村民，生活在这片土地上。那些用石头砌的房子，紧凑地排列在一个小山丘下，看上去即使寒冬的狂风也无法撼动。与紧凑的村庄相对应的是排列整齐且开阔的农田以及拥抱天空的辽阔草场。这里的村民主要过着半农半牧的生产方式，村庄旁边的农田便是耕耘收获的地方，容易照料的黄牛和绵羊是主要的牲畜。四五个小时的车程，让驻村点和职校连接起来，让原本的陌生有了千丝万缕的联系。在离家很远的地方，驻村老师将奉献自己一年的时光，把本应陪伴家人、享受年华的日子奉献给了祖国的片片土地。

李汶倩（山西中阳）：深度贫困地区一直是脱贫攻坚的"重中之重，坚中之坚"，习近平总书记在山西考察时也曾主持召开深度贫困地区脱贫攻坚座谈会。中阳县是国家扶贫开发工作重点县，脱贫攻坚任务艰巨，五年来北航定点帮扶中阳县脱贫摘帽，在脱贫攻坚的关键节点，我们同样带着"老区不脱贫，北航不脱钩"的郑重承诺，义无反顾地前往吕梁山区，踏上这条支教扶贫路。

来到中阳县后，北航驻村第一书记韩庚老师也带我们去参观过阳坡村的新面貌，为我们介绍了阳坡村每一点一滴的变化，从0到1，再从1到100，这些努力是我们看不到的，但是他们却在扶贫路上留下了坚实有力的"北航足迹"。

贫困地区发展落后，教育更落后，当我真正参与到支教扶贫的大部队中，与学生进行深入交流后发现，这里大部分学生还是沉陷于学习不好就打工赚钱的思想中，所以脱贫不仅仅是经济贫困，更是要思想脱贫，可能这就是所谓的"扶贫必扶智"吧。

脱贫攻坚路上，教育一直被视为斩断穷根的治本之策，想要真正意义上帮助地域发展，必须要点亮教育的希望之光。所以在支教的这一年时间中，我也在不停地借助北航的教育资源，为当地学生开展系列讲座、科普活动、知识竞赛等活动，培养学习的兴趣，积极灌输学习才能自强的思想，只希望能通过自己的力量可以影响这些学生。

采访组：回想这一年，你觉得对自己最大的收获体现在哪里？有没有什么特别想对自己说的话？

李浩源（西藏山南）：有句话说得好："阅历决定一个人眼界的高度与思想的深度。"所有的经历都会成为一个人灵魂的一部分。我一直相信，真正去基层看一看，对于了解国家政策，培养爱国情怀，立志报效祖国有着非常重要的意义。我生自祖国的东海岸，去过云南的深山，走过西部的高原，接下来我希望有机会能去祖国的最北端走一走，遇见更多的人，看到更多的事。虽然我的生命卑微，散发不出多少光与热，但我也能竭尽全力地去倾听，去发声，去帮助我所能触及的人。这么说好像太玄乎了，但我实在很难用言语表达那些细微的、积攒起来的感受。意义的话就是积累了创作的素材，上升的话就是让我成了更好的自己。

杨晓龙（西藏山南）："缺氧不缺精神、艰苦不怕吃苦、海拔高境界更高。"——习近平总书记在中央第七次西藏工作座谈会上的叮嘱常常在我脑海回响，时刻警醒自己作为新时代青年所肩负的使命。然而，一年的时光仅仅让我对祖国的西部有一个基本的了解而已，对改变和促进西部的发展根本无从谈起。因此，在近一年的工作和学习中，我始终考虑未来能够为祖国西部的发展贡献一份力量，让自己人生的发展与祖国西部的发展并行同向。在经过这一年的支教后，我想自己应该能更好地投入到研究生阶段的学习和科研中，今后不断提升和促进自身的发展，以一个更好的姿态回馈社会、建设祖国。

任永坤（新疆吉木乃）：一年的支教已经成为我生命中不可或缺的一部分，它是我热忱的方向，是我成长的养料，是我向往的地方，是我终身的陪伴。那厚重的土地，那无尽的雪山，那可爱的孩子们，我永远不会忘记，也永远不会离去。

张钰琦（新疆吉木萨尔）：人生选择，难得机遇，纵横天下历练自己。路在脚下，心是火炬，建功立业大志不移。

李汶倩（山西中阳）：支教的意义并非你当下获得了什么，而是在于你给予了什么，只有将希望的种子播种在心中，才能在来年收获芬芳。

李闪（山西中阳）：一年的时间对你们的生活虽然是转瞬即逝的，但是对于孩子们来说是极为重要的高中三年中的三分之一，希望你们可以不负热爱，不负韶华！

李浩源（西藏山南）：我希望新一批的成员能珍惜每一天，即使一时未见其果，但你所做的每件事都是有它的意义和价值的，所有的积累终有一日会开出花来。愿薪火相传，带来星火燎原，亲爱的朋友们，加油！

夏守月（山西中阳）：放手去做，青春无悔！

"学生们真诚而热烈的爱会时不时跑出来，给我鼓励和勇气"

——第23届研究生支教团

学生们真诚而热烈的爱会时不时跑出来，给我鼓励和勇气。以后无论我走到哪里，都还记得有这么一群可爱的孩子，曾经度过的一段难忘的时光，会让我心中时常怀有爱，更包容地看待这个世界。

▲ 北京航空航天大学第 23 届研究生支教团

采访对象：刘世博、蔡翼、王正楷、魏宇辰、陈新月、于宛禾、赵艺林、顾函珏、吴墨多、李甘洛、胡廷叶枝、窦振兴、李彦桦、王是、王致远、李沛然、姜一铭、王雪莹、武郢雪、郑涵文，北京航空航天大学第23届研究生支教团成员。现（2021年至2022年）正在各支教地进行支教工作。

采访组：张晓磊，舒婧焱

采访组：为什么想到选择研究生支教团？

王雪莹（山西中阳）：为了给自己一年慢下来的时间。从小到大时间飞速，从没时间慢下来好好思考自己以后想做什么，除了学习自己还能做成什么事情。这一年对我来说是一个很好的机会，可以远离原本的生活轨道，安静地专一地做一件事，也有时间慢慢思考自己的过去、现在和未来。自己能给别人带来什么。到目前来说，整体的感觉非常棒，换一种新的方式证明自己的价值。

为了看着外面的世界。常说"用一年不长的时间做一件终生难忘的事"，确实如此。支教是一个非常好的机会，在给别人带来新的信息和生活方式同时，也去感受别人的思维和生活方式。在这个机会下，既受到学校的保护，又一定程度感受社会工作，跳出原有的生活圈，去看看别人的生活。

顾函珏（宁夏泾源）：我上高一的时候，学校里有两位研究生支教团的老师，这是我第一次接触"支教"这个词。那时候觉得他们很像彩色的跳跳糖，有活力且新奇；高中毕业的假期我尝试给学弟学妹补课，用了一个月的时间，体会到了"成为一名教师"的快乐；大一大二的暑假我参加了暑期社会实践支教队，在云南昭通的一个小山村里度过了两个难忘的暑假，开始感悟到支教对于贫困地区孩子的意义。回到学校，我把"去一个地方长期支教"列入了人生清单，我也想成为别人的"跳跳糖"。

大三那年的9月，和我一起暑期支教的学姐入选了第22届研究生支教团，她和我说："如果一生一定要去支教一次，那为什么不选现在呢？"如果人生计划中有支教这件事，不用等以后，现在就是最好的时间。所以我选择了支教，成为第23届研究生支教团的一员。

于宛禾（宁夏泾源）：我的成长路上曾遇到许多良师。拿我高中时期的语文老师举例，这位老师训诂学出身，讲解文言文时会辅以古文字的演化，不仅注重知识的传授，也注重价值观的传递。毕业接近五年，尽管所学知识有些已经淡忘，但老师三年来的人文主义熏陶深深烙印于我的价值观中。我难以忘怀唐诗《茅屋为秋风所破歌》中"大庇天下寒士俱欢颜""吾庐独破受冻死亦足"的忧民之心，我也永远记得电影《菊次郎的夏天》中对人善恶两面的呈现。无论你在哪里、在做什么、拥有了什么，要记得常怀悲悯之心，做一个有温度的人——这就是老师赠予我最宝贵的东西，这也是教育的力量与魅力所在。我认为，教育是神圣的，教育的力量润物细无声，教育可以改变人的命运。作为一个北京小孩，我为自己可以享受优渥的教育资源感到幸运，感恩于自己所得，希望能够尽己所能，"得诸社会，还诸社会"。

也是因此，我自大二学年的寒假偶然知晓了西部计划研究生支教团后，一直有所关注。我希望自己可以接棒辛勤耕耘的园丁，用一年不长的时间，怀一颗赤子之心去从事一份足够神圣的工作。我祈望着可以在我的学生们心中埋下一颗种子，点燃他们对更大世界的向往。很幸运，支教团也选择了我，我获得了这个机会。

▲ 第23届研究生支教团出征仪式

采访组：出发前，做了哪些准备工作吗？是否因为疫情受到了一些影响？

赵艺林（新疆吉木乃）：不得不说的是，自从入选23届研究生支教团，我就开始了从一名高校学生向一名人民教师的身份转变。尽管大四一年的准备期间做了很多工作，但是真正即将踏上西部大地的时候，心中的忐忑与紧张不言而喻：上课怎么教学、怎么维持课堂纪律、如何负担起照顾只比我小不到10岁的孩子们的责任。北航人始终有着敢为人先的奋斗精神，面对未知困难的挑战更能激发我的探索欲，大美新疆的魅力深深吸引着我，终究还是向往的生活远远大过了忐忑的心情。

疫情给支教还是带来了不小的影响。8月初我的队友们已经陆陆续续抵达了新疆，开始了支教前期的培训和适应阶段。但是身处疫区的我并不能够前往，只能在家待命，直到8月底才能动身前往服务地，学校教职工开学的第一天凌晨才抵达学校，随即就投入学校的正常工作中。

疫情的另一个影响就是，援疆教师延迟抵达了将近两个月的时间，这两个月只能由学校老师超额代课维持学校的日常教学任务。当时我个人也是同时教授八年级、九年级毕业班的英语，课时繁多，而且跨年级代课也给刚刚成为教师的我带来了不小的压力与挑战，好在我及时适应了工作环境和工作氛围。

采访组：到达支教地后，对那里第一印象怎么样？有什么可以分享的故事吗？

王是（西藏山南）：7月25日从天津出发，在成都中转，经停甘孜州格萨尔机场，最后降落在贡嘎机场。从成都起飞后不久，窗外的风景就变得别具一格。白茫茫的雪山高低起伏，错落有致。蓝天白雪绘作画卷，不断刷新着我心目中自然之美的上限。经停甘孜时，舱门打开的一瞬间，我就明显感觉到呼吸困难。喘着粗气缓步穿过廊桥，进入候机大厅的那一刻，藏式装潢就告诉我，即使还在四川境内，但是我的西藏新生活已经拉开序幕。我默念着"西藏我来了",内心纵有万般喜悦,却只能用略微发白的嘴唇挤出一丝微笑。再度起飞的飞机最终呼啸着掠过雅鲁藏布江上空,降落在贡嘎机场。我坐上大巴前去拉萨火车站与项目办的接站人员汇和。急促的呼吸和加速的心跳让我不安,我找到随行的医务人员,他们给我测量心率和血氧之后表示情况正常。时值盛夏,21点多才日落。我坐着等待发车,望着天边的晚霞,手环上显示的心率依然居高不下。

今天的终点站是拉萨二高,全区所有志愿者都在此培训。学习之余一项重要的任务就是适应环境。西藏氧气含量低,体力自然也跟不上。搬行李上楼时,平日里重量不足挂齿的行李箱在西藏却让我们气喘吁吁,走走停停。26日早上醒来,因为缺氧而头痛欲裂,迫不得已去医务室领了两粒布洛芬。医生说一会吃一粒,晚上睡觉前再吃一粒。吃药之后睡一觉,醒来就恢复了元气。下午,我斜上铺的兄弟有点轻微的高反症状,头疼,呕吐。我看他比我严重,就把剩的那一粒布洛芬给了他。结果转天早上,他生龙活虎,我却头痛欲裂。这段让人啼笑皆非的小插曲让我俩结下了深厚的友谊。

7月28日集中培训结束后,我们跟随所有山南市西部计划志愿者从拉萨沿着雅鲁藏布江到了山南市乃东区。这时已经没有什么不适感了,只是搬运行李时还要气喘吁吁。沿途风景让我目不暇接,蓝天白云、绿水青山,每一帧都值得记录。沿途的天气也昭示着青藏高原上的风云变幻。在这段100多公里的路途中,时而烈日当空,时而阴云密布,时而阳光和煦,时而小雨淅沥。我们的支教地是山南市职业技术学校,坐落于乃东区泽当镇最西边,依山而建。宿舍是教师公寓,设施齐全。当时刚好赶上放暑假,所以学校里几乎没有人。我就这样在安静的校园里度过了第一个月。

姜一铭(山西中阳):我所在的山西支队的支教地在吕梁市中阳县,由于服务学校在县城,我们平时都在县城生活。县城坐落在吕梁山脉,沿河南北分布,南高北低,县城东西面都是依山而建。第一次在大山里生活,我们的宿舍也是傍山的,感觉还是比较新鲜的。当时刚过去的时候是8月，感觉气候也是比较凉爽的，当然后来入冬之后发现气温确实很低。中阳县有一家特别大的钢铁厂，进县的公路上绵延几公里都是钢厂，感觉十分震撼。钢铁厂为全县的建设作了不少贡献。我们在县城里逛的时候，感觉县城的各种配套非常齐全，购物方

▲ 新疆吉木乃分队开展教学辅导

面县里有几家比较大的超市。饮食方面，除了各种面馆以外，县城有很多火锅、烤鱼、烧烤甚至新式餐饮店。除此之外，还有公共运动馆，里面有篮球场、羽毛球场和乒乓球台。场馆设施很好，并且完全是免费的。晚上的时候，只要是逢年过节，钢铁厂小区的楼房外围都会亮起动态的灯光，公路上也会挂上大红灯笼张灯结彩，节日气氛十分浓厚。整体来说在县城生活十分方便，环境也不错，不过可能因为山里交通不便的原因，整体物价方面感觉和北京差不多。

采访组：支教一年中，有令你印象深刻的学生或者老师吗？有哪些很有意思的故事？

姜一铭（山西中阳）：我在中阳职中带高二年级的化学课。现在职业中学的生源不是很好，班级后排经常会出现睡觉或者其他不听课的现象。刚开学的时候我发现了这个现象，我就故意点了后排一个平时睡觉不听课的男生上黑板来做题，并且在旁边一步步小声引导他把题做了出来，做出来之后我问全班同学："他做得好不好？大家一起给他鼓掌！"后来全班都给他鼓掌，他后排那几个不听课的好兄弟最来劲，我跟他说你做得很好，希望你能再接再厉。我当时明显能感觉到他有点不好意思，但是他那节课后来一直竖起脑袋听课没有睡觉。再后来我在课上会经常注意他，他睡觉的次数明显少了，有时候还会认真记笔记。我也会经常鼓励他，让他给身边其他同学讲题。这在心

理学上叫皮格马利翁效应或者罗森塔尔效应，就是说人会朝他人所期望的方向发展。大致原理就是一开始我鼓励他，他接收到了就会学习努力一点。我看到他学习努力了就会继续鼓励他，他学习会再努力一点，形成一个良性循环。到期中考试的时候，他的成绩比年级平均分高了十分。我还任命他为学习小组的组长，希望他带动他周围的同学一起学习。

魏宇辰（新疆吉木萨尔）：有很多，比如我带的书法兴趣小组有个二年级的小男孩，特别调皮，别的同学安静坐着练字，他满教室乱窜，跟他的班主任了解了相关情况才知道他是单亲家庭，平时家长也在外地工作，常年住在家教老师家里，是那种很聪明但是很需要别人关注的小孩。一学期兴趣小组结束后，偶尔遇到他都会很礼貌地笑着跟我打招呼，问什么时候再上书法，真的让人又爱又气。这学期我成了他的副班主任，希望他会变得更好吧！还有国旗护卫队现在的队长，从第一次训练军姿开始就让我眼前一亮，后来的训练也证明了我的第一感觉，他是所有队员里训练最认真刻苦、动作最标准的一个。甚至在他的身上我看到了军人的影子。我一直以为他的父亲或者其他亲朋里面有军人，但后来一问确实没有，原来真的有这种与生俱来的气质。

窦振兴（新疆吉木乃）：刚来吉木乃县直小学这边的时候，我负责教授六年级二班和三班的数学，担任六年级三班的班主任。因为刚来这边就当班主任没什么经验，学校就让常娥老师来带我，教我怎么当班主任。常老师对我很好，我平时工作有什么不懂的地方问常老师，她也是很耐心地教我，并且告诉我怎么做，哪里需要注意，哪里需要做好，在刚来什么也不会的情境下，真的是帮了我大忙。还有跟我一起搭班的李玉珍老师，她负责教授六年级三班的语文，我早上一般不吃饭，她怕我饿，有时会给我带早餐吃，平时生活也很关心我，给我带各种好吃的。虽然后面因为援疆老师到了，我的工作岗位有所调整，不和这两位老师一起搭班了，但每回想起来，还是很感动。

采访组：大家支教一年亲历了建党百年的历史节点，迎来"脱贫攻坚"向"乡村振兴"的有机转化阶段，这些让自己的支教工作有什么独特的体会吗？

蔡翼（宁夏泾源）：泾源县是在2019年脱贫的，感受非常深的是学校孩子们的教学条件好了，多媒体教学设备非常丰富，也配备了智慧教室和创客教室。学生有机会接触到最先进的STEM教育，可以学习青少年编程，学习机器人操控，这些都是我在小学阶段没有机会接触到的。上学期学校也更换了新的塑胶篮球场，学生体育活动的条件也提升了，这对于泾源的孩子们来说是一个好事。

8月刚来的时候，参加团委举办的防电信诈骗宣传活动。到新民乡各户家中进行反诈宣传时，看到当地的年轻人大部分都去县里或外省打工了，产生了非常多的留守问题。脱贫攻坚之后，泾源的经济社会发展和群众生产生活条件比以往有了很大改善，但总体发展基础仍然薄弱，巩固好脱贫攻坚成果，才能实现脱贫攻坚向全面推进乡村振兴的平稳过渡。

李彦桦（新疆吉木乃）：我担任的是初二年级的语文老师，整个学期在庆祝建党百年的活动中，正好以英雄模范进校园为学期重要任务，我就带着初二学生了解共和国勋章、国家荣誉称号、七一勋章获得者的人物事迹和英雄故事。将这些英雄人物与课文结合到一起，穿插给同学们介绍。很多同学听到这些人物的故事时都忍不住感动，深有启发，觉得要踏实做好每一件事，像英雄模范那样坚守和奋斗。

王正楷（新疆吉木乃）：作为一年级三班的副班主任，同时作为一名党员，我经常会通过班会课的形式向孩子们讲述党的知识、党的故事。在十九届六中全会主题班会上，我给孩子们讲了党的"两个一百年"奋斗目标，告诉孩子们中国共产党的存在就是为了让我们百姓富起来，生活好起来。在让同学们了解党的初心使命的同时，也让我了解到党和国家为边疆偏远地区做出的艰苦卓绝的努力。在国家公祭日班会课上，我让孩子们向父母长辈询问30万这个数字的大小，对于刚刚认识数字的一年级孩子来说，这个数字之大甚至超出想象。很多孩子还不能理解，可我们依然要记住历史，发展军事力量。在他们的眼中，国家和国家之间应该像朋友一样，手拉着手一起进步。我犹豫了很久，没有否定这个观点，但我说朋友之间也会比赛，会掰手腕。我们希望和别人交朋友，

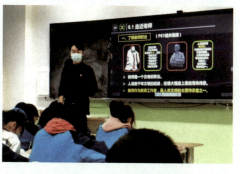

▲ 新疆吉木乃分队授课课堂

但也要有自我保护的能力才能不受欺负。对于孩子来说，世界是很简单的，只有大人知道，要发展壮大，是多么的来之不易。希望我们的国家继续强盛，也希望孩子们依然天真。

采访组： 支教的生活中有没有什么趣事？或者令你感悟深、值得回味的事？

吴墨多（新疆吉木萨尔）： 我们平时都是自己在厨房做饭，刚开始来的时候，我们的厨艺都仅限于不会把厨房搞成火灾现场。每天下班后吃什么就成了第一个难题，看着一冰箱的蔬菜、鸡蛋、肉，不知如何下手，我们5个人就一起在网上学习做饭，各自分工。没过多久，我们都各自有了拿手菜，时不时还要创新一下尝尝鲜。5个人在一起吃饭，最重要的就是要包一次饺子。我们包的饺子有大有小，有站着的，有坐着的，还有躺着的，各有各的特点。饺子熟了我们还要尝尝这些造型不一样的饺子到底哪个更好吃一些。最终我们达成了一致的观点，韭菜鸡蛋的最香！

顾函珏（宁夏泾源）： 上学期先后教了五个年级的课，认识了近400位学生，记住了其中一部分。我很喜欢小孩关于"爱"的表达，每个人的方式可能不太一样，但是都让我感受到了"真诚"和"热烈"，我最喜欢的两个关于"爱"的词。

一年级的爱很直接，如果有一个人跑过来抱住我，会立刻吸引全班小朋友扑过来，不管在哪儿遇到我都要问："老师，今天有你的课

吗？"二年级的小姑娘带了点胆怯，犹犹豫豫拉住我的手，然后笑开了花，不舍得松开。四年级的小姑娘会在下课之后和我说："老师，我让我妈妈给我剪了和你一样的发型。"六年级有人会最后一个离开电子琴教室，默默地帮我把谱子收好放整齐，害羞又认真地挥手和我说"老师再见"。也有眼睛亮晶晶的学生，认真听我讲完结束语，下课后跑过来问我："老师，我能不能抱抱你？"

学生们真诚而热烈的爱会时不时溢出来，给我鼓励和勇气，真是美好的回忆！

武郓雪（宁夏泾源）：我四年级的美术课代表，是个特别热爱画画的小女孩，经常让我帮她画幅画，她要收藏起来。还经常把没画完的画带回家画完，画工了得，总超前完成我布置的绘画任务。在一次美术课上，她突然跑到讲台上站在我面前，说能不能问我一个下学期的问题。我说你问吧，她笑嘻嘻地问下学期的课代表是谁呀。我立马脱口而出说还是你呀，说完又意识到是不是她不想继续当了。结果她笑得更开心了，说："好！"我想，一个小小的美术课代表，能够肯定孩子们对自己兴趣的坚定，对我来说很荣幸。

采访组：这一年在当地教学上有没有印象深刻的事？有哪些独特的体会、感受或者收获？

郑涵文（西藏山南）：一开始的教学并不是很顺利。我们的学校是中职，孩子们年龄普遍在15~16岁，且绝大部分的学生都是藏族，生活习惯和学习方式与我们小时候有着较大的差异。我带的四个班里，有两个班是汽车维修专业，而且全都是男孩子。有很多学生个头要比我高许多，一开始的课堂纪律管理起来非常困难。我尝试过很多方式，都不起作用，只能扯着嗓子把课讲下去。后来办公室里的老师来给我们出招：这里的孩子年龄比较大，有自己的想法，教书需要用学生们容易接受的方式。比如说播放一些科教视频，加入一些他们感兴趣的时事话题，增加个人或小组展示的机会，等等。听了老师们的意见之后，我改进了教学方式，课堂变得轻松愉快了很多，和孩子们的距离也渐渐拉近了。

姜一铭（山西中阳）：山西支队的所有成员在学校承担了行政岗位的工作，我在教师发展中心做干事。学校的教师发展中心是一个特别综合的部门，学校的教研和教务工作都是这个部门负责。学校每周六都会组织周测考试，我跟上一届来支教的学姐还有这边的学生交流，了解到这边的考试纪律不是很好，学生作弊、抄袭的现象相对严重，有的学生甚至带手机进考场拍照搜题。考试和监考的事务正好是我们部门负责，期中考试之前有一次动员会，教学副校长强调了监考期间不允许监考老师玩手机的事。动员会结束之后领导问有没有人还有想说的，我就举手了，说："我是新来的支教老师，我就想说一件事，我恳请各位老师在周测中认真监考。我相信各位老师都喜欢班里认真学习的学生，学生认真学习不会得到什么额外的好处，无非就是在每周的考试里取得一个好的成绩。你们想想如果我们监考的时候不认真，让有的学生抄袭，获得了和认真学习的学生一样甚至更高的分数，那是不是对认真学习的学生不公平。"我最后说："相信老师们也知道，如果全教室只有你一个人在讲课，没有任何一个学生抬头的时候，你是非常难受的。这些是在课堂上认真听课、给我们积极反馈的好学生，我们不能让那些好学生寒心。"我说完很多老师都鼓掌了，其实我当时还是比较忐忑的。后来有一天我在楼道里走，有个不是我带的班的女生叫住我，问我是不是北航来的支教老师。我说是，那个女生跟我说："老师，你上次监考好认真啊。"我说："这是应该的，每一名老师都应该认真监考。"她说："老师我知道，因为不认真监考对好学生不公平，对吧？"我听到之后感到挺欣慰的，因为这个女生当时肯定不在教师开的会上，一定是哪个老师后来跟她说的。老师能跟她说，说明这名老师绝对听进去了。我觉得有一名老师能听进去，就可能有好几名老师都能听进去，那么好几个考场的监考情况就有可能有改观。就算是只有一名老师听进去了，我觉得我也促成了些许改变。其实我知道我们几个支教老师力量挺渺小的，毕竟当地很多事都是"从来如此"，我想着就是能做一点改变就做一点，我每能做一点改变都挺高兴的。

李甘洛（新疆吉木萨尔）：关于在当地教学的体会，其实一开始说要当老师给学生们讲课，是非常忐忑的。来到这边后说让教科学，科学课都学过，但是没有给别人讲过。我们之前在北航试讲的时候也没人讲过科学课，结果一到这边就是"好，你就是老师了，要把这门课给支撑起来"。所以一开始我先向当地的老教师学习，踏踏实实地去做，在平常教学的过程中也难免会出一些小岔子。有时候学生在下面闹，还有上着课两个同学直接打起来的，都要及时去维持秩序。但是不管怎么说，磕磕绊绊地一个学期下来之后，最让我吃惊的是等第二学期再去的时候，在教师的开学仪式上，我居然得到了一个奖状，是"教学质量优秀奖"。获奖的原因是我教的一个班级在上学期期末考试取得了很大的进步。我都没想到同学们能取得这么大的进步，说明我的教学还是很有效的，也得到了当地教师的认可。

最深的体会就是，只要认认真真去做一件事，其实别人都能看到你的付出，看到你的努力，而且也能获得别人的认可。从学生的角度来看，感觉他们可能没有认真听讲，但是可能因为学生们喜欢上这节课，喜欢这个老师，反而从另一方面促进了学生们学这门课的动力，使得他们能够学好，看似他们没有好好听课，实际上学生们的注意力都被吸引过来了，我认为这是一种很好的方法——就是先让学生喜欢你，认同你，你才能够教导他，让他们接受你的观点和思想。在我今后的工作中，其实得到了一定的启示。

王致远（宁夏泾源）：在教学上我印象最深刻的感受就是付出和收获成正比。想要有好的课堂效果，就要付出精力和时间来备课，想要有好的成绩就要有同比的付出。在我刚刚成为五年级的数学老师后是紧张与兴奋并存的，紧张在于不清楚自己能否教好高年级，兴奋是由于固定教一个班级后我可以和这个班的同学有更多的沟通交流。最开始教课时我发现总是达不到我想要的课堂效果，同学们在第一节课积极回答问题后很快趋于平淡，响应老师的永远是前几排的那几位同学。同时会经常出现我讲完课程内容了却还没到下课时间，或者下课时间到了我却还没有讲完课的情况。于是，我开始抽出空余时间去听学校其他教师的课，去学习他们的节奏、对于课堂的把握，学习他们课程设置中的闪光点。同时，付出更多的时间去备课也使我逐渐摆脱紧张，能够更加游刃有余地把握课堂节奏。不管教学还是其他事情，付出和收获永远是成正比的。

采访组：据了解，这一年除教学之外，大家努力延续了往届支教团开展的品牌特色活动，如科技社团、航空航天节、国旗护卫队等，大家可以展开讲讲相关的故事吗？在这些工作中大家有什么感受和体会？

王雪莹（山西中阳）：比如借助心理协会的平台给学生开展美育课堂。当时给大家准备的是17、18世纪的欧洲美术史。讲之前进行了为期3—4天的大量资料查阅，汇总知识点，配合经典的画作，制作成PPT。前期自己也重温梳理了一遍美术史知识点。在讲解过程中，孩子们从自己的角度出发，通过自己对于画作的观察，谈谈自己看到了什么，哪里美等。随后我再与孩子们一讲解每幅画的时间、作者、创作背景、风格、画作故事，等等。孩子有时开心地大笑，有时惊吓尖叫，整个过程在讲解、提问、讨论的环境度过。但是也反映出一些问题。在讲到一些描绘人物形体之美的画作时，孩子们会不好意思、会惊讶，这正是说明孩子还没有学会正确客观地欣赏身体蕴涵的力量美，因此美育的教育还有很长的一段路要走。

刘世博（新疆吉木萨尔）：作为队长，我有责任接好上一届学长的接力棒，打响天山脚下的北航品牌。上学期我们除了组织日常的航空航天兴趣小组和国旗护卫队以外，还开展了"北航文化交流节"系列活动，充分联系北航校内资源。我邀请到了北航航模队的辅导员、北航罗阳剧团的团长给我们在线上举办了精彩的讲座。

我们发起了"温暖衣冬"活动，同时在线上和线下面向社会发起爱心号召，给贫困家庭的孩子购置冬装。活动一经发起大家纷纷响应，仅一天上午的爱心善款就纷至沓来。而活动背后我更想感谢的是陪我一起日夜奋战的队友，以及远在北航的同学们。北航蓝天志愿者

▲吉木萨尔县第三小学国旗护卫队

协会给我们的外场活动提供了场地和器材，北航传承之焰实践队的同学们帮助我们完成外场易拉宝的设计，并且将他们在外场售卖文创产品的善款悉数交给了我们。同时还要感谢材料学院上上下下的大力支持：和专职辅导员胡天豪以及图们书记的多次沟通，和负责"航小材"的王小宁学长彻夜修改，才使得我们这次活动能够顺利地开展。每每提起这些，眼泪总是抑制不住地夺眶：北航永远是我们的大后方！不论离家多远的游子，北航总会为他留一盏灯。这场爱心活动中，最令我动容的便是北航经管学院19级博士生党支部的何丹丹学姐，她通过我们的推送联系到我，有意愿代表经管BY1908党支部向我校捐赠1000元的青少年党史读物。当我问到她这种爱心的初衷时，她毫不犹豫地回答："因为学生们需要书，我们想埋下一颗红色的种子！"这大概就是北航人的担当吧！

魏宇辰（新疆吉木萨尔）：因为我们这一届支教团成员里只有我是国旗护卫队的，受到马文清学姐在宁夏组建国旗护卫队的激励，我来到吉木萨尔也希望把国护的火种带来这里，于是有了现在的吉木萨尔三小国旗护卫队。

9月开学之初我开始和书记沟通，和之前的学长交流，和德育处对接……真的可以说是"筚路蓝缕，以启山林"了。幸而我的提议很快得到学校的支持，由德育处和五年级体育组选出来的18人初代队伍很快组建起来，并确定每天下午大课间在旗台前进行训练。训练的过程也不是一帆风顺的，经过一学期将近60次的训练，他们升起旗来也像模像样了。

虽然还有很多缺憾，但是结果已经超出我的预期了！国旗护卫队宁夏篇的姊妹篇吉木萨尔篇由此诞生，我相信，这份支教国护地图还会继续不断点亮。新学期伊始，经历主力队员转学冲击的国护队即将在几天后的开学典礼上首次在全校面前亮相。期待他们的表现。今后，我们还会不断前进，每天升起肩上的国旗，更要每天升起心中的那面国旗！

胡廷叶枝（宁夏泾源）：我动手能力比较强，所以在北航特色科普周里负责火箭制作的授课和讲解。开始授课前一两个月我们宁夏分队就开始着手准备了，我也在准备火箭制作的课程。准备期间是很难熬的，比如火箭模型的制作，制作过程烦琐且教程简陋，很多细节步骤教程都教得很模糊，只能自己不断摸索。我记得试飞了三次都失败了。第一次失败是因为点火遥控器坏了，我们联系商家邮寄新点火遥控器后又开始第二次试飞。第二次也是按了点火后毫无反应，经过排查发现是引火线点不着。我们尝试

▲ 宁夏泾源分队开展火箭制作科普课

换不同的点火装置、不同的火箭装置还是毫无反应，最后发现是引火线的引火头损坏了。于是等新的引火线，第三次起飞成功了，但是降落伞烧坏了打不开，我回去后又查网上教学视频结合火箭残体，最后对火箭进行调整，终于我们内部试飞成功了。那一刻真的激动得跳起来，后面科普周教学和火箭发射都非常成功，真的很有成就感。

武郢雪（宁夏泾源）：除了教学之外，我们还做了县团委组织的一些志愿服务活动，比如到各个村里去挨家挨户推荐下载国家反诈APP等。作为新媒体艺术与设计学院学生，我还参与了三次墙绘志愿活动；同时在航空航天兴趣周活动中，我也承担宣传设计工作，设计的海报受到孩子们的热情喜爱和签名留念，也希望可以将这份海报所承载的珍贵记忆带回家珍藏。

虽然我并不是航空航天专业，但科普周也给我提供了一个和孩子们一同学习的机会。我主讲的内容是中国空间站，借助这次宝贵的机会，我查阅各种资料，挑选孩子们可能感兴趣的内容，同时让学生展开想象力，画出自己想象中的空间站中的生活。这节课上得非常顺利，孩子们一个个都瞪大眼睛，认真聆听，大胆发言，我觉得这是让我和孩子们共同进步成长的一堂课。

在传承开展的"你的心愿我来圆"活动中，让我印象深刻的是孩子们

▲ 西藏山南分队参与义务植树活动

心愿卡的制作，画面丰富，语言可爱，甚至还有一些自己设计的小机关，稚嫩的文字中，充满对学习的劲头和对生活的热爱。当几个大包裹终于在孩子们千盼万盼中漂洋过海地来到他们身边时，每个孩子都神情兴奋，我们也满足地笑了。小小的礼物可能价格并不值得一提，但来自远方的哥哥姐姐们的寄语和期盼，使这份礼物变得有了分量。希望孩子们能够带着这份爱为自己的学习或者兴趣爱好奋斗，最后得到自己想要的结果。

采访组：对后半程的支教工作有何计划？有哪些预期？或者希望这一年最大的收获在哪里？它们对你的未来有何意义？

王是（西藏山南）：我们带中职一年级，任务就是在这一年中为

孩子们打好基础。第一学期的期末考试很好地总结了这学期的阶段性成果。后半程要继续狠抓教学，争取结合期末成绩因材施教，保证孩子们在这一年中能够把知识学扎实，为将来中职三年级的总复习减轻负担。

我期望的收获就是孩子们都能取得进步。不求全员齐头并进，但求都能有所长进。也希望自己能够进一步得到教学工作和行政工作等多方面的锻炼，成为堪当大任的人才。

刘世博（新疆吉木萨尔）：支教一年，自教一生。人生二十载，有些在童年还未来得及体会的美好、还没有懂得的道理，这些可爱的孩子就像是我们的老师，用自己的童真给我们也上了一课。作为队长，这一年的支教生活让我收获颇丰。首先，锻炼了我的组织能力和交际能力，处理好与队友、学生、同事以及学校的老师们的关系是一门很深奥的学问。其次，在生活上充分培养了自己的独立能力，从在学校吃食堂到自食其力自给自足的生活，这种生活状态上的转变培养了我自主的能力。最后，支教是对我精神的一次洗礼，从小生活在都市的我，体会到了县城生活的不易，体会到了辛勤工作老师们的烦恼，让我切实地感受到我们国家精准扶贫的伟大，真是百闻不如一见！

顾函珏（宁夏泾源）：一是课程教学上，上学期开课较晚，只上了三分之一的内容，下学期想要争取把读本课高质量结课，让这门有意义的课程不要失去它的意义；二是课后服务，希望能够更系统地教给学生一些基础乐理，让当地学生有更多机会发掘爱好和自己身上的可能性；三是活动组织上，希望剩下的4个月能够再和队友一起留下一些出彩的活动，画出代表第23届支教团6个人的"标志符"；四是生活上，希望能更多地与当地老师和学生交流，看一看不同人不一样的精彩，也希望和队友们留下珍贵美好的回忆。

预期最大的收获用两个词概括：沟通和接纳。支教是一项需要与人打交道的活动，和队友、和学生、和同事，以及和各方为我们提供支持和帮助的团体，都需要沟通和交流，这也是我本身比较欠缺的一

二十年，我们走过

243

个点，过去的半年我在学会表达自我，逐渐变得外向一些，这是很大的收获。其次是接纳，接纳不同、接纳自己。来支教相当于换了个环境生活，气候、习俗都会和自己本来的成长环境有很大差别，会遇到很多差异。我认为接纳和尊重这些不同是未来人生的必修课，当我开始深刻理解"并不是每个人都要按我的标准生活"的同时，也就不会用死板的条条框框去束缚自己，接纳自己，更乐观地面对未来的每一天，这是我最大的收获。

▲山西中阳分队参与疫情防控工作

采访组：对研究生支教团的未来，对新一批成员，有什么寄语？

郑涵文（西藏山南）：哪怕是一只萤火虫，也要发出自己的光。希望支教团的同学们能够在支教当中保持旺盛的精力，同时照顾好自己的身体，度过一个无怨无悔的支教生活。

王雪莹（山西中阳）：韶华莫负，未来可期。希望下一批学弟学妹用心能享受未来一年的支教生活，用包容的心，积极付出，用心感受，面对生活，这里的支教生活定会给你留下人生中非常璀璨的记忆。

陈新月（新疆吉木萨尔）：希望新一批支教团的成员能够充分发扬北航人的奋斗精神，在支教地认真工作，奉献自我，为西部的教育事业贡献自己的力量。同时，在工作和生活中，可能会遇到很多不适应的问题，但是要保持乐观的心态，积极应对。

　　李彦桦（新疆吉木乃）：希望未来支教团能秉承服务西部、奉献西部的精神，克服初到支教地的不适应，融入当地，深入当地，恪守教师道德规范，将自己的知识传授给学生，让当地认识到北航人的精神和力量。

　　希望未来支教团的成员能像胡杨一样，狠狠扎根在西部土壤里，用自己的力量服务西部、奉献西部，将北航人坚韧的品格充分发扬，同时也要注意自己的安全，让青春在祖国最需要的地方绽放绚丽的花。

　　顾函珏（宁夏泾源）：希望每一位加入研究生支教团的朋友都可以在支教生活中更深刻地认识自己、感受生活，坚定自己的选择与热爱，度过一年难忘的时光。

二十年，一同见证

本篇选取北京航空航天大学研究生支教团各服务县相关单位、支教受众等十余位亲历代表的访谈实录，结合资料图片、新闻报道等进行梳理整合。

"希望通过支教团，在孩子们的心中埋下一颗'外面的世界'的种子，激励孩子们努力奋发图强"

——泾源县团委马杰、强蓓蓓、于建昌

十几年前的时候支教团各方面条件确实很艰苦。乡镇学校没有教师周转房、没有食堂，志愿者住在学生宿舍，一间屋子，中间放一张床，吃饭睡觉都在里面。做饭还要自己生火炉，最早的时候还没有通自来水，没有暖气，取暖也是靠自己烧火炉，被褥什么的都是自己带过来。条件很艰苦，但是他们也没有什么怨言。

▲ 宁夏回族自治区固原市泾源县团委书记马杰　　▲ 宁夏回族自治区固原市泾源县团委办公室主任强蓓蓓　　▲ 宁夏回族自治区固原市泾源县团委干事于建昌

采访对象：马杰，宁夏回族自治区固原市泾源县团委书记；强蓓蓓，宁夏回族自治区固原市泾源县团委办公室主任；于建昌，宁夏回族

自治区固原市泾源县团委干事，2009年起负责研究生支教团相关工作。

采访组：于宛禾，顾函珏，蔡翼

采访组：北航研究生支教团在2003年第一次来到泾源县，如今已经接续服务19年，当初的情况是怎样？

于建昌：十几年前的时候支教团各方面条件确实很艰苦。乡镇学校没有教师周转房、没有食堂，志愿者住在学生宿舍，一间屋子，中间放一张床，吃饭睡觉都在里面。做饭还要自己生火炉，最早的时候还没有通自来水，没有暖气，取暖也是靠自己烧火炉，被褥什么的都是自己带过来。条件很艰苦，但是他们也没有什么怨言。

我是2009年来到团委工作开始接触研究生支教团的。当时给我留下很深的印象是北航志愿者的纪律性非常强，从坐姿就能看出来。很认真很严肃对待这个事情，见到人就叫老师，非常有礼貌。研支团的志愿者每年到岗后会先在银川参加西部计划志愿者统一的培训，培训结束后第二天我负责把志愿者接回县里。他们都是早早就吃完早饭收拾好行李，到指定位置等着大巴来接，纪律性很强、素质高，用我们这边的话说就是很懂事。

▲ 泾源县团委与第18届研究生支教团

采访组：北航先后在泾源县服务过泾源一中、二中、兴盛乡学校、民族职业中学、大湾中学、泾源县高级中学、什字中学，县里是如何分配支教团服务地的，出于何种考量？

马杰：对于研究生支教团服务地的分配，每年团中央开始招募选派志愿者的时候，县项目办就与县教育体育局对接。根据我县各学区师资配备情况和学生人数情况，将研究生支教团安排在师资力量薄弱和教学水平较低的乡镇学校。目的就是把好的师资力量放到最需要和最紧缺的地方，将研究生支教团的作用发挥到最大，让每一位支教团成员在平凡的岗位上发光发热。

于建昌：2000年之后有两所高校派遣研究生支教团在泾源县服务，分别是北航大学和宁夏大学。分配主要服从教育局的统一安排，哪所学校需要人我们就派遣志愿者过去。研支团的志愿者特别受欢迎，各个学校都会争着去跟教育局申请，所以支教团服务地的流动性也特别强。"今年分到这所学校，明年分去另一所学校"的情况也是很常见的。直到2011年，考虑到支教服务连续性的问题，也是考虑到希望北航老师可以更好地发挥、挖掘母校的优势、特色，经同教育局、北航方面协商，才把北航研支团最终定点新民乡。新民乡是泾源最南部和偏远的一个乡镇，新民乡中心校又是当地相对体量最大的学校，学生基数大，所以做出了这样的安排。

采访组：2003年固原市被联合国评为最不适宜居住的地方，2019年泾源县脱贫摘帽，十几年间可谓发生了翻天覆地的变化，您作为其中的亲历者，如何看待泾源这些年的变化？

于建昌：泾源县这几年在国家政策的扶持下，地方经济发生了翻天覆地的变化。在青少年的成长教育上一个很明显的变化就是家庭经济能力跟上来了，愿意让孩子接受更好的、更多样化的教育。学校的基础教育设施配备更好了，师资力量也在逐步提升、升学率也在提高。

交通和通讯更加便捷，尤其是互联网兴起，孩子们能接触外面世界的方式变得越来越多，他们的眼界也会有所变化。刚开始北航的支教老师来这边，这些孩子都不敢主动和老师交流。最近这几年我每次去学校，看着小孩都主动和你们交流，很自然地和志愿者聊天，他们也不怕，就和支教团一起玩，这也是眼界变宽带来的一个变化。

强蓓蓓：这几年随着教育改革，师生和家长也都更重视学生的体育和美育，县里会经常举办运动会、艺术展演等活动，各乡镇学校也积极响应。新民乡那边还有个传统就是篮球队特别强，比较重视学生的体育训练。家长也更重视孩子的兴趣，学画画的、学乐器的、学体育的都有，多样化发展，学生整体素质提高了。

采访组：作为管理单位，泾源县团委对北航研究生支教团有什么期许？随着地区发展对支教团的期许有何改变？

于建昌：其实团委对支教团的期待一直没有变，希望可以给泾源带来一些"新的东西"。说句老实话，要说凭支教老师一年的时间给学校教学质量带来质的提升，这是不可能的事。所以我们一直希望支教老师能给当地的学校、一些老师和学生带来新的思想。比方说21世纪初的时候，学校上课用的板书都是粉笔字，即便安装了投影仪、电子白板等设施老师们也很难接受。那会儿我们就希望支教团可以带来新的教学方法，更加丰富的多媒体手段、远程教育，等等。再比方说根据成员的特长开设兴趣班，这些都是我们希望的。

要说现在有什么新的期待，我们希望可以进一步扩大支教团的影响力。现在互联网各种技术手段都发达了，支教老师的辐射范围完全可以不局限在新民一所学校，我们可以放眼全县的中小学，开设一些活动。泾源县也希望能和北航建立一些长效机制，比如以两年为周期带品学兼优的孩子走出去游学，也欢迎北航的大学生走进来。总的来说还是希望通过支教团，在孩子们的心中埋下一颗"外面的世界"的种子，激励孩子们努力奋发图强。

采访组：这些年来北航研究生支教团积极在服务中开展丰富多样的活动，有哪些让您印象深刻的工作？

马杰：最让我印象深刻的是研究生支教团每年开展的"你的心愿

我来圆"活动，据我了解，这项活动始于2012年，通过挖掘和打通校内外志愿公益渠道，收集支教团服务地学生新年心愿，携手蓝天志愿者协会将心愿卡通过线下、线上进行宣传，鼓励、带动校内外师生为服务地学生达成心愿。小举动大温暖，志愿者尽自己所能帮助困难儿童、留守儿童，为泾

▲ 泾源县团委组织第 19 届研究生支教团开展志愿活动

源经济社会高质量发展贡献青春力量。截至目前，此项活动已持续在泾源县开展了10年，累计为上千名孩子实现心愿，已成为研究生支教团品牌志愿服务活动。

于建昌：去年（2021年）研究生支教团在新民中心小学成立的国旗护卫队，给我的印象是比较深的。中小学校升国旗的形式在每个学校都是有的，但是如此正式的学生国旗护卫队在泾源还是第一次出现，是一次新奇的尝试。同时，成立国旗护卫队是一次生动的爱国主义教育，发挥了学生的主体作用，在潜移默化中引导学生树立国家意识，增进爱国情感。学生们在训练的过程中也能拥有自律的生活习惯以及不畏难的坚强品质。这项工作不但为祖国的71岁生日献上了一份礼物，也体现了支教团成员能够发挥特长优势，各尽其能的工作特点，还展现了泾源学子良好的精神风貌，希望支教团可以将它作为品牌项目，不断地传承发展！

采访组：习近平总书记2016年曾来到泾源县考察扶贫情况，此后县里发生了哪些变化？

于建昌：2016年7月18日，习近平总书记来到咱们泾源县的杨岭村考察，告诉大家"好日子是通过辛勤劳动得到的"。六年过去了，杨岭村简直是大变样，中国建材集团带着资金对口帮扶，江苏绿岩公

二十年，一同见证

司带着技术，在杨岭种下了千亩花海和观赏彩色牧草。产业的进入直接改变了村民的生活方式，曾经脏乱差的村容村貌绽放新颜，水泥路建起来了，打谷场变成了硬化的广场，学生也有了塑胶跑道。杨岭的发展可以说是泾源县脱贫攻坚的一个代表，而杨岭的发展成果也辐射到了整个泾源县。这些年来，泾源通过主导发展草畜、旅游、中蜂等产业实现经济发展和脱贫致富，同时广泛吸引社会投资，参与生态修复，发展新能源产业。脱贫之后，泾源县还大力推进"互联网＋教育"建设，在泾源率先实施"一拖二"网络在线同步课堂应用，实现了农村薄弱学校和县城优质学校同上一堂课。支教团现在服务的新民乡九年制学校不仅配备了100%的多媒体教室，还配置有创客教室。这些都是县里大力推进"互联网＋教育"的成果，也是泾源县这些年来发展的一个缩影。

▲2021年北航大学生社会实践基地授牌仪式

　　采访组：北航与泾源结缘已有20年，泾源县对北航研究生支教团今后的工作有哪些指导和期待？

　　马杰：研究生支教团之前的成绩大家有目共睹，但我希望在今后的日子里，继续踔厉奋发，笃行不怠。一是一如既往地把政治学习放在首位，注重对于学生的思想引领。二是继续立足教育岗位，狠抓教学质量。三是坚持做好品牌志愿服务项目，着手孵化新项目。四是与团县委和项目办保持密切联系，积极协助学校完成相关工作任务。五是打开宣传新思路，开拓宣传渠道，继续提升宣传力度。

希望研究生支教团成员继续秉承"奉献、友爱、互助、进步"的志愿服务精神，努力培养德智体美劳全面发展的社会主义建设者和接班人，为加快构建新发展格局提供人才和智力支撑，为继续建设经济繁荣、民族团结、环境优美、人民富裕的美丽新宁夏，为全面建设社会主义现代化贡献教育力量。

"希望来藏支教的青年们保持初心，用你们的热情和耐心教育西藏的孩子"

——山南市职业技术学校刘立、格列格桑

　　希望来藏支教的青年们保持初心，用你们的热情和耐心教育西藏的孩子，他们或许不够聪明，或许比较调皮，或许还没有远大的志向，但是希望你们的到来可以为他们的未来打开一扇窗。同时也希望你们的到来可以给我们的工作带来更多好的意见和建议，促进我们的发展与进步。祝愿你们可以顺利适应在山南职校的生活与工作，让自己的一年支教生涯有所收获。

▲ 西藏自治区山南市职业技术学校数学组组长格列洛桑　▲ 西藏自治区山南市职业技术学校团委副书记刘立

　　采访对象：刘立，西藏自治区山南市职业技术学校团委副书记，2018年起负责支教志愿者工作；格列洛桑，西藏自治区山南市职业技

术学校数学组组长。

采访组：王是

采访组：自2016年起，山南市职业技术学校已经迎来了六届来自北航的支教志愿者。请问您对来自北航的志愿者的总体印象如何？

刘立：来自北航的志愿者在工作中非常积极主动，面对全新的工作，他们表现出了较强的学习能力，短期内就可以融入学校的教育教学工作中。

格列洛桑：支教老师工作认真细致，积极参加我们数学组的教学教研活动。他们的知识面很广，见识丰富，特别是信息技术和互联网应用能力很强。以往数学的课堂上都是以板书为主，支教老师们利用多媒体课件引发学生的兴趣，这对我们有一定的启发。此外，他们也会和数学组的其他老师分享互联网上的优质教学资源。

采访组：2016年支教团定点开始，职校是什么样的情况，成员可以适应这些条件吗？

刘立：山南市职业技术学校的部分学生存在语言基础薄弱、知识基础不牢固的情况。志愿者虽然没有丰富的教学经历，但都能主动调整方式方法，积极与学生沟通，不断改善教学方案。他们的加入切实地充实了学科组的师资力量。山南职校建校已近50年，校园内一些基础设施较为老旧，志愿者面对较差的住宿条件从不抱怨，也从不给学校添麻烦。

采访组：支教老师能完成教学和相关工作任务吗？他们的表现如何？学校在科目分配、工作要求上是怎样考虑的？

刘立：支教老师承担的工作主要有教育教学和团委行政工作两方面。安排教学任务时倾向于给支教老师分配中职一年级的文化课或者专业入门课程，这样安排一方面确保了支教老师可以胜任这份工作，另一方面也希望支教老师可以帮助刚刚进入中职的学生规划学习生涯。团委行政工作包括了智慧团建管理、青年大学习统计、公文写作还有团学组织建设等方面。支教老师能够熟练运用电脑，为校团委的信息化建设作出了不小的贡献。

格列洛桑：支教老师在备课、课堂教学以及课后作业等各个方面都能按照学校的要求完成。西藏自治区情况特殊，山南职校的学生以农牧民子女为主，有些初中才开始接触普通话，所以普遍基础薄弱，此外语言的差异也导致他们的课堂接受能力稍弱。我们的支教老师即使缺乏教学经验，也总是会想尽办法克服困难，采取各种教学手段，结合民族区域教学特点，尽可能做到绝大多数同学学有所得。为了让学生掌握更多新理念新知识，他们一直努力把自己所掌握的知识毫无保留地教给学生。支教老师所带的班级成绩都有或多或少的提高，最近一次期末考试2021级的年级第一也是来自支教老师所带的班级。他们的工作积极性十分高，即使感冒了也要忍着身体不适上课，甚至还要坚持利用晚读为后进班级补课。此外在2021年下半年的期末考试中，王是主动承担了期末考试的出卷任务，试卷结构合理，受到数学组老师的好评。

支教老师刚刚上岗的时候普遍反映学生的实际情况与预想的差距很大，感到无从下手。但是他们十分虚心地向我们数学组的老师请教，了解学生的情况，学习课堂教学方法以及学生管理方法。他们还时常到数学组的办公室与其他老师沟通情况，互通有无，有时还会去我们老师们的课堂上旁听。短期内支教老师就能了解我们学校的教学特点，从而适应这里的教学工作。

采访组：这些年，山南职校对北航支教团在工作、生活等方面提供了哪些支持？

刘立：近些年，学校一方面根据志愿者生活中的实际需求为他们提供帮助；另一方面学校在下一步的建设规划中也考虑改善志愿者的居住条件。此外，志愿者在学校享受和正式老师一样的节日慰问等福利。

采访组：支教团在教学工作之余，为学校的日常管理、学生的全面发展等做了哪些工作？

刘立：教学之余，支教老师在学校党支部活动以及社区志愿服务等活动中也表现出了很高的积极性。2018届的田旺参加了学校的演讲比赛；2019届的刘嘉琦和周国栋参加了"少年强则国强"诗朗诵；2020届的李浩源和2021届的郑涵文主动担任了摄影社团指导老师；2020届的杨晓龙组织学生团员参加敬老院慰问演出；2021届的王是积极承担了学校治安巡逻以及行政值班等任务。

采访组：您对北航支教团有什么期许？您对北航支教团成员有什么想说的？对未来的工作有什么建议和希冀？

刘立：希望来藏支教的青年们保持初心，用你们的热情和耐心教育西藏的孩子，他们或许不够聪明，或许比较调皮，或许还没有远大的志向，但是希望你们的到来可以为他们的未来打开一扇窗。同时也希望你们的到来可以给我们的工作带来更多好的意见和建议，促进我们的发展与进步。祝愿你们可以顺利适应在山南职校的生活与工作，让自己的一年支教生涯有所收获。

格列洛桑：希望北航继续派遣优秀的知识分子支援西藏的教育教学工作，也希望北航的支教老师勇挑重担，接过接力棒，继续积极地参与到山南职校的教学教研工作中，并将更多先进的教学理念和方式方法带到山南职校与当地老师们一起分享。

"我见证了八九届的支教团的成员，一步一步走来，表现越来越好"

——泾源县新民学区中心校张伟

我认为这一年对于支教老师来说也是一个很宝贵的成长的经历，"用一年不长的时间，做一件终生难忘的事"，这就是对一年支教工作最好的总结。以后支教团可能也没有机会深入到祖国比较偏远的地方，是很难得难忘的经历。

采访对象：张伟，2013年开始在宁夏回族自治区固原市泾源县新民乡九年制学校任教。现任新民学区中心校教研员。

采访组：武郢雪，王致远，胡廷叶枝

采访组：您是哪一年来到新民工作的？那时就已经有北航研究生支教团在这里定点工作了，当年您对这些北航来的学生第一印象是什么样的？有没有什么值得分享的故事？

▲ 新民学区中心校教研员张伟

张伟：我是2013年来到新民乡九年制学校的，那时我刚刚毕业参加工作，因为很向往高校的生活，所以对北航来这里支教的老师感觉很亲切。那个时候我周末不回家住在学校，自己做饭吃，北航的支教老师就过来和我一起吃。他们对于饭菜不挑剔，我做的饭很受他们的欢迎。一来二往，熟络起来，我和他们因为生活上的沟通变得密切起来。因为年纪相仿，说话能说到一起，关系就逐渐近了。从这以后，我和北航来的支教老师相处起来就不再拘束了。

采访组：当初北航支教团定点新民乡九年制学校是怎样的情况？

张伟：2013年至2016年来泾源县这里支教的北航志愿者分成了两批，一批来我们新民乡九年制学校，另一批志愿者服务单位在其他学校。从2016年开始来宁夏泾源的北航支教团定点服务新民乡九年制学校，这是因为一是县里住宿条件不够，不能满足支教团的住宿；二是为了便于管理，将所有人分到一起定点服务，他们来到学校后和其他老师一样住在教师周转房。

2016年县城招聘走了很多老师，导致学校师资力量匮乏，所以这一届北航的支教老师开始带主课，这一届的6个人中有4个人带的都是主课，他们对于工作的态度很认真。尤其是团长给我的印象很深，他是一个能说会道性格很开朗的人，情商也很高，将团队带领得很团结。我和这一届北航支教老师的关系很不错，在工作不忙没事的时候会一起聊聊天，平常周末会出去约个饭，我们还专门建了约饭的群。从这一届开始我感觉北航支教老师在生活上也更加融入学校，和我们当地的老师沟通得比较密切。

采访组：当时学校是什么样的情况？支教团成员适应这些条件吗？期间有哪些故事吗？

张伟：我从下面的学校调到中心校这里之前，这里是九年制学校，有初中部和小学部。2013年乡里决定撤走初中部，从下面村里的小学抽老师到中心小学，集中全乡的力量办好中心小学，我就是那时候被调上来的，所以那时候教师数量还可以。学生数量有600多人，那时候乡里还有一些村子移民搬迁过来，所以学生也挺多的。

基础设施方面，因为宁夏地方比较小，国家的基础设施投入力度比较大，给了教育方面很大支持，所以基础设施方面建设得比较快。2013年，办公室有了电脑，教室里有了白板。2015年，教室开始配备一体机。那时候学校里有个别的功能室，但建设的不是很全面，教学用具之类的物品也很少，后来功能室逐渐建设完善。

学校信息化建设方面主要是靠支教老师支持。比如2017年学校的录播教室建成后，当地的老师们都不会用，就闲置了大半年。2018年支教团的团长接手后才开始用起来，并且教会了当地的老师如何使用。北航的支教老师对学校信息化的提高帮助特别大，这边老师技术能力不太强，都是靠支教老师帮助提高的。

▲ 新民乡九年制学校与第19届研究生支教团合影

采访组：这些年，学校对支教团在工作、生活等方面提供了哪些支持吗？

张伟：学校尽最大能力帮忙支教团解决工作生活上的问题。但北航老师们来之后需求也少，没有什么让学校帮忙的，很少麻烦学校。学校主要负责教育教学方面，志愿服务上支教团和县团委对接，活动需要依托学校的时候，学校积极配合对接。生活方面学校帮助的主要都是些小事情，比如说宿舍水管及时更换维修，还有志愿者来后分配相关房间，包括报销电费等。

采访组：支教团老师主要在学校承担哪些工作？在科目分配、工作要求上是怎样考虑的？

张伟：在学校教学方面，支教团老师有带主课也有带副科的。对带副科的老师学校要求力度不是很大，以主课质量提升为主。支教团的老师来了后，根据北航老师的特长分配副科，有教音乐、美术、科学的。支教团对学校副科教学的开展帮助很大，副科以帮助这边的学生提升兴趣为主，一步一个脚印，先挖掘学生的兴趣再因材施教。不管教的是主课还是副科，支教团老师们都能保质保量完成教学任务，大大超出了学校预期。通过和支教团老师、和学生沟通交流发现，比学校预期的效果还要好。

除了教学方面，支教团老师还在教务方面、信息化建设等方面给了学校很大帮助。给我印象很深的是2015年的支教团团长叫唐鹏飞，他出身于一个河北普通的农民家庭，作风特别朴素，到学校后很快就融入了进来。那一年是我刚开始当教务处主任，唐鹏飞帮助我带领学校一起做课题研究。主题是研究留守儿童，之后去县里汇报，得到县教育体育局副局长的大力肯定，唐鹏飞也被借调到局里工作了两周。那一年我刚刚开始当教务主任，很多东西不会，他们（支教团老师）给了我很大帮助和支持，是我成长很快的一年。

采访组：支教团老师能完成教学工作任务吗？他们的表现如何？支教老师和当地老师在教学方式等方面有什么特点？他们分别有哪些值得借鉴和需要改进的吗？

张伟：支教团老师教学方式的特点就是教学时比较喜欢延伸，因为他们知识很丰富，讲到一个问题后会进行延伸，给学生引入的课外知识比较多。另外在教副科像音乐、美术、计算机这些课的时候就更专业。支教团老师的教学风格很受孩子们喜欢，因为他们能够和孩子们打成一片，抓住孩子们的兴趣点。

我觉得支教团需要改进的地方，可能主要是缺乏经验，上课的过程中对教材的把握不够全面。教学还是一个专业性比较强的工作，每个学科都有它的课程标准。对于知识可以拓展，但拓展得太多就容易偏离教材的重难点。在讲课的过程中，比如数学讲一个面积公式，支教的老师可能不能把公式的本质和源头讲明白，因为他们会觉得就是这么回事，讲得不那么细，学生理解接受就比较困难。这是因为对于学生理解能力把握有偏差，但刚刚上讲台的新老师都有这个问题，这是需要经验积累来解决的，我认为一般需要三年的教学经验才能解决。但支教团老师的工作态度、工作精神绝对没有问题，像去年（2021年）支教团在这边带主课的老师，教案写得很详细很好，做得比有些当地老师还要好。

采访组：支教团在教学工作之余，为学校的日常管理、学生的全面发展等做了哪些工作？举办了哪些有意义的课外实践活动？您能不能介绍一下有关的情况？

张伟：支教团老师在学校活动举办方面也给了学校很大的帮助，学校的活动没有他们参与的话，质量会大打折扣。比如在六一文艺汇演中，北航老师们参与策划，担任评委，给学校工作减轻了很大负担。学校一些演讲比赛之类的活动也都有参与，起到了至关重要的作用。2017年何力洋那一届在校内举办了一个美术展，展出学生的各种手工制作。当时的手工课，支教老师在网上买材料，教学生制作了很多手工作品，还有美术专业的老师带着学生画画，都是北航老师负责策划安排收集的。学校里每一年的文化体育艺术周，田径篮球比赛等，支教团的老师都是参与者和策划者，他们发挥了各自的特长来服务学校、帮助学生。

由北航老师举办的活动给我印象比较深的是"你的心愿我来圆"。这个工作很麻烦，是学校这边的北航老师和北京异地对接，这几年来这个系列的活动搞得特别好，2017年活动完后还增加了一个环节，和北京一个小学共同举行了手把手活动，那边的孩子和这边的孩子通过视频通话交朋友沟通。这个活动特别用心，为新民的小学生们带来温暖和关爱。

课外实践活动方面北航的品牌活动也很多，像每一年都会举办的航空航天科普周。还有2021年建党

▲"悦读成长计划"图书角建成暨项目说明会

100周年学党史活动中，当时的团长张晓磊承担了一节道德与法治公开课，配合我为五、六年级开了两场专题讲座，讲党的百年奋斗史。他还招募社会捐赠，给学校每个班配了十几本文学类的书，带学生制作中共一大地址模型，对学生爱国主义教育帮助很大。除此之外，支教团积极发挥自身优势，为学校学生开展了"悦读成长计划"图书角捐赠等多项爱心帮扶活动。

采访组：学校对支教老师有哪些要求？从第一批到现在的支教团有哪些变化吗？有哪些方面的进步吗？

张伟：支教团的变化方面客观来说，就是一届比一届好。能够越来越深入地参与到学校的教学活动中，和学校沟通越来越好，配合学校的管理做得越来越好；同时自我约束自我管理更好，能够以"我是学校的一名老师"的定位要求自己。我见证了八九届的支教团的成员，一步一步走来真的有变化。现在支教团和学校的配合特别融洽，可以说是无话不谈。支教团的成员能够很快融入学校，融入教师团队中，这也是学校期望的。特别是最近这些年，每一届都能很快融入进来，大家性格也很开朗。

这几年北航对支教同学的考核也逐渐严格，支教的老师的综合素质、个人能力也越来越高。他们对学校工作的支持，对学校的帮助越来越大。同时北航支教团自主开展的活动越来越多，能够主动和学校

沟通，毕竟活动开展得越多对学生越好，能够让这边的学生更加全面地发展。以后的活动希望继续坚持下去，学校也会尽最大能力支持。

我认为这一年对于支教老师来说是很宝贵的成长的经历。"用一年不长的时间，做一件终生难忘的事"，这就是对一年支教工作最好的总结。以后支教团可能也没有机会深入到祖国比较偏远的地方，对每位成员来说都是很难得与难忘的经历。

▲ 第22届支教团总结座谈会暨"北航大学生社会实践基地"共建仪式

采访组：从学校和学区的角度，对支教团有什么期许？您对北航支教团成员有什么想说的？对未来的工作有什么建议和希冀？

张伟：对支教团期许就是要对自己有更高的要求，尽自己最大的努力，能用一年的时间，为这个学校、为祖国西部带来更多的帮助。

说到对未来工作的建议，因为西部山区还是相对缺少专业化的老师，像音乐、体育、美术之类的课程，希望能有更多专业性的支教老师来到这里。另外也希望更多的支教成员来到新民，为我们带来更多的支持。

总体来说，要感谢每一届支教团成员们。慢慢回想起来这些年确实发生了很多事，很多回忆涌上心头。

"我认为乡村振兴的灵魂和未来就在于教育，他们扎根在教育的第一线，为这些孩子们作出自己的贡献"

——中阳县阳坡村张建睿

　　我认为乡村振兴的灵魂和未来就在于教育，他们扎根在教育的第一线，为这些孩子们作出自己的贡献。因为如果只针对当下这一代中年人或者青年人来说，他们的潜力和进步的空间都是比较有限的。但如果我们把目光聚焦在孩子们身上，希望他们以后通过努力学习，考出大山，到更高的、更大的平台上去充实自己，这样才更有可能从根本上带动一个家庭、一个乡村、甚至一个乡镇、一个县的长足发展，提供源源不断的内生动力，并最终真正实现从输血式的帮扶到造血式的振兴的转变。

　　采访对象：张建睿，北航定点扶贫挂职干部。2021年任山西省中阳县阳坡村第一书记。

　　采访组：姜一铭，李沛然，王雪莹

▲ 北航定点扶贫挂职干部张建睿

　　采访组：请您自我介绍一下，讲一讲您在中阳县挂职的工作内容。

　　张建睿：工作内容主要有两个部分：第一个是配合北航挂职的副县长开展北航定点帮扶的相关工作；第二个是我所在村的定点帮扶工

作。我的主要工作对象是脱贫户，保证他们不会出现规模性返贫。具体以我们村来说，就是不出现一户有返贫的风险，同时尽量帮他们保障民生、增长收入。

采访组：您第一次听说北航研究生支教团是什么时候？

张建睿：第一次听说就比较早了。在我本科大三结束之后，我的同学就有来支教的。当时就听说了北航研究生支教团，也知道有人会到山西支教。

采访组：您已经和北航支教团两届山西分队有过接触，您对两支分队的第一印象分别是什么？平时生活中分别会有哪些接触呢？

张建睿：第一印象都是非常好，没有什么特别的印象，上一支队伍全是女生，这支队伍的第一印象是有男有女，男女搭配。

生活上大家平时经常一起吃吃饭，进行一些业余体育运动，也会跟我到处去转一转。因为都是身处在外地的北航人，大家经常一块儿活动丰富生活。比如说这一届的三个同学来了之后，我带他们去了中阳比较著名的高山草甸地貌的所在地——上顶山，也是中阳县海拔最高的地方，欣赏这边的自然风光。我还经常跟喜欢打篮球的同学一起约打球。

采访组：您和支教团有哪些工作上的合作经历呢？

张建睿：工作上会有一些接触，会相互配合、共同开展一些文化教育方面的活动。我们一起参加了县心理协会组织的儿童心灵驿站活动。每个同学都针对自己的擅长领域进行了主题分享，效果很不错。我们还会一起迎接一些北航来的社团，比如北斗巡星会，与他们一起在中阳县两所学校开展了天文知识与科普的讲座和实践活动。

采访组：您可以讲述一个您和支教团之间的故事吗？

张建睿：讲一个我们共同参加中阳县心理学会举办的儿童心灵驿

站系列活动的故事。起因是我先结识了心理学会的老师，然后受邀去参加了几次儿童心灵驿站活动。后来我把这个活动介绍给了支教团的三个同学，他们也表示很有兴趣。因为时间安排的原因我没能参加他们三个人负责组织的活动，但是看到家长群里面的反馈都非常好。而且让我感到非常意外的一点是本来是给他们三个人每人各自安排一堂课去讲，但其实每一次都是他们一人作为主讲、两人作为助教同时参加了活动，显示出他们非常的团结，也看出他们对这件事情非常的上心。三个队员都去的话，给这次参加活动的孩子们带来的收获肯定也是更多的，在活动中每个人都可以从不同的角度来开阔、丰富孩子们的视野。从这件事上我觉得他们是非常热心、专业，而且是非常团结的一个团队。

▲ 研究生支教团与张建睿共同参与定点扶贫活动

采访组：您作为北航定点帮扶中阳的亲历者，请您讲述一下六年来北航人在助力中阳县脱贫攻坚与乡村振兴中作出了哪些贡献。

张建睿：首先学校整体方面非常重视这件事。从学校的党委、领导，包括定点帮扶工作小组的各成员单位的领导，每年都会来中阳县做调研。想方设法从我们自身部门工作的角度来给定点帮扶工作出谋划策。具体来说，学校党委层面会定期派出挂职干部，挂职的副县长、第一书记，我们都是压茬交接，从来没有出现断档。从投入方面，学校投入了不少的人力、物力、财力在中阳县开展技能培训，开展党政干部培训，开展中小学教师和幼儿园教师的培训，提高当地思想教育方面水平。在产业方面，我们支持了一些富民产业，比如说各类的养殖、小米的种植、有机肥厂等，让村民们尽量多一些增收致富渠道。从县的角度出发，北航的挂职副县长负责招商引资，也负责电商平台的管理运营，同时通过直播帮助销售本地的农副产品，从多个角度来协助当地发展。在民生保障方面，我们在村里面办了老年照料中心，免费为70岁以上的老人们提供午餐和晚餐。我们办起了爱心超市，通过积分兑换的方式激发村民们积极参与集体公共事务的热情，推动乡风文明建设和移风易俗。总体来说，北航可以说是尽其所能，举全校之力来开展定点帮扶与乡村振兴工作。

采访组：您知道北航支教团六年来为中阳县脱贫攻坚和乡村振兴工作作出了哪些贡献呢？

张建睿：我感觉支教团还是非常辛苦的，他们的课程安排越来越满，承担的任务也是越来越多。支教老师除了讲好本班的课程之外，还承担了学校里很多的行政工作，总体来说非常的辛苦。我认为乡村振兴的灵魂和未来就在于教育，他们扎根在教育的第一线，作出自己的贡献。我们把目光聚焦在孩子们身上，希望他们通过努力学习，考出大山，到更高的、更大的平台上去充实自己。这样才更有可能从根本上带动一个家庭、一个乡村、甚至一个乡镇、一个县的长足发展，提供源源不断的内生动力，并最终真正实现从输血式的帮扶到造血式的振兴的转变。

采访组：您觉得北航研究生支教团还可以为中阳县乡村振兴工作的哪些方面作出贡献呢？

张建睿：我觉得有一个点是可以结合自己的自身专业。因为支教团的同学们都来自不同学院、有自己的专业所长，所以可以尽量跟自己的专业相结合作出一些贡献。除了承担日常的教学任务以外，比如我知道他们承担了语文、数学科目的教学任务，还可以做一些与自己专业相关的事情。如果是学理工科的，可以进行一些前沿知识的科普，组织学生们社团活动。也可以引入本学院的资源，请自己的同学或者学哥学姐、学弟学妹来这边参加组织一些活动。同时我们可以找到一些能跟乡村振兴工作契合的点，比如说美术方面，可以做美丽乡村相关的设计工作，帮助一些土特产的品牌做设计，设计专属的与北航相结合的标识，会让这边的产品更具特色，更有吸引力。

▲ 联合北航学生社团开展实践活动

采访组：您未来还有和支教团合作开展工作的计划吗？

张建睿：肯定是有的，我们会继续在科普教育方面进行合作，把优质的文化教育资源辐射给更多当地的孩子们。甚至以后在疫情条件允许的情况下，我们可以带队组织这边的孩子到北京去参观。不光是去北航，还可以带他们接触北京各种文化科技资源，来丰富视野、增长见识。这也是这边孩子们比较欠缺的，同时也比较需要的。

采访组：您对未来研究生支教团在乡村振兴方面的工作有什么样的期待呢？

张建睿：我期待他们能够开阔思路、加强创新。就像我刚刚提到的，除了完成本职教学工作之外，结合本专业特色开展一些有特点的工作，不要求多，可以做到小而精。

采访组：请您对北航支教团说一些寄语吧。

张建睿：党的十九大提出实施乡村振兴战略，而教育是乡村振兴的灵魂、希望和未来。在改变社会和推动社会变革中，最具有长久性、深度影响力、源头性改变力量的是教育。目前北航支教老师在服务学校中阳县职业中学校的支教工作面临很大的挑战，这种挑战不来自教学工作本身，而来自对学生心灵的唤醒。希望支教团能够在这一年的时间里，尽可能多地唤醒心灵、提供滋养，哪怕有一个学生从中获益，也不虚此行。

附：

扶贫路上的"北航足迹"

—— 北京航空航天大学定点帮扶中阳县脱贫摘帽五年纪实

（2021年1月31日《吕梁日报》）

"这几年，北航给我们阳坡村修了三条公路，现在出门方便多啦！""70岁以上的老年人能免费上灶，以后不用'三天做一顿、一顿吃三天'啦！""多亏了北航开设的扶贫车间，让我现在有了稳定工资"……

说起北航（北京航空航天大学），中阳县上到耄耋老人、下到妇孺稚童几乎无人不知。2015年12月，根据中央统一部署，北航定点帮扶中阳县。从此，一场跨越700公里的缘分使北航与中阳县心相连情相系，持续五年的接力攻坚战徐徐展开。

五年多来，北航的干部们满怀对吕梁革命老区人民的深情厚谊，秉持"老区不脱贫，北航不脱钩"的承诺和誓言，踏遍中阳的山山水水，叩访千家万户，在科技、产业、教育帮扶方面献智献策，在扶贫路上留下了坚实有力的"北航足迹"，创造了吕梁山扶贫的生动实践：2018年，中阳县脱贫摘帽；2020年，顺利通过国家脱贫攻坚普查。

"第一书记"驻村：一任接着一任干

下枣林乡阳坡村，是北航在中阳县的定点帮扶村。隆冬时节，暖阳照耀下的村庄很安静，看上去像被翻新过的老照片，好像时间忽然变旧，又好像是新的开始。

进村的山路，韩庚已经再熟悉不过。2019年4月，北航选派韩庚担任阳坡村第三任驻村"第一书记"。"你要记住去村里的路，这里就是你的家。"韩庚第一天去村里的时候，同行的村支书老许对他说。从那时起，这个从北航飞行器设计专业毕业的博士，便在阳坡村"安营扎寨"，跟这片黄土地打上了交道。

于是，村民们发现："爱心超市"让人们更加热爱集体活动了，"产业发展"让村民的腰包鼓起来了，"扶贫车间"让村民致富动力更足了，"照料中心"让留守老人心里踏实了……近两年的时间里，阳坡村一个个变化让村民们喜在心上。

"韩书记，你八九个月住在村里，想家不？"村民问。

"习惯了，我之前的两任'第一书记'，不也是这么一路走过来的吗？"韩庚回答。

村里的老人们记得清楚，曾经的阳坡村贫穷落后。由于劳动力短缺、技术缺乏、种粮收入低等原因，仅200多户人口的村子里，就有建档立卡贫困户近百户。

北航定点扶贫工作开展后，无论是首任"第一书记"梁帮龙，还是后来的冯维成、韩庚，到村后第一件事就是挨家挨户"串门"，田间炕头问询。五年来，三任"第一书记"用脚步和汗水写出的"民情日志"，变得越来越厚重……

"北航来的干部们把我们当亲人，还帮我找到了工作，这份恩情我永远不会忘。"贫困户许小宏激动地说。

因患有癫痫，许小宏一直没有固定工作。前两年，靠着村里"扶贫车间"承接下的磁芯元器件加工业务，许小宏在家里干活，每个月得到了1000多元的收入。

五年来，北航每一任驻村"第一书记"，用真情暖民心、以实干赢信任。如今，阳坡村已经发展形成了电子元件村级加工点、黄粉虫养殖、有机肥生产、小杂粮加工等多种主导产业。2020年，该村脱贫户人均收入13194元，比2014年翻了5倍，村集体收入超过50万元，阳坡村被确定为"吕梁市美丽宜居示范村"。这个山沟沟里的小村庄又一次向阳而生，焕发出迷人的光芒和色彩。

科技力量进县：转型注入了新动能

讲起现在的生活，阳坡村2017年就脱了贫的雷月爱笑得很灿烂，温暖了冬日的吕梁山。

"以前种地一年也就收入几千块，现在靠这个'小砣砣'，最多时一个月能挣4000多元呢！"51岁的雷月爱一家曾因学致贫，在北航三任"第一书记"的接力帮助下，她家依靠产业扶贫"翻了身"，成为脱贫示范户，日子过得越来越顺心。

把电子元件固定在专用架子上，用手中的穿线器牵引铜线，均匀缠上32圈，一个成品就做好了。雷月爱缠一个线圈挣三毛钱，其中一毛五来自北航补贴，另一半来自北航校友企业航电新能源。

扶贫的这几年，北航将一流的大学科技园办到了中阳县，建立了吕梁市北航中汇科技孵化器，筑巢引凤。雷月爱所在的唐山航电新能源公司等50余家企业先后入驻这里，为周边易地移民搬迁小区提供了1000余个工作岗位。

最初，北航与航电新能源公司合作，在阳坡村成立电子产品村级加工点。现在，阳坡村"村级加工点"的探索已陆续在中阳县多个贫困村推广，惠及众多贫困户，人们把这个电子元器件亲切地称为"北航砣砣"。

"现在产品升了级，做起来更快了，一天下来能做400多个。"雷月爱说，打心底里感谢北航的帮助。

此言此语，中阳县仁味仁有限公司总经理宋艳军深有同感："入驻孵化器后，我们当地企业不仅得到了场地、资金方面的支持，还有了北航生物学的专家教授作指导，我们在发展黄粉虫养殖产业的过程中就会顺利很多。"

"科技创新是北航的优势所在，是助力中阳这样的资源型地区'先飞'的翅膀。"北航选派中阳县挂职副县长田原说。

作为中阳县最大的民营企业、纳税大户，中阳钢铁公司目前面临着转型提质的挑战。2017年初，北航与中钢公司签约共建北航-中钢转型升级技术研发中心，帮助中钢公司建成了材料检测中心，并组织来自材料、能源、机械等学科专家与企业技术人才深度对接，在钢渣熔铸技术开发、高炉喷煤枪高寿技术开发等7个领域开展项目合作，共同申报了5项技术专利。

"大胆假设，小心求证。这就是理工科的思维模式。"田原表示，北航还发挥校友企业家资源优势帮扶中阳，引进劳动密集型兼技术密集型企业，既巩固脱贫成果又助力老区转型，可谓一箭双雕。

"中阳元素"赴京：观念有了新变化

对于雷月爱来说，北航的帮扶，"第一书记"的到来，不仅改变了她的生活，更改变了她的思想。

干"缠线圈"工作没多久后，雷月爱的小儿子从电力学校毕业了。该去哪里就业？一家人争执不下。就在这时，北航的招工启事让他们定了心。"去北京吧，那里有广阔的天地！走出大山见见世面，肯定没错！"

现在，雷月爱的小儿子成为北航后勤处的高压电工，"在学校食堂吃饭，管住宿还有五险一金，每个月能挣6000多元。"雷月爱全家人心满意足。

"授人鱼不如授人渔，授人渔更要授人欲"，贫困户有了内生动力，扶贫才能事半功倍。如今，阳坡村的村民们逐步"由内而外"接受了来自北京的观念，树立起"我要致富"的信念，积极主动地谋求发展：村支书许建忠带头种植泰椒、小杂粮，并积极拓展网络平台带货，让传统种植产业焕发出新生机；村主任雷杰云引入黄粉虫养殖项目入户，该项目还与北航"月宫一号"项目对接，黄粉虫养殖入驻了实验舱，加工成太空食品，登上了央视舞台……随着观念的转变，大家的钱包都鼓了起来。

五年里，越来越多的中阳干部群众去往北航，越来越多的北航师生来到中阳：北航设立了"中阳县定点扶贫服务站"，110名"中阳阿姨"在北航社区工作，月均收入超过4000元；许多中阳党政骨干在北航参加了党政管理干部培训班后表示"开阔了视野、提升了创新发展的意识"；北航实验学校与中阳学校合作，持续开展中小学师生互访和科教研互动……

　　"北航的挂职干部看到中阳的特色产品，建议发展'电商扶贫'，为农民增收开辟了新渠道。"中阳县政府有关领导认为，来自北航的挂职干部提升了政府的科学决策水平。

　　北航还深入挖掘中阳剪纸的核心元素，推进剪纸、刺绣、布贴等专业技术人才培训，并在北京高校推广剪纸、刺绣作品。中阳县的小米、木耳、柏籽羊肉等农产品也纷纷走进了北航食堂，越来越多的"中阳元素"通过北航的牵线走进了北京，走向了更大的市场。

　　"脱贫摘帽不是终点，而是新的契机和起点。我们将与中阳人民一起，继续巩固脱贫成果，为与全国同步进入全面小康社会而不懈努力！"田原表示。

"我真的非常感谢他们，支教团的到来带给我们一个新的世界，给了我上学的信念"

——泾源县新民乡九年制学校禹慧倩

对当初支教的老师，我真的非常感谢他们。我生长在这个地方，基本没怎么出去过，他们的到来带给我们一个新的世界，让我知道外面真的很好，给了我上学的信念。因为当地对上学重视程度并不高，特别是过去，很多孩子说不上学就不上了，感觉无所谓。我当时就有一个信念，我想说外面的世界那么好，想去外边看一看，我没有其他出路，只能通过上学。虽然成绩一直不是特别突出，但不管怎么样我还是坚持下来了。

采访对象：禹慧倩，宁夏回族自治区固原市泾源县新民乡人，2011年就读于新民乡九年制学校，受教于北航研究生支教团老师。毕业后回到母校，成为新民乡九年制学校的一名小学教师。

▲禹慧倩

采访组：武郓雪，王致远，胡廷叶枝

禹慧倩：有印象呀，我现在还留着当时支教老师的QQ号呢。我是2011年上的初一，那个时候就有北航的老师来任教了。我记得那年来了10个老师，其中有两个分配在我们学校。那时候这个学校还是九年制的。两个老师分别教授的是地理和政治这两门学科。我对他们的印象就是都很有亲和力，有时候一些话我不会跟班主任说，但是会跟支教老师交流，而且他们课教得也很好。比起当地的其他老师，我们之间的年龄相差要小些，所以和我们走得很近，像朋友一样。

采访组：在上学阶段，有没有印象很深刻的北航支教老师？有没有印象深刻的事？

禹慧倩：我对孙赫老师印象最深，记得因为她爸爸姓孙，她妈妈姓赫，所以起了这个名字。她当时虽然给我们讲的是地理课，但是每天晚自习会教我们英语。平常当我们遇到难的、不懂的知识点，不管是什么学科的问题，只要去办公室问她，她都会给我们耐心解答。并且她不仅仅给我们讲解了这道题，而且会利用课下时间，把这个知识点前前后后串联起来完整系统地给我们讲一遍。到最后基本上所有学科的问题我们问一遍，孙老师就给我们讲一遍。

那时候初中生是住校的，老师和学生们住一个楼，所以老师和学生感情特别好。我们封斋的时候，大晚上会去敲老师的门，和老师们一起吃东西。老师和我们一起体验封斋节，体验回族的习俗。老师们经常会在晚上给学生讲故事，讲老师们出去旅游的故事，讲在学校发生的故事。2011年的时候经济还不发达，智能手机也并不普及，一周就一次信息技术课，信息非常闭塞，所以当时对外界信息的获取途径基本都靠老师讲故事，然后看一看他们的照片。老师们还经常会拿自己的生活费给学生买礼物，买生活用品、学习用品，买衣服和鞋。我记得当时我同桌头上戴的一个特别漂亮的发卡就是老师给她买的。

那个时候我们周末经常会和老师们一起出去玩。我们会带着老师去周围爬山、去河里摸鱼，或者去水库边上转一圈。过圣祭的时候，我们还邀请老师们来村里和我们一起过节。夏天最高兴的就是老师和我们一起上山去摘草莓，山里的野草莓特别好吃，跟蓝莓差不多大，也没有核，爬山回来能收获满满一袋的野草莓。两个老师在他们支教完后的第二年还回来看我们了。

采访组：现在您大学毕业也选择成为一名老师，并且回到当时的母校工作，您怎么看待教师这个职业？做一名好教师您有哪些个人体会？

禹慧倩：我高中的时候完全没想过我会当老师，整个过程现在回想起来感觉挺神奇的。当时高考我选的理科，专业有一定限制，又因为我是回族，在外省工作的话，生活方面不太方便，所以本科就选择了小学教育专业。大学毕业后先去吴忠实习了半年，结束后我先后报名了西部教育计划和基层服务"三支一扶"项目，报的是泾源县。分单位地址的时候，因为看到我的户籍是新民乡的，就把我安排在新民乡，于是我就回到了这里。

我记得很清楚，当时我第一天报到的时候，学校老师不够，安排我帮忙监考一堂语文考试，到中午的时候又叫我去批改卷子。当时五年级没有老师，就剩下学校的王海宝老师和黄泰航（第21届支教团成员），因为黄泰航是北航数学系的，早就预定好让他教数学了。因为我是学师范类毕业的，校长问我说能不能带高年级的数学，我说可以，最后就让我带五年级三班的数学兼班主任，王老师带五年级一班，黄泰航带五年级二班。校长和王老师说的第一句话就是，你这个大哥带上小弟小妹，你们仨建个群好好交流。然后我天天在群里问黄泰航这个题怎么讲，那个题怎么讲，我们一起在群里请教王老师。

当时黄泰航干了一件让校长夸了他两个月的事，让我印象很深。当时学生做的练习册叫《学习之友》，比现在的练习册题要多，而且题的难度也高。黄泰航每天晚上都在办公室做这个习题，有时候22点才回宿舍。他会把练习册从头到尾，很认真地一字不落地做一遍，一道题有几种结题方式他就写几种，把自己感觉有疑惑或者讲不好的题全部罗列出来，去请教王海宝老师。当时这个事情校长了解到以后，每次开会的时候都会夸他。

对于做一名好教师我觉得真的好难，因为不光要教会孩子们知识，还要教育他们做人。我刚来的时候脾气还很大，中间不断学习，不断积攒经验，才掌握跟学生相处的办法。更麻烦的是有时候不只要教学生，还要教家长。比如网络平台的推广，要先给家长说清楚弄这个有什么好处、为什么要弄，努力去寻求家长的配合。最难的时候是疫情在家上网课的阶段，有些家庭有两三个孩子只有一部手机；有些孩子是跟爷爷奶奶住，老人不会用手机。一天上网课的只有不到一半学生，面临很多问题。

教师是个良心行业，同事们都很认真，尽自己最大努力帮助学生、教育学生。我之前看网上有些抨击学校和老师的，说学生在校没有好好学习，老师没有起到应尽的责任。但我觉得其实有时候真的是学生从小没有形成一个良好的思想思维，包括家庭的教育方式，对学生的成长真的影响很深。孩子的成长不能仅仅依托学校老师的教育，更需要家长的正确引导。

采访组：您以前跟北航支教老师是师生关系，现在是同事关系，您有什么新的体会？

禹慧倩：当学生我们体会最深的就是，不喜欢严厉的老师，喜欢管得松的老师。其实当初虽然是以学生的身份和北航老师打交道，但感觉他们更像是朋友。我们上课是师生，下课是朋友。现在成了同事，我来这里接触北航的老师已经是第三届了，我跟每一届处的关系还都挺不错的。

采访组：现在您在新民工作三年了，又和三届来自北航的支教老师成为同事，您觉得他们有哪些值得肯定和需要提升的地方吗？作何评价？

禹慧倩：我觉得支教老师的意志力比我们要坚定得多，我们干一件事情可能有时候就出现偷懒溜号的情况，但是支教老师不管是加班到多晚甚至凌晨3、4点，绝对会把这件事干完，而且还是绝对保质保量干完，我觉得这件事情是自己做不到的。

比如黄泰航做练习册，他有好几次叫我晚上一起去办公室备课学习，我自己确实都做不到。再比如我去年（2021年）的搭档张晓磊，他是第22届支教团团长，平时既完成北航统一的工作也有学校布置的任务，我基本上没见过他中午睡过觉，都是在办公室趴一会儿，然后在电脑上写好多东西。他去年办的活动也很多，在录播教室录的课也特别多。我记得他有一次录课到了凌晨4点，然后第二天早上还要早起做新的工作。还有一次是学校为他安排的一个任务，关于建党百年的主题课程，包括给学生讲解党的奋斗历史、教学生剪党旗剪党徽等，这个课他也认真准备了很长时间。在我的印象里，只要给他安排的任务，他都会认认真真地完成。我和他搭档让我感觉很好，平时偶尔商量调课什么的也很愉快，没什么矛盾。

采访组：您工作以后，三届北航支教老师先后在新民任教，其中有成员和您是同一学科组同事，还有成员和您搭档任教同一个班，您与他们的相处中有哪些印象深刻的故事吗？

禹慧倩：当时黄泰航特别搞笑，刚开春的时候，非让我带他们去爬山。我说这边的山不好爬，他不信。最后我们决定去爬旁边照明村的一个红土山，他还叫了其他4个男生一起。但是因为那个山上什么也没有，光秃秃的，很难爬，最后他们都是连滚带爬上去的。结果回来之后身上扎满了刺，浑身都是黄泥。晚上在宿舍有挑刺的，有洗衣服的，有刷鞋的。他还发了个朋友圈，说再也不爬没有开发过的山了。

张晓磊厨艺还挺好的，我吃过他做的饭，他还把靳树梁（第22届支教团成员）养"圆"了。我们还给团长张晓磊起了个外号叫"村主任"，因为他确实很像。刚开始来的时候还穿着大衣，戴条围巾，还挺像个北京大学生的。结果最后肚子圆鼓鼓的，脸还晒蜕皮了，也不怎么收拾自己了，就是妥妥一个村主任的形象。还有就是我和张晓磊互相"爆"对方的丑照，互相吐槽，还会拿对方的丑照做成表情包。

这里的学生都有给第22届的老师们起外号，靳树梁刚来的时候还挺瘦挺帅的，我们班学生就叫他帅老师；叫我搭档就是团长；王云帆因为很白，所以叫他白老师；然后马文清叫国旗老师。

采访组：您想对当年教过您课程的支教老师，和同事过的支教老师分别说些什么？

禹慧倩：对当初支教的老师，我真的非常感谢他们。我生长在这个地方，基本没怎么出去过，他们的到来带给我们一个新的世界，让我知道外面真的很好，给了我上学的信念。因为当地对上学重视程度并不高，特别是过去，很多孩子说不上学就不上了，感觉无所谓。我当时就有一个信念，我想说外面的世界那么好，想去外边看一看，我没有其他出路，只能通过上学。虽然成绩一直不是特别突出，但不管怎么样我还是坚持下来了。

对支教团老师我想说，希望以后能够多一些、再多一些，因为本来西部的教育资源就相对匮乏。支教老师来之后不仅能够给孩子们带来知识上的收获，还能带给他们一个希望，就像我一样，可以在心里有个信念，我感觉这是最重要的。不会因为他们的父母是农民，自己就这么混着过一辈子。让他们去外面看一看，要是有这种信念支撑的话，不管他学习成绩的好坏、以后从事什么工作，他们都会想往好的方向去努力，我觉得这可能是对他们来说最主要的。

"拿着高考填报志愿的手册，第一眼就看到了北京航空航天大学，这个名字让当时的我倍感亲切"

——新疆籍北航学生艾依巴提·加克斯勒克

　　拿着高考填报志愿的手册，翻各种学校的名单和专业时，第一眼就看到了北京航空航天大学，这个名字让当时的我倍感亲切！因为初中高中都有接触过北航来的支教学生，而且他们都是属于比较认真授课，教书育人的人。虽然没有到过北航，但是看到招生册上北航的名字，居然有一种特别亲切的熟悉感，像家人一样。所以报志愿的时候，看到北航，第一眼就感觉很亲切很熟悉。

　　采访对象：艾依巴提·加克斯勒克，哈萨克族，2011—2014年、2014—2017年分别就读于新疆维吾尔自治区阿勒泰地区吉木乃县初级中学、吉木乃县高级中学，是北航研究生支教团成员的学生。2018年进入北京航空航天大学

▲艾依巴提·加克斯勒克

计算机学院就读。

采访组：韩浩铖

采访组：当时您在读中学的时候，就有来自北航的支教老师到学校工作，您对研究生支教团的第一印象是怎样的？

艾依巴提·加克斯勒克：小时候在满是当地老师的学校里，出现过几张年轻的新面孔，小孩子都很好奇，就经常和朋友们围到办公室门口偷偷看来的新老师。新老师里男老师占大多数，现在想想可能因为北航男多女少。

这些新老师特别有朝气，对学生也很和蔼，经常和同学们打成一片，课间、午休和放学的时候经常看老师和同学们一起打篮球。感觉北航支教团的老师们特别阳光，也很亲切。大部分成员教体育，有几位教数学，每次上体育课的时候大家都很期待，因为支教团的老师们不凶大家，还会经常带我们玩儿游戏，看着就很阳光。这是我第一次近距离接触来自北京的大学生，当时自己还小，看着他们就会有一种向往，心里暗暗下决心以后也要去北京上大学。

采访组：现在回想起来，支教团的出现对您的学习和生活产生了哪些影响呢？

艾依巴提·加克斯勒克：很巧的是，在我初中和高中六年的学习期间，都有北航支教团的老师到我的学校授课。所以北京航空航天大学的名字在我十几岁时，一直是如雷贯耳。

我十五六岁就接触过北航支教团，当时北航支教团的老师们会开展一些关于北航宣传的讲座，经常播放关于北航校园的影像、视频、照片给我们看；上课期间或者课下和同学们聊天的时候也会提及在北京上大学丰富多彩的大学生活与课余活动。现在我还记得那些老师提及大学生活时候眼里散发出的光芒，同学们也会七嘴八舌地问很多问题，比如老师们有没有坐过飞机，有没有去过天安门之类的。我当时就很美慕和向往，现在看来选择到北航求学，或许就是当时埋下的种子。支教团的老师们当时也正值大学刚毕业之际，来到吉木乃，与我们的年龄差别不是很大，和同学们也很有共同话题。比起学校里面的老师来说，就与我们比较亲近，能够聊得来，我们会经常问他们一些大学生活这种向往但又不了解的事情。让自己对很多事情有了一些新的看法，有了这些观念以后，多多少少会在不同时期影响我做出的选择。

采访组：已经这么多年过去了，您现在还能回想起一些支教的老师吗？后面你们有再联系吗？

艾依巴提·加克斯勒克：能想起来一位叫初征的老师，我和他当时关系很好，他是个很阳光也很健谈的老师，和我们没有年龄差，我们经常一下课就围到他身边聊东聊西。西北的小孩喜欢比较热情大胆、不怕生的老师，初征老师不只教授体育课，还在学校教务处德育处办公，可以在学校大大小小的活动上见到他，同学们都会特别大声地喊"初老师！初老师"！

初征老师也丝毫没有架子，他经常和我们讲北航、讲自己的大学生活，我们向他了解了很多东西。当时我就挺想来北京看一看的，于是初老师会和我说很多北京好玩儿的、好吃的地方，并推荐我去一些景点。

后来高考我考上北航的时候，第一件事情就是去找了一下北航的校友群，在群里面问了一下有没有认识那一届初征老师的。后来听说初征老师和他的伙伴一起办了一个无人机公司，直到那时我才明白，人家不只教体育，原来是学无人机搞研究的，哈哈哈！

采访组：2018年您面临高考填报志愿的选择问题。您觉得自己最后选择来北航上大学，有没有受到研究生支教团的影响呢？

艾依巴提·加克斯勒克：其实北航支教团在我高考填报志愿的时候给我的影响蛮大的。我是很想来北京读大学的，除了家喻户晓的清华、北大，我对其他学校了解得并不多，当时自己也没有选学校的经验。拿着高考填报志愿的手册，翻阅各种学校的名单和专业时，第一眼就看到了北京航空航天大学，这个名字让当时的我倍感亲切！一下就想到初老师和其他支教团的老师们，我想能培养出这么多好老师的学校一定很不错。查了一下后才了解了北航的具体情况，北航是个非常低调的985高校，因此毫不犹豫将它填在了我的高考第一志愿上！

如今想想真的感觉非常有意义，曾经接受过北航支教团的讲课，现在又通过自己的努力进入北航学习。

采访组：您认为对您和当年身边的学生来说，研究生支教团的各位老师主要解决了什么问题呢？

艾依巴提·加克斯勒克：其实以我当时角度去看，一年的支教时长从教授课业和给学校的师资团队带来的改变或许作用不是很大，但是支教团的老师们给我们种下去睁眼看世界的火种，他们告诉我们读万卷书、行万里路的意义所在。因为这样一个团队在教学之余经常会给我们看一些视频，或者给我们讲一些大学的思想，这是一种很强的榜样力量，起到很好的引导作用，会让我们对外面的世界和未来有憧憬。

我现在回想起来也觉得就是当时看到的关于北航的宣传视频，听说的关于老师们在北京的生活学习，让我从精神上受到更多的鼓励和动力。现在听说支教老师好像教的科目更多了，但我们那时候在教学方面所涉及的科目并不多。虽然说现在有更方便的网络媒体，但是一般如果没有人让你去搜、去看大学视频，作为年少的我们是不会主动去看的。而支教团的存在，就是让所有人坐在一起，讲述一些经历、观看一些视频，这样的氛围感、这样的现实感体验是比较好的。

采访组：有没有一些和支教老师相处印象比较深的事情？

艾依巴提·加克斯勒克：有一个很遗憾的事情印象比较深。当时支教团会举办假期带学生去北京游学的活动，可以去北京、到北航参观。这是非常轰动也很吸引我们每一位同学的。当时我们学校有两种班级：一种是民族班；一种是汉语班。当时支教团选拔的时候会从民

▲ 支教团带领游学学生在北京航空航天　　　▲ 游学学生与"黑寡妇"战机合影
博物馆前合影

族班和汉语班理科、文科各选拔一名学生。我和我堂哥是同一届，我们两个成绩都不错，也进入选拔的名单里。正当我满心欢喜觉得可以和堂哥一起去北京去北航，去参观现在航空航天博物馆里世界上仅存两架的黑寡妇战斗机时，因为要平衡人选，民族班只能去少数民族的同学，汉语班只能去汉族同学，所以在汉语班身为少数民族的我就没去成。

当时我很难过，尤其是看到哥哥去北京拍的各种照片，听他叙说游学的经历，还有他和"黑寡妇"战斗机的合影后，我真的是羡慕不已。不过还好，我通过高考和自己的努力来到了北航，可以随时去航空航天博物馆参观黑寡妇战斗机了，哈哈！

采访组：您当时作为支教地的学生，现如今也到了和即将前往支教地同学一样的年纪，那您有没有什么对支教团各位成员的建议呢？

艾依巴提·加克斯勒克：建议的话，可能就是这个课程的设置吧，希望可以发挥北航特色，多安排一些航空航天类的课程，因为当时我真以为北航是一个体育学校！支教团成员过来教体育的老师很多。直到高考报志愿的时候，才知道支教成员原来是航空航天出身并且是实打实搞理工的。

同时希望支教团的老师可以继续保持亲和力，因为新疆的孩子们都比较"早熟"，或许会感觉他们跟普通高中生不一样。还是希望他们真正成为同学们的良师益友，因为当时让我们对他们印象特别好的点就是几位老师的亲和力，让我体会到了另一种不一样的教育方式，那种不是把水灌满反而是把火点燃的教育方式。

"北航的大学生们真的是给我们留下了很多精彩的回忆和感动的瞬间"

——吉木萨尔县第三小学牛东蓓、叶银燕

我们之间的感情从未有变化，只是随着时间一点点的推移，支教团同学们对我的称呼一点点地从"牛姐"到"牛妈妈"，我也希望能借这个机会告诉他们，牛妈妈会一直像妈妈一样关心他们的。

▲ 新疆维吾尔自治区昌吉州吉木萨尔县　▲ 吉木萨尔县第三小学德育处主任叶银燕
第三小学工会主席牛东蓓

采访对象：牛东蓓，新疆维吾尔自治区昌吉州吉木萨尔县第三小学工会主席；叶银燕，吉木萨尔县第三小学德育处主任。

采访组：刘世博

牛东蓓：我们三小是一所年轻的学校，成立于2011年，当时我兼任副校长和工会主席。我记得是2013年，在机缘巧合下三小正式迎来了第一批支教团的成员。那时候见到他们的第一感觉就是青春活力，每个学生都充满了朝气，为我们当时刚刚建成的学校注入了新鲜的血液。我记得当时第一次见面也是中秋节，当时的朱校长比较担心同学们会思念家乡，就把他们接到家里面，亲自做了一大桌子的新疆美食，大家聚在一起其乐融融。

叶银燕：我自三小创立之初便担任德育处主任，负责学校各项日常活动的开展。北航研究生支教团的同学们在这方面能力尤其突出，因此我也接触了不少北航的同学，现在还经常地保持着联络。我对第一批支教团的同学印象最深刻的是坚韧不拔的毅力和一往无前的勇气。当时三小还正处于建设中，教工的住宿环境也比不上内地的条件，可同学们没有一丝一毫的怨言，踏踏实实地为三小贡献出他们的青春力量。

采访组：您对北航研究生支教团的同学们有什么样的总体印象？

牛东蓓：我想用三个词来总结一下：阳光、理想和视野。每一届大学生都给我们一种阳光、活力的感觉，而且都非常帅气，像邢鑫、乔梁、李斯然等，给我们在各个方面都留下了深刻的印象，我觉得这就是当代大学生该有的阳光。并且他们的到来让我们三小的学生们有了心中的目标、理想，虽然这个理想现在看起来有些遥远，但是我想这是对他们的一种启迪。我还记得彭泰膺（第22届成员）走的时候，刚好他们班的学生在上室外课，所有人都围在大门口哭，还说着长大了要考去北京看彭老师。这只是一个例子，其实每一年的北航同学们都用他们的爱心浇灌着我们三小的孩子们，孩子们也特别喜欢北航来的老师们，能带给他们不一样的新鲜东西，也为他们开启了梦想的大门。

采访组：您觉得北航研究生支教团的到来对三小的学生乃至老师们有什么样的影响？

叶银燕：首先我觉得，北航大学生们给三小的学生们带来了开阔的视野。我们这里虽然不是边陲，但小县城里的孩子们视野也是有限的。他们当中的绝大多数都没有离开过新疆，没有去过外面的世界看一看。北航学生的到来给孩子们带来了一种新鲜感，带给他们想通过自己的努力进而走出去的愿望。

其次北航的同学们用他们极高专业素养给我们学生开展生动的兴趣课，自从三小建立兴趣小组以来，北航大学生们一直忙碌于航空航天兴趣小组的建设，第22届的志愿者冯琨等五位同学举办了盛大的航空航天文化节，让我们的孩子们有了与总师亲切接触的机会，并且与北航附小同上一堂课，为此还受到了央视的报道。这些都是孩子们日常所不能触及的东西，是一批批北航志愿者的到来让航空航天科技的种子播撒在了三小这片土地上。

最后我觉得这一点特别重要，北航的同学们为我们三小带来了纯正的英语课，像李斯然、吴维皓、刘孟亭、刘世博等，很多北航大学生来到三小来教授英语课。因为我们三小的师资力量其实相对

▲ 三小学生与北航附小孩子们共上一堂课

薄弱，并且有些科目像英语这种语言类的并不能做到与时俱进，而北航学生们的到来让孩子们有机会接触到更为标准、更为正宗的英语，这一点来说我们都是受益者。

采访组：您能谈谈在北航研究生支教团服务三小这九年里，您印象比较深刻的几件事或者几个人吗？您觉得您与北航研究生支教团的同学们是一种什么样的情感？

牛东蓓：每一届研究生支教团都有印象比较深刻的画面，也恰恰因为我作为工会主席的工作职责，我对每一位支教团同学的生活起居、衣食住行都尽所能地给予关照。

这九年我和学校其他领导与支教团都结下了深厚的友谊。还记得第一届来的陈前放在离开后还带着他的爱人一起回到学校，以及后面的邢鑫、乔梁也多次回来跟我们相聚。看得出来大家都对三小、对吉木萨尔县有着非常深厚的感情。大家相聚在一起，仿佛又回到了曾经的时光。

▲ 乔梁回到三小看望当时的孩子们

其实有印象的同学们还是非常多的，比如文字功底、语言组织能力特别强的冯琨，为我们三小写了很多份文字材料；认真负责的刘孟亭、王雅迪，能够主动自愿地把宿舍寝室的卫生管理好，并且主动做起了值周组长，等等。

叶银燕：我和每届支教团的同学们接触都还比较多，尤其是像在德育处挂职的同学们，北航的大学生们真的是给我们留下了很多精彩的回忆和感动的瞬间。

2014年来的李萌同学，是一个娇小的、特别文静的女生，她是设计专业的。因为我本身是音乐老师，我们都同属于艺术类专业，有很多思维上的共同点。我还记得那是一个炎热的夏天，当时三小刚刚建成，所有的墙壁都是光秃秃的，为了建设校园文化，我们一拍即合地想到了在墙壁上画一些宣传画。当时我和李萌顶着炎炎烈日，一笔一画地完成了所有墙面的绘制。令我十分感动的是，我们的一些想法总是不谋而合，并且李萌能站在学校的角度，毫无保留地去设计墙画，现在能看到的墙画基本都是那时候完成的。其实想想也是一件非常有意义的事情，能在三小留下属于自己的印记，多年之后再回味是一件多么美好的事情。

▲ 李萌和他的同学们为三小绘制墙画

再比如郭文彧同学有着音乐方面的特长，手风琴演奏得非常好。在他的带领下，我们学校获得了昌吉州二等奖的好成绩，这是我们三小近年来在音乐方面获得的最高集体奖项了。类似的例子还有很多很多，每一届北航的大学生都能够给我们带来不一样的惊喜，并且都是才华横溢的，我也非常荣幸因为工作关系能结识如此高水平的人才们。2019年我们一家三口去北京，还和在北京的所有三小人团聚了一次。我们微信上经常有联系和互动，希望我们之间的友谊能够这样保

二十年，一同见证

持下去！

采访组：您对未来的新一届研究生支教团有什么寄语吗？

牛东蓓：每一届北航研究生支教团的同学们都非常优秀，希望你们在这里能度过收获的一年、精彩的一年！

叶银燕：奋斗的青春最美丽！加油，北航研究生支教团！

廿载芳华　弦歌不辍——北航研究生支教团二十年

294

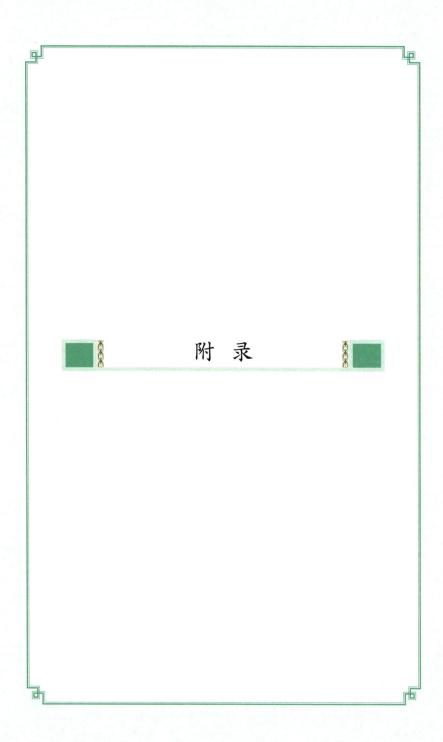

附　录

研究生支教团历届成员名单

届别	序号	姓名	性别	服务省(区)	服务地	服务单位	服务时间
5	1	葛云海	男	宁夏	泾源县	泾源一中	2003.8—2004.7
	2	衣萌	女	宁夏	泾源县	泾源一中	2003.8—2004.7
	3	任卉	女	宁夏	泾源县	泾源一中	2003.8—2004.7
6	4	田畅	男	宁夏	泾源县	兴盛九年制学校	2004.8—2005.7
	5	李俊良	男	宁夏	泾源县	泾源县第二中学	2004.8—2005.7
	6	赵晓纪	男	宁夏	泾源县	兴盛九年制学校	2004.8—2005.7
	7	周锋	男	宁夏	泾源县	新民中学	2004.8—2005.7
	8	汪洋	女	宁夏	泾源县	兴盛九年制学校	2004.8—2005.7
	9	郝志鹏	男	宁夏	泾源县	泾源县第二中学	2004.8—2005.7
7	10	宫琳	女	宁夏	泾源县	兴盛九年制学校	2005.8—2006.7
	11	林欧雅	女	宁夏	泾源县	兴盛九年制学校	2005.8—2006.7
	12	刘京韬	男	宁夏	泾源县	兴盛九年制学校	2005.8—2006.7
	13	唐科	男	宁夏	泾源县	新民中学	2005.8—2006.7
	14	庞健平	男	宁夏	泾源县	新民中学	2005.8—2006.7
	15	陈鸿原	男	宁夏	泾源县	——	2005.8—2006.7
8	16	张所鹏	男	宁夏	泾源县	全国项目办	2006.7—2007.8
	17	于博然	男	宁夏	泾源县	泾源县民族职业中学	2006.7—2007.8
	18	冯贞	女	宁夏	泾源县	泾源县民族职业中学	2006.7—2007.8
	19	侯尧	男	宁夏	泾源县	泾源一中	2006.7—2007.8
	20	张潭	男	宁夏	泾源县	兴盛九年制学校	2006.7—2007.8
	21	刘一霖	女	宁夏	泾源县	兴盛九年制学校	2006.7—2007.8
9	22	工越	男	宁夏	泾源县	兴盛九年制学校	2007.8—2008.7
	23	施陈波	男	宁夏	泾源县	兴盛九年制学校	2007.8—2008.7
	24	张瑾	女	宁夏	泾源县	泾源二中	2007.8—2008.7
	25	赵文昭	女	宁夏	泾源县	泾源二中	2007.8—2008.7
	26	谭佳	女	宁夏	泾源县	泾源二中	2007.8—2008.8
	27	陈子雄	男	宁夏	泾源县	全国项目办/泾源一中	2007.8—2008.7
	28	尹毅伟	男	宁夏	泾源县	——	2007.8—2008.7

届别	序号	姓名	性别	服务省（区）	服务地	服务单位	服务时间
10	29	赵 圆	男	宁夏	泾源县	大湾中学	2008.8—2009.7
	30	张 驰	男	宁夏	泾源县	大湾中学	2008.8—2009.7
	31	杨 帆	男	宁夏	泾源县	大湾中学	2008.8—2009.7
	32	杨 洁	女	宁夏	泾源县	泾源县民族职业中学	2008.8—2009.7
	33	赵 桢	女	宁夏	泾源县	泾源县民族职业中学	2008.8—2009.7
	34	杨国有	男	宁夏	泾源县	全国项目办	2008.8—2009.7
11	35	陈伟东	男	宁夏	泾源县	什字中学	2009.8—2010.7
	36	曹亚鹏	女	宁夏	泾源县	泾源县民族职业中学	2009.8—2010.7
	37	丁瑞云	女	宁夏	泾源县	泾源县高级中学	2009.8—2010.7
	38	任 叶	男	宁夏	泾源县	什字中学	2009.8—2010.7
	39	于笑然	女	宁夏	泾源县	泾源县民族职业中学	2009.8—2010.7
	40	孙铭涛	男	宁夏	泾源县	泾源县高级中学	2009.8—2010.7
	41	孙浩志	男	宁夏	泾源县	什字中学	2009.8—2010.7
12	42	孙 赫	女	宁夏	泾源县	新民乡九年制学校	2010.8—2011.7
	43	姜椿阳	男	宁夏	泾源县	新民乡九年制学校	2010.8—2011.7
	44	李晓涵	女	宁夏	泾源县	新民乡九年制学校	2010.8—2011.7
	45	张 航	男	宁夏	泾源县	新民乡九年制学校	2010.8—2011.7
	46	赵 明	男	宁夏	泾源县	泾源县高级中学	2010.8—2011.7
	47	苏 烜	男	宁夏	泾源县	新民乡九年制学校	2010.8—2011.7
	48	田 野	男	宁夏	泾源县	新民乡九年制学校	2010.8—2011.7
13	49	吴文静	女	宁夏	泾源县	新民乡九年制学校	2011.8—2012.7
	50	于海鹏	男	宁夏	泾源县	新民乡九年制学校	2011.8—2012.7
	51	于 跃	男	宁夏	泾源县	新民乡九年制学校	2011.8—2012.7
	52	孟崇峥	男	宁夏	泾源县	新民乡九年制学校	2011.8—2012.7
	53	张 哲	男	宁夏	泾源县	新民乡九年制学校	2011.8—2012.7
	54	杨 睿	女	宁夏	泾源县	新民乡九年制学校	2011.8—2012.7
	55	孙志伟	男	宁夏	泾源县	新民乡九年制学校	2011.8—2012.7
14	56	刘 程	女	宁夏	泾源县	泾源县高级中学	2012.8—2013.7
	57	潘 娜	女	宁夏	泾源县	泾源县广播电视台	2012.8—2013.7
	58	齐志国	男	宁夏	泾源县	泾源县广播电视台	2012.8—2013.7
	59	李小菲	女	宁夏	泾源县	宁夏泾源高级中学	2012.8—2013.7
	60	高 峰	男	宁夏	泾源县	新民乡九年制学校	2012.8—2013.7
	61	谷云超	男	宁夏	泾源县	新民乡九年制学校	2012.8—2013.7

(续表)

届别	序号	姓名	性别	服务省（区）	服务地	服务单位	服务时间
14	62	马　征	男	宁夏	泾源县	新民乡九年制学校	2012.8—2013.7
	63	杨　帅	男	宁夏	泾源县	新民乡九年制学校	2012.8—2013.7
	64	穆　洋	男	宁夏	泾源县	新民乡九年制学校	2012.8—2013.7
	65	何茹姣	女	宁夏	泾源县	新民乡九年制学校	2012.8—2013.7
15	66	许浩燕	女	新疆	吉木乃县	吉木乃县初级中学	2013.8—2014.7
	67	初　征	男	新疆	吉木乃县	吉木乃县初级中学	2013.8—2014.7
	68	郭晶晶	女	新疆	吉木萨尔县	吉木萨尔县第三小学	2013.8—2014.7
	69	陈前放	男	新疆	吉木萨尔县	吉木萨尔县第三小学	2013.8—2014.7
	70	李佳龙	男	新疆	吉木萨尔县	吉木萨尔县第三小学	2013.8—2014.7
	71	陈嘉麒	男	新疆	吉木萨尔县	吉木萨尔县第三小学	2013.8—2014.7
	72	蒋竹君	女	宁夏	泾源县	白面民族小学	2013.8—2014.7
	73	马　霞	女	宁夏	泾源县	白面民族小学	2013.8—2014.7
	74	秦　臻	男	宁夏	泾源县	白面民族小学	2013.8—2014.7
	75	问彦楠	男	宁夏	泾源县	新民乡九年制小学	2013.8—2014.7
	76	陈　杰	男	宁夏	泾源县	新民乡九年制学校	2013.8—2014.7
	77	栾丽红	女	宁夏	泾源县	新民乡九年制学校	2013.8—2014.7
	78	王　井	女	宁夏	泾源县	新民乡九年制学校	2013.8—2014.7
	79	马　浩	男	宁夏	泾源县	新民乡九年制学校	2013.8—2014.7
	80	张益鑫	男	宁夏	泾源县	新民乡九年制学校	2013.8—2014.7
	81	冯建伟	男	宁夏	泾源县	新民乡九年制学校	2013.8—2014.7
	82	宁啟智	男	新疆	吉木乃县	吉木乃县初级中学	2013.8—2014.7
16	83	韩佳胤	男	新疆	吉木乃县	吉木乃县直小学	2014.8—2015.7
	84	石　佳	男	新疆	吉木乃县	吉木乃县初级中学	2014.8—2015.7
	85	林泽田	男	新疆	吉木乃县	吉木乃县初级中学	2014.8—2015.7
	86	贾泽浩	男	新疆	吉木乃县	吉木乃县高级中学	2014.8—2015.7
	87	曲伟男	男	新疆	吉木乃县	吉木乃县高级中学	2014.8—2015.7
	88	孙春兴	男	新疆	吉木萨尔县	吉木萨尔县第三小学	2014.8—2015.7
	89	付靖怡	女	新疆	吉木萨尔县	吉木萨尔县第三小学	2014.8—2015.7
	90	李　萌	女	新疆	吉木萨尔县	吉木萨尔县第三小学	2014.8—2015.7
	91	吕　航	男	新疆	吉木萨尔县	吉木萨尔县第三小学	2014.8—2015.7
	92	吴维皓	男	新疆	吉木萨尔县	吉木萨尔县第三小学	2014.8—2015.7
	93	鲁　琛	女	宁夏	泾源县	白面民族小学	2014.8—2015.7
	94	麻瑞祯	女	宁夏	泾源县	白面民族小学	2014.8—2015.7

届别	序号	姓名	性别	服务省（区）	服务地	服务单位	服务时间
16	95	徐雷	男	宁夏	泾源县	白面民族小学	2014.8—2015.7
	96	丛龙达	男	宁夏	泾源县	新民乡九年制学校	2014.8—2015.7
	97	丁映中	女	宁夏	泾源县	新民乡九年制学校	2014.8—2015.7
	98	郝晋彬	男	宁夏	泾源县	新民乡九年制学校	2014.8—2015.7
	99	鄢镇	男	宁夏	泾源县	新民乡九年制学校	2014.8—2015.7
	100	曹宏鹏	男	宁夏	泾源县	新民乡九年制学校	2014.8—2015.7
	101	卢阳	男	西藏	山南地区	山南地区第一高级中学	2014.8—2015.7
	102	朱海云	男	西藏	山南地区	山南地区第一高级中学	2014.8—2015.7
17	103	单鑫	女	新疆	吉木乃县	吉木乃县初级中学	2015.8—2016.7
	104	王莉	女	新疆	吉木乃县	吉木乃县初级中学	2015.8—2016.7
	105	何磊	男	新疆	吉木乃县	吉木乃县第二小学	2015.7—2016.7
	106	李明远	男	新疆	吉木乃县	吉木乃县直小学	2015.8—2016.7
	107	栾贝迪	男	新疆	吉木乃县	吉木乃县直小学	2015.8—2016.7
	108	吴昊	男	新疆	吉木乃县	托普铁热克乡小学	2015.8—2016.7
	109	王卓佳	女	新疆	吉木萨尔	吉木萨尔县第三小学	2015.8—2016.7
	110	赵木欣	男	新疆	吉木萨尔	吉木萨尔县第三小学	2015.8—2016.7
	111	郭文彧	女	新疆	吉木萨尔县	吉木萨尔县第三小学	2015.8—2016.7
	112	乔梁	男	新疆	吉木萨尔县	吉木萨尔县第三小学	2015.8—2016.7
	113	邢鑫	男	新疆	吉木萨尔县	吉木萨尔县第三小学	2015.8—2016.7
	114	肖雨	男	宁夏	泾源县	白面民族小学	2015.8—2016.7
	115	孟宪宁	男	宁夏	泾源县	白面民族小学	2015.8—2016.7
	116	赵恒毅	男	宁夏	泾源县	白面民族小学	2015.8—2016.7
	117	刘佳乔	女	宁夏	泾源县	新民乡九年制学校	2015.8—2016.7
	118	张会敏	女	宁夏	泾源县	新民乡九年制学校	2015.8—2016.7
	119	唐鹏飞	男	宁夏	泾源县	新民乡九年制学校	2015.8—2016.7
	120	焦羽佳	女	宁夏	泾源县	新民乡九年制学校	2015.8—2016.7
	121	钱正音	男	西藏	山南市	山南市第一高级中学	2015.8—2016.7
	122	陈海军	男	西藏	山南市	山南市第一高级中学	2015.7—2016.7
18	123	李梦晓	女	新疆	吉木乃县	吉木乃县初级中学	2016.8—2017.7
	124	顾寒	男	新疆	吉木乃县	吉木乃县初级中学	2016.8—2017.7
	125	鲜穆清	男	新疆	吉木乃县	吉木乃县直小学	2016.8—2017.7
	126	杨意洽	女	新疆	吉木乃县	吉木乃县直小学	2016.8—2017.7

甘载芳华 弦歌不辍——北航研究生支教团二十年

届别	序号	姓名	性别	服务省（区）	服务地	服务单位	服务时间
18	127	苏 展	男	新疆	吉木萨尔县	吉木萨尔县第三小学	2016.8—2017.7
	128	王姝婧	女	新疆	吉木萨尔县	吉木萨尔县第三小学	2016.8—2017.7
	129	李斯然	男	新疆	吉木萨尔县	吉木萨尔县第三小学	2016.8—2017.7
	130	魏 彤	女	新疆	吉木萨尔县	吉木萨尔县第三小学	2016.8—2017.7
	131	赵一凡	女	新疆	吉木萨尔县	吉木萨尔县第三小学	2016.8—2017.7
	132	王鹏程	男	宁夏	泾源县	新民乡九年制学校	2016.8—2017.7
	133	刘宗南	男	宁夏	泾源县	新民乡九年制学校	2016.8—2017.7
	134	蒲啸宇	男	宁夏	泾源县	新民乡九年制学校	2016.8—2017.7
	135	岳生宇	男	宁夏	泾源县	新民乡九年制学校	2016.8—2017.7
	136	陈 枭	男	宁夏	泾源县	新民乡九年制学校	2016.8—2017.7
	137	华 晴	男	宁夏	泾源县	新民乡九年制学校	2016.8—2017.7
	138	张新景	男	西藏	山南市	团市委	2016.8—2017.7
	139	欧天华	男	西藏	山南市	团市委	2016.8—2017.7
	140	黄凯峰	男	山西	中阳县	阳坡塔学校	2016.8—2017.7
	141	陈天舒	女	山西	中阳县	阳坡塔学校	2016.8—2017.7
	142	雷睿骄	女	山西	中阳县	阳坡塔学校	2016.8—2017.7
19	143	李 豪	男	新疆	吉木乃县	吉木乃县初级中学	2017.8—2018.7
	144	刘鸿志	男	新疆	吉木乃县	吉木乃县初级中学	2017.8—2018.7
	145	生婧玮	女	新疆	吉木乃县	吉木乃县初级中学	2017.8—2018.7
	146	马 群	男	新疆	吉木乃县	吉木乃县初级中学	2017.8—2018.7
	147	何 璐	女	新疆	吉木萨尔县	吉木萨尔县第一中学	2017.8—2018.7
	148	李鹏宇	男	新疆	吉木萨尔县	吉木萨尔县第一中学	2017.8—2018.7
	149	薛婧明	女	新疆	吉木萨尔县	吉木萨尔县第一中学	2017.8—2018.7
	150	姚 竹	男	新疆	吉木萨尔县	吉木萨尔县第一中学	2017.8—2018.7
	151	张斌晨	男	新疆	吉木萨尔县	吉木萨尔县第一中学	2017.8—2018.7
	152	白新野	男	宁夏	泾源县	新民乡九年制学校	2017.8—2018.7
	153	陶仁帅	男	宁夏	泾源县	新民乡九年制学校	2017.8—2018.7
	154	何力洋	男	宁夏	泾源县	新民乡九年制学校	2017.8—2018.7
	155	宋姝锐	女	宁夏	泾源县	新民乡九年制学校	2017.8—2018.7
	156	王肇一	男	宁夏	泾源县	新民乡九年制学校	2017.8—2018.7
	157	刘臻丽	女	宁夏	泾源县	新民乡九年制学校	2017.8—2018.7
	158	孔令萩	男	西藏	山南市	山南职业技术学校	2017.8—2018.7
	159	杨海霞	女	西藏	山南市	山南职业技术学校	2017.8—2018.7

届别	序号	姓名	性别	服务省（区）	服务地	服务单位	服务时间
19	160	姜懿书	女	山西	中阳县	阳坡塔学校	2017.8—2018.7
	161	侯聪	男	山西	中阳县	阳坡塔学校	2017.8—2018.7
	162	叶子一	女	山西	中阳县	阳坡塔学校	2017.8—2018.7
20	163	孙衡	女	宁夏	泾源县	新民乡九年制学校	2018.8—2019.7
	164	高航	男	宁夏	泾源县	新民乡九年制学校	2018.8—2019.7
	165	纪伯谦	男	宁夏	泾源县	新民乡九年制学校	2018.8—2019.7
	166	孙颖	女	宁夏	泾源县	新民乡九年制学校	2018.8—2019.7
	167	张慧	女	宁夏	泾源县	新民乡九年制学校	2018.8—2019.7
	168	李琛	男	宁夏	泾源县	新民乡九年制学校	2018.8—2019.7
	169	刘战强	男	西藏	山南市	山南职业技术学校	2018.8—2019.7
	170	田旺	男	西藏	山南市	山南职业技术学校	2018.8—2019.7
	171	倪晴	女	新疆	吉木萨尔县	吉木萨尔县第四小学	2018.8—2019.7
	172	刘勇	男	新疆	吉木萨尔县	吉木萨尔县第四小学	2018.8—2019.7
	173	彭博	男	新疆	吉木萨尔县	吉木萨尔县第四小学	2018.8—2019.7
	174	张然殊	女	新疆	吉木萨尔县	吉木萨尔县第三小学	2018.8—2019.7
	175	迪丽努尔·亚库甫	女	新疆	吉木萨尔县	吉木萨尔县第三小学	2018.8—2019.7
	176	马昱璇	女	新疆	吉木乃县	吉木乃县初级中学	2018.8—2019.7
	177	张金星	女	新疆	吉木乃县	吉木乃县初级中学	2018.8—2019.7
	178	华翠	女	新疆	吉木乃县	吉木乃县初级中学	2018.8—2019.7
	179	孙铎	男	山西	中阳县	阳坡塔学校	2018.8—2019.7
	180	崔宇航	男	山西	中阳县	阳坡塔学校	2018.8—2019.7
	181	梁卜予	男	山西	中阳县	阳坡塔学校	2018.8—2019.7
21	182	尹礼宁	女	宁夏	泾源县	新民乡九年制学校	2019.8—2020.7
	183	黄泰航	男	宁夏	泾源县	新民乡九年制学校	2019.8—2020.7
	184	曹李培	男	宁夏	泾源县	新民乡九年制学校	2019.8—2020.7
	185	杨丹奇	女	宁夏	泾源县	新民乡九年制学校	2019.8—2020.7
	186	张晓辉	男	宁夏	泾源县	新民乡九年制学校	2019.8—2020.7
	187	陈炜	男	宁夏	泾源县	新民乡九年制学校	2019.8—2020.7
	188	周国栋	男	西藏	山南市	山南市职业技术学校	2019.8—2020.7
	189	刘嘉奇	男	西藏	山南市	山南市职业技术学校	2019.8—2020.7
	190	路鑫宇	男	山西	中阳县	阳坡塔学校	2019.8—2020.7

廿载芳华　弦歌不辍
——北航研究生支教团二十年

届别	序号	姓名	性别	服务省（区）	服务地	服务单位	服务时间
21	191	韩思愉	男	山西	中阳县	阳坡塔学校	2019.8—2020.7
	192	郭安琪	女	山西	中阳县	阳坡塔学校	2019.8—2020.7
	193	刘孟亭	女	新疆	吉木萨尔县	吉木萨尔县第三小学	2019.8—2020.7
	194	王锦浩	男	新疆	吉木萨尔县	吉木萨尔县第三小学	2019.8—2020.7
	195	杨戈辉	女	新疆	吉木萨尔县	吉木萨尔县第三小学	2019.8—2020.7
	196	王雅迪	男	新疆	吉木萨尔县	吉木萨尔县第三小学	2019.8—2020.7
	197	徐梦翔	女	新疆	吉木萨尔县	吉木萨尔县第三小学	2019.8—2020.7
	198	贺茜	女	新疆	吉木乃县	吉木乃县初级中学	2019.8—2020.7
	199	杨永叟	男	新疆	吉木乃县	吉木乃县初级中学	2019.8—2020.7
	200	张震	男	新疆	吉木乃县	吉木乃县初级中学	2019.8—2020.7
22	201	张晓磊	男	宁夏	泾源县	新民乡九年制学校	2020.8—2021.7
	202	靳树梁	男	宁夏	泾源县	新民乡九年制学校	2020.8—2021.7
	203	王云帆	男	宁夏	泾源县	新民乡九年制学校	2020.8—2021.7
	204	马文清	女	宁夏	泾源县	新民乡九年制学校	2020.8—2021.7
	205	刘露露	男	宁夏	泾源县	新民乡九年制学校	2020.8—2021.7
	206	石一	女	宁夏	泾源县	新民乡九年制学校	2020.8—2021.7
	207	李浩源	女	西藏	山南市	山南市职业技术学校	2020.8—2021.7
	208	杨晓龙	男	西藏	山南市	山南市职业技术学校	2020.8—2021.7
	209	李汶倩	女	山西	中阳县	中阳县第一中学校	2020.8—2021.7
	210	夏守月	女	山西	中阳县	中阳县第一中学校	2020.8—2021.7
	211	李闪	女	山西	中阳县	中阳县第一中学校	2020.8—2021.7
	212	冯琨	男	新疆	吉木萨尔县	吉木萨尔县第三小学	2020.8—2021.7
	213	阿茹娜·叶尔肯	女	新疆	吉木萨尔县	吉木萨尔县第三小学	2020.8—2021.7
	214	刘依凡	女	新疆	吉木萨尔县	吉木萨尔县第三小学	2020.8—2021.7
	215	彭泰鹰	男	新疆	吉木萨尔县	吉木萨尔县第三小学	2020.8—2021.7
	216	张钰琦	男	新疆	吉木萨尔县	吉木萨尔县第三小学	2020.8—2021.7
	217	徐国辉	男	新疆	吉木乃县	吉木乃县直小学	2020.8—2021.7
	218	王显菲	女	新疆	吉木乃县	吉木乃县直小学	2020.8—2021.7
	219	王姝钦	女	新疆	吉木乃县	吉木乃县初级中学	2020.8—2021.7
	220	任永坤	男	新疆	吉木乃县	吉木乃县初级中学	2020.8—2021.7
23	221	于宛禾	女	宁夏	泾源县	新民乡九年制学校	2021.8—2022.7
	222	蔡翼	男	宁夏	泾源县	新民乡九年制学校	2021.8—2022.7

届别	序号	姓名	性别	服务省（区）	服务地	服务单位	服务时间
23	223	顾函珏	女	宁夏	泾源县	新民乡九年制学校	2021.8—2022.7
	224	胡廷叶枝	女	宁夏	泾源县	新民乡九年制学校	2021.8—2022.7
	225	王致远	男	宁夏	泾源县	新民乡九年制学校	2021.8—2022.7
	226	武郢雪	女	宁夏	泾源县	新民乡九年制学校	2021.8—2022.7
	227	王 是	男	西藏	山南市	山南市职业技术学校	2021.8—2022.7
	228	郑涵文	女	西藏	山南市	山南市职业技术学校	2021.8—2022.7
	229	姜一铭	男	山西	中阳县	中阳县第一中学校	2021.8—2022.7
	230	李沛然	男	山西	中阳县	中阳县第一中学校	2021.8—2022.7
	231	王雪莹	女	山西	中阳县	中阳县第一中学校	2021.8—2022.7
	232	刘世博	男	新疆	吉木萨尔县	吉木萨尔县第三小学	2021.8—2022.7
	233	魏宇辰	女	新疆	吉木萨尔县	吉木萨尔县第三小学	2021.8—2022.7
	234	陈新月	女	新疆	吉木萨尔县	吉木萨尔县第三小学	2021.8—2022.7
	235	吴墨多	男	新疆	吉木萨尔县	吉木萨尔县第三小学	2021.8—2022.7
	236	李甘洛	男	新疆	吉木萨尔县	吉木萨尔县第三小学	2021.8—2022.7
	237	赵艺林	男	新疆	吉木乃县	吉木乃县初级中学	2021.8—2022.7
	238	王正楷	男	新疆	吉木乃县	吉木乃县直小学、初级中学	2021.8—2022.7
	239	窦振兴	男	新疆	吉木乃县	吉木乃县直小学、初级中学	2021.8—2022.7
	240	李彦桦	女	新疆	吉木乃县	吉木乃县初级中学	2021.8—2022.7
24	241	曹雨涵	女	宁夏	泾源县	新民中心小学	2022.8—2023.7
	242	石洪基	男	宁夏	泾源县	新民中心小学	2022.8—2023.7
	243	王泽滢	女	宁夏	泾源县	新民中心小学	2022.8—2023.7
	244	张豪兴	男	宁夏	泾源县	新民中心小学	2022.8—2023.7
	245	韩浩铖	男	宁夏	泾源县	新民中心小学	2022.8—2023.7
	246	刘昭弘	男	宁夏	泾源县	新民中心小学	2022.8—2023.7
	247	杨 洋	男	西藏	山南市	山南市职业技术学校	2022.8—2023.7
	248	李亦龙	男	西藏	山南市	山南市职业技术学校	2022.8—2023.7
	249	蔡梦宇	男	山西	中阳县	山西省中阳县职业中学校	2022.8—2023.7
	250	张梦涵	女	山西	中阳县	山西省中阳县职业中学校	2022.8—2023.7

（续表）

届别	序号	姓名	性别	服务省（区）	服务地	服务单位	服务时间
24	251	孙倩宇	女	山西	中阳县	山西省中阳县职业中学校	2022.8—2023.7
	252	罗梓源	男	新疆	吉木萨尔县	吉木萨尔县第三小学	2022.8—2023.7
	253	陈瑞婕	女	新疆	吉木萨尔县	吉木萨尔县第三小学	2022.8—2023.7
	254	董 菁	女	新疆	吉木萨尔县	吉木萨尔县第三小学	2022.8—2023.7
	255	袁浩宇	女	新疆	吉木萨尔县	吉木萨尔县第三小学	2022.8—2023.7
	256	郭 艳	女	新疆	吉木萨尔县	吉木萨尔县第三小学	2022.8—2023.7
	257	吕子良	男	新疆	吉木乃县	吉木乃县高级中学	2022.8—2023.7
	258	李 淼	男	新疆	吉木乃县	吉木乃县高级中学	2022.8—2023.7
	259	孙皓琪	女	新疆	吉木乃县	吉木乃县初级中学	2022.8—2023.7
	260	苏一涵	女	新疆	吉木乃县	吉木乃县初级中学	2022.8—2023.7

注：本附录表格"服务地"一列中，"泾源县"统为"固原市泾源县"；"吉木萨尔县"统为"昌吉回族自治州吉木萨尔县"；"吉木乃县"统为"阿勒泰地区吉木乃县"；"山南市"统为"山南市乃东区"；"中阳县"统为"吕梁市中阳县"。

附 录